俄罗斯产业结构调整与优化研究

刁秀华　著

本书由东北财经大学 2014 年度中央财政支持地方高校发展
专项资金科研项目资助出版

科学出版社
北　京

内 容 简 介

　　不论是苏联时期，还是当今的俄罗斯，产业结构问题始终是影响经济发展的重要因素，这在很大程度上与经济发展模式相关。本书在分析俄罗斯产业结构状况、存在的问题及影响产业结构的因素的基础上，对俄罗斯创新型经济发展进行深入研究，对经济转轨进程中如何将科技创新与产业结构优化相结合，以及二者的互动发展等问题进行深入阐述。作为最大的转轨国家之一，俄罗斯的经济转轨在由传统的中央计划经济向市场经济转轨的国家中具有很大的代表性。其产业结构调整与优化问题不仅对俄罗斯自身的经济增长和发展具有深远的影响，而且它的经验教训对同处于经济转轨之中的中国也具有重大的借鉴意义。

　　本书对从事转轨经济和国际问题研究的学术研究机构具有一定的参考价值，可作为相关专业研究人员和学生的学习与参考资料。

图书在版编目(CIP)数据

俄罗斯产业结构调整与优化研究 / 刁秀华著. —北京：科学出版社，2016

　ISBN 978-7-03-048790-2

　Ⅰ．①俄⋯　Ⅱ．①刁⋯　Ⅲ．①产业结构调整–研究–俄罗斯

Ⅳ．①F151.21

中国版本图书馆 CIP 数据核字（2016）第 131846 号

责任编辑：马　跃 / 责任校对：王　瑞
责任印制：徐晓晨 / 封面设计：无极书装

科　学　出　版　社 出版

北京东黄城根北街 16 号
邮政编码：100717
http://www.sciencep.com

北京京华虎彩印刷有限公司 印刷

科学出版社发行　各地新华书店经销

*

2016 年 6 月第 一 版　开本：720×1000　1/16
2016 年 6 月第一次印刷　印张：12 3/4
字数：257 000

定价：76.00 元
（如有印装质量问题，我社负责调换）

作者简介

刁秀华，1973 年生。经济学博士、辽宁大学博士后、莫斯科国立罗蒙诺索夫大学访问学者。东北财经大学经济与社会发展研究院副研究员、硕士生导师；担任中国新兴经济体研究会理事、辽宁省世界经济学会常务理事、辽宁省中俄合作协会专家、黑龙江省俄罗斯东欧中亚学会常务理事、大连市东北亚问题研究会理事、辽宁省普通高等学校人文社会科学重点研究基地东北财经大学区域经济一体化与上海合作组织研究中心兼职研究员。

主要研究方向为俄罗斯经济、中俄经贸关系和东北亚区域经济技术合作。在 *Проблемы Дальнего Востока*、*Вестник Московского университета*、《国外社会科学》、《财经问题研究》、《俄罗斯中亚东欧研究》及《东北亚论坛》等杂志上发表论文 50 余篇；出版专著 2 部，合著 11 部；参加国家、省部级各类课题 40 余项，其中主持教育部、中国博士后科学基金、辽宁省社会科学规划基金项目及辽宁省教育厅项目等 23 项。学术成果先后荣获辽宁省哲学社会科学成果奖、辽宁省哲学社会科学年会学术成果奖、辽宁省自然科学学术成果奖及大连市社会科学进步奖等 10 余项奖励。

前　言

　　一直以来，产业结构作为一国经济之基石，始终是学术界关注的焦点之一。产业结构随着经济发展、技术进步、国际环境的变化而不断地进行调整，是一个持续永恒的动态过程。产业结构的演变关系到经济发展的效率和质量，是经济问题的重点。合理而先进的产业结构能使资源配置更有效，供求关系更均衡，经济发展更健康。反之，将使经济停滞不前，甚至陷入衰退或危机。国家经济能否保持健康持续的发展，在很大程度上与经济结构特别是产业结构的演变密切相关。

　　众所周知，长期以来俄罗斯经济中存在着严重的结构性问题，农业滞后、工农业比例失调、轻重工业比例失调、第三产业发展长期落后。可以说，产业结构问题，不论是在苏联时期还是在当今的俄罗斯，始终是影响经济发展的重要因素。苏联时期的经济结构政策是一种畸形发展的政策，严重违背了"产业结构合理化"的基本要求，导致三次产业关系不合理，农、轻、重比例严重失调，经济原料和能源化趋势不断加强。转轨以来，尽管俄罗斯市场经济的基本框架已经确立，相关的法律法规也已经基本完善，但市场经济的运行能力还没有培育起来，即市场经济的"制度质量"尚处于很低的水平，经济发展方面始终没有摆脱粗放型的经济发展模式及其运行机制。总体而言，俄罗斯尚未出现主动、有效、良性的结构调整。当前，俄罗斯不仅保持着苏联产业结构的基本格局和特点，且产业中轻重结构更加畸形，工业结构从以重工业为主导转向以能源、原材料工业为主导，并呈现出一种"退化性的逆工业化趋势"，经济的发展仍主要依赖能源等原材料产业出口来支撑。这种过分依赖能源产业的经济发展模式，导致俄罗斯经济发展具有较大的脆弱性，不利于国内经济的稳定增长与长期发展，因而必须对其进行调整。

　　目前，创新能力正逐渐成为一国经济发展的决定性因素和提高本国竞争力的核心所在。随着经济转轨的深化，为了更好地适应经济发展的需要，加快经济结构的调整与优化，俄罗斯政府不断理顺国家经济发展思路，不断完善国家发展战略，更加重视国家创新发展问题，于是发展创新型经济成为俄罗斯国家发展之路的必然选择。2011年12月，俄罗斯出台并实施了《俄罗斯联邦2020年前创新发展战略》，力争通过创新发展之路来解决经济中的结构性问题，实现经济增长方式及发展模式的变革。

　　本书从有关理论着手，以俄罗斯产业结构演进历程为主线，对俄罗斯产业结构状况、存在的问题、产生根源与发展态势进行深入剖析，同时对俄罗斯创新型经济发展进行研究，并对经济转轨进程中如何将科技创新与产业结构优化相结合等问题进行深入探讨。

中国与俄罗斯两个国家具有相似的发展背景和经济转轨经历，不仅同样面临着从计划经济向市场经济转轨的共同问题和严峻挑战，而且都处于产业结构调整优化及其制度变迁的关键时期。新中国成立后，在借鉴苏联的经济发展模式的基础上，中国从"一五计划"时期便开始实行重工业优先发展的工业化道路，东北地区由于与苏联具有地缘上的优势，因而成为中国首批重点建设的重工业基地。然而，同苏联时期一样，重工业的超前发展也给中国的产业结构造成了严重的失衡，制约了中国经济长期增长的速度和质量。改革开放以来，中国走的是"渐进式"的发展道路，取得了举世瞩目的成就。当前，中国的经济改革仍然在继续，社会经济领域的改革仍有待于进一步深化。

作为最大的转轨国家之一，俄罗斯的经济转轨在由传统的中央计划经济向市场经济转轨的国家中具有很大的代表性。其产业结构调整与优化问题不仅对其自身的经济增长和发展具有深远的影响，而且它的经验教训对同处于经济转轨之中的中国也具有重要的启示作用。为了在改革中少走弯路，我们可以有选择性地借鉴俄罗斯经济结构改革的经验教训，取长补短，以促使经济改革趋利避害，这对促进中国经济改革尤其是产业结构的调整与优化具有深远意义。

研究中国和俄罗斯国两国的产业结构问题，不仅有利于实现国家经济的持续增长，而且有利于实现中国东北振兴战略与俄罗斯东部大开发战略的对接，深化中俄次区域合作，实现中俄经济优势互补、共同发展，同时对东北亚区域经济一体化的进程将起到促进作用。

值此本书付梓之际，首先要感谢东北财经大学 2014 年度中央财政支持地方高校发展专项资金科研项目提供的出版资助，同时对科学出版社以及为本书的出版提供帮助及做出贡献的所有人士表示由衷的感谢。

在本书撰写的过程中，参考了大量学术专著和中外学术论文等文献资料，在此对相关作者表示诚挚的谢意。由于受时间、学识、资料及科研水平等条件所限，书中难免存在不足和疏漏之处，敬请学术界同行、专家、学者及读者批评指正。

刁秀华

2016 年 2 月 25 日

目　　录

第1章　相关理论综述 ·· 1

1.1　霍夫曼定理 ·· 1

1.2　配第-克拉克定理 ··· 2

1.3　钱纳里工业化阶段理论 ··· 3

1.4　库兹涅茨的经济增长因素论 ······································· 5

1.5　刘易斯-费景汉-拉尼斯模型 ·· 6

1.6　罗斯托的经济成长阶段论 ··· 8

第2章　俄罗斯经济发展状况 ··· 10

2.1　农业发展 ·· 11

2.2　工业发展 ·· 20

2.3　外贸与投资 ·· 48

2.4　收入与分配状况 ·· 54

2.5　科技发展 ·· 58

2.6　服务业发展 ·· 61

第3章　俄罗斯产业结构的演进 ······································· 64

3.1　苏联时期的产业结构概况 ·· 65

3.2　俄罗斯的产业结构状况 ·· 68

3.3　俄罗斯产业结构中存在的问题 ···································· 73

第4章　影响俄罗斯产业结构的因素分析 ······························ 84

4.1　经济政策的影响 ·· 84

4.2　消费需求因素的影响 ·· 98

4.3　投资结构的影响 ··· 100

4.4　自然资源禀赋 ··· 102

4.5　劳动力禀赋 ··· 104

4.6　科学技术的影响 ··· 106

4.7　国际贸易和国际投资的影响 ····································· 109

第5章　俄罗斯国家创新发展战略与产业结构调整和优化路径 ··········· 113

5.1　俄罗斯国家创新发展战略 ······································· 114

5.2　俄罗斯国家创新能力分析 ······································· 127

　　5.3 创新发展战略与产业结构调整 ·· 136

　　5.4 三次产业结构调整与优化 ··· 138

第6章　中国的产业结构调整 ··· 150

　　6.1 中国产业发展与产业结构演进 ·· 150

　　6.2 中国产业结构调整与优化 ··· 163

第7章　中国俄罗斯产业结构调整：总结与比较分析 ······································· 184

　　7.1 中俄产业结构调整的特点及比较分析 ·· 184

　　7.2 中俄注重创新型国家建设以推动产业结构调整 ··································· 188

　　7.3 中俄重视发挥政府在产业结构调整中的主导作用 ······························· 190

参考文献 ··· 192

第1章 相关理论综述

经济学中有很多关于产业结构调整和优化的理论，本书主要介绍以下一些主要相关理论。

1.1 霍夫曼定理

霍夫曼定理是由德国经济学家 W. C. 霍夫曼根据工业化早期和中期的经验数据推算出来的，研究的是工业化进程中工业结构演变的规律，又被称为"霍夫曼经验定理"，是指资本资料工业在制造业中所占比重不断上升并超过消费资料工业所占的比重[①]。霍夫曼定理认为，各国工业化无论开始于何时，一般具有相同的趋势，即随着一国工业化的进展，消费品部门与资本品部门的净产值之比逐渐趋于下降，即霍夫曼比例不断下降。

该理论将工业化进程分为四个发展阶段。第一阶段，消费资料工业发展迅速，在制造业中占有统治地位，资本资料工业则不发达，在制造业中所占比重较小，消费资料净产值平均为资本产品净产值的 5 倍。第二阶段，资本资料工业发展较快，消费资料工业发展速度减缓，但是消费资料净产值依然是资本资料净产值的 2.5 倍。第三阶段，消费工业与资本工业的净产值大致相等。第四阶段，资本资料净产值继续增加并且超过消费资料净产值，随着工业品的升级，消费资料净产值与资本资料净产值的比率会逐步下降。在实际应用中，霍夫曼比例往往用轻工业品净产值与重工业品净产值的比例来表示。霍夫曼的工业阶段论阐述的主要是工业过程中重化工业阶段的演变情形。

在工业化前期，霍夫曼定理关于工业化过程中工业结构演变规律的结论是基本符合现实的。但进入工业化后期阶段以后，霍夫曼定理对国家工业结构演变规律的预言并不符合现实的实际规律，即在现代经济中，霍夫曼定理并不能得到印证。其原因有以下两点。

第一，"霍夫曼定理"是建立在现行工业化国家早期增长模式基础上的，这些

---

① http://baike.baidu.com/view/940663.htm.

国家在工业化早期阶段，经济增长依赖机器作业对手工劳动的替代。这一过程必然使资本对劳动的比例提高，使资本品的的优先增长成为必然。但是，20世纪50年代以来，一些经济学家的研究成果表明，现代经济增长的主要源泉是技术进步和效率提高，而不是依靠资本的投入。在这种情况下，资本品的增长就不是必然。

第二，霍夫曼对工业化进程中经济结构变化的研究，是在国民经济中只存在工业和农业两个部门的理论框架下进行的，因此，他把资本品工业在工业中的比重上升和居于主导地位等同于它在整个国民经济中的比重上升和成为国民经济的主导产业。但是运用20世纪40年代确立的"产业三分"的框架来进行分析，我们看到的真实情景却是：无论是作为工业化第一梯队的英国和美国、第二梯队的德国和法国，还是作为第三梯队的日本，工业、资本品工业，以及重工业并不是增长最快的产业，经济中增长最快的是服务业。无论从就业结构来看，还是从产值结构来看，服务业都很快发展成为国民经济中占主要地位的产业部门。服务业尤其是生产性服务业的发展，对于先行工业化国家生产成本，特别是交易成本的降低和效率的提高都起到了重要作用[1]。

1.2 配第-克拉克定理

配第-克拉克定理是由英国经济学家克拉克提出的，他通过对20个国家的各部门劳动投入和总产出的时间序列数据进行分析，得出关于经济发展中就业人口在三次产业中分布结构变化的理论。配第-克拉克定理主要是指随着经济的发展及人均国民收入水平的提高，第一产业国民收入和劳动力的相对比重逐渐下降；第二产业国民收入和劳动力的相对比重上升，而随着经济的进一步发展；第三产业国民收入和劳动力的相对比重也开始上升。

早在17世纪，英国经济学家威廉·配第就已经发现，随着经济的不断发展，产业中心将逐渐由有形财物的生产转向无形的服务性生产。1691年，威廉·配第根据当时英国的实际情况明确指出，工业往往比农业、商业往往比工业的利润多得多。因此劳动力必然由农转工，而后再由工转商。此后，英国经济学家科林·克拉克在威廉·配第的研究成果的基础上，比较了不同收入水平情况下，就业人口在三次产业中分布结构的变动趋势，证实并丰富了威廉·配第的产业结构演变的规律，即随着国民收入水平的提高，劳动力将向三次产业顺次转移。这种由人均收入变化引起的现象被称为配第-克拉克定理，该定理是揭示产业结构演变规律的一个重要经济学成果。该定理首次使用劳动力在三次产业中的就业比例来表示产业结构。该理论的主要形成机制如下。

第一，收入弹性差异：第一产业的属性是农业，人们对农产品的需求特性是

---

① http://baike.baidu.com/view/940663.htm.

在收入水平达到一定程度后，对农产品的需求程度并不能与收入增加的程度同步上升，即它的收入弹性呈现出下降的态势，并小于第二产业、第三产业所提供的工业产品及服务的收入弹性。所以，随着经济的发展，国民收入和劳动力分布将从第一产业转移至第二产业、第三产业。

第二，投资报酬（技术进步）差异：在第一产业和第二产业之间，技术进步有很大差别，由于农业的生产周期长，农业生产技术的进步要比工业难得多，因而对农业的投资会出现一个限度，即出现"报酬递减"的情况。而工业的技术进步要比农业迅速得多，工业投资多处于"报酬递增"的情况。随着工业投资的增加，产量不断加大，单位成本下降的潜力会很大，这会进一步推动工业的更大发展。

配第-克拉克定理有以下三个重要前提。

第一，该定理对产业结构演变规律的探讨是以若干国家在时间的推移中所发生的变化为依据的。这种时间系列是与不断提高的人均国民收入水平相对应的。

第二，该定理在分析产业结构演变时，首先使用了劳动力这一指标，考察了劳动力随着经济的发展在各产业中的分布情况与所发生的变化。

第三，该定理是以三次产业分类法，即将全部经济活动分为第一产业、第二产业和第三产业为基本框架的。

配第-克拉克定理属于对产业结构变动的经验总结，它不仅可以从一个国家经济发展的时间序列中得到印证，而且可以从处于不同发展水平的国家在同一时点上的横断面比较中得到类似结论。也就是说，从处于同一时期而发展水平不同的国家的经济情况来看，人均国民收入较低的国家，第一产业劳动力所占的比重相对较大，而第二产业、第三产业劳动力所占的比重相对较小；反之，人均国民收入水平较高的国家，其劳动力在第一产业中所占的比重相对较小，而在第二产业、第三产业中劳动力所占的比重相对较大。因而可以说，配第-克拉克定理也是一条反映产业结构变动的经济规律[①]。

1.3 钱纳里工业化阶段理论

该理论是由美国哈佛大学经济学教授钱纳里提出，他将经济发展过程看做国民经济结构出现的一组变化，并与国民收入水平的增长密切相关。钱纳里教授在其 1975 年出版的《发展的型式 1950—1975》一书中，采用一般均衡性质的结构变化模型来描述经济发展过程中国民经济各部分的相依性，提出经济发展的标准（平均）型式和各国经济发展的不同特点，并由此建立了发展型式理论。1986 年，钱纳里与鲁滨逊、塞尔昆等合著出版了《工业化与经济增长的比较研究》，该书继承了此前的发展型式理论并有所创新，通过多种形式的国际比较研究，考察了工

---

① http://baike.baidu.com/view/979596.htm.

业化为主线的第二次世界大战后低收入国家经济结构和行为的发展历程，分析了结构转变同经济增长的一般关系、结构转变的基本特征及工业化的诸多方面，剖析了影响经济结构和经济增长的各种因素，尤其是贸易政策和生产率增长的作用。

该理论在经济发展的长期过程中考察了制造业内部各产业部门的地位和作用的变动，揭示制造业内部结构转换的原因，即产业间存在着产业关联效应，为了解制造业内部的结构变动趋势奠定了基础，通过深入考察发现了制造业发展受人均国民生产总值、需求规模和投资率的影响较大，而受工业品和初级品输出率的影响较小。

钱纳里利用第二次世界大战后发展中国家，特别是其中的9个准工业化国家（地区）1960~1980年的历史资料，建立了多国模型，利用回归方程建立了国内生产总值市场占有率模型，即提出了标准产业结构。根据人均国内生产总值，将不发达经济到成熟工业经济整个变化过程划分为三个时期六个阶段，从任何一个发展阶段向更高一个阶段的跃进都是通过产业结构转化来推动的。

第一个时期是初级产业时期，初级产业是指经济发展初期对经济发展起主要作用的制造业部门，如食品、皮革、纺织等部门。该时期分为两个阶段，第一阶段是不发达经济阶段，产业结构以农业为主，没有或极少有现代工业，生产力水平很低。第二阶段是工业化初期阶段，产业结构由以农业为主的传统结构逐步向以现代化工业为主的工业化结构转变，工业中则以食品、烟草、采掘、建材等初级产品的生产为主。这一时期的产业主要是以劳动密集型产业为主。

第二个时期是中期产业时期，是指经济发展中期对经济发展起主要作用的制造业部门，如非金属矿产品、橡胶制品、木材加工、石油、化工、煤炭制造等部门。该时期分为两个阶段，第一阶段是工业化中期阶段，制造业内部由轻型工业的迅速增长转向重型工业的迅速增长，非农业劳动力开始占主体，第三产业开始迅速发展，也就是重化工业阶段。重化工业的大规模发展是支持区域经济高速增长的关键因素，这一阶段产业大部分属于资本密集型产业。第二阶段是工业化后期阶段。在第一产业、第二产业协调发展的同时，第三产业开始由平稳增长转入持续高速增长，并成为区域经济增长的主要力量。这一时期发展最快的领域是第三产业，特别是新兴服务业，如金融、信息、广告、公用事业、咨询服务等。

第三个时期是后期产业时期，后期产业是指在经济发展后期起主要作用的制造业部门，如服装和日用品、印刷出版、粗钢、纸制品、金属制品和机械制造等部门。该时期分两个阶段，第一阶段是后工业化社会，制造业内部结构由资本密集型产业为主导向以技术密集型产业为主导转换，同时生活方式现代化，高档耐用消费品被推广普及。技术密集型产业的迅速发展是这一时期的主要特征。第二阶段是现代化社会。第三产业开始分化，知识密集型产业开始从服务业中分离出来，并占主导地位，同时人们的消费欲望呈现出多样性和多边性，追求个性[①]。

1.4 库兹涅茨的经济增长因素论[②]

美国著名经济学家西蒙·库兹涅茨在继承配第和克拉克等研究成果的基础上，依据人均国内生产总值份额基准，考察了总产值变动和就业人口机构变动的规律，揭示了产业结构变动的总方向，从而进一步证明了配第-克拉克定律。库兹涅茨在1941年的著作《国民收入及其构成》中，阐述了国民收入与产业结构间的重要联系。通过对大量历史经济资料的研究，他得出了重要结论，即产业结构和劳动力的部门结构将趋于下降；政府消费在国民生产总值中的比重趋于上升，个人消费比重趋于下降。他发现的这种变动规律，即产业结构的变动受人均国民收入变动的影响，被称为库兹涅茨人均收入影响论[③]。

库兹涅茨采用统计分析方法，把总量分析与结构分析结合起来，考察了发达资本主义国家发展的全过程，研究了国民生产总值、生产率、产业结构、收入分配结构等在经济增长过程中的变化趋势、特点及相互关系。总结出了规律性结论，建立了把经济增长与制度、结构意识形态等因素联系起来的经济增长理论。他认为，"一个国家的经济增长，可以定义为给居民提供种类日益繁多的经济产品的能力长期上升，这种不断增长的能力是建立在先进技术，以及所需要的制度和思想意识相应的调整的基础上的"。此观点打破了人们认为经济增长，即国民生产总值是在量上的增长的观点，拓宽了人们对经济增长的理解。

他通过对英国、美国、法国等14个国家100多年的发展历史的研究，得出了经济增长的六大特征。其中，两个是属于总和的比率的特征，一是人均国民生产总值的高速增长率和人口的高速增长率，二是单位生产要素投入量的产出率，即生产率的高速增长。两个属于结构的转变，一是经济增长过程中经济结构的高转换率，二是与经济增长密切相关的社会结构和意识形态的迅速转变。两个属于国际间的扩散，一是经济发达国家凭借其不断增强的经济实力，向世界其他地方伸展，使整个世界成为一个统一体；二是世界各国经济增长的不平衡，占世界人口3/4的欠发达国家的经济成就远远落后于现代技术潜力可能达到的最低水平。库兹涅茨通过对这14个国家近50年来经济发展的相关数据所进行的研究，得出了关于经济发展源泉与动力的结论：在人均国民生产总值增长的结构中，25%归于经济资源投入量的增长，75%归于投入的生产要素生产率的提高。因此，经济增

① 钱纳里工业化阶段理论. http://wiki.mbalib.com/wiki/%E9%92%B1%E7%BA%B3%E9%87%8C%E5%B7%A5%E4%B8%9A%E5%8C%96%E9%98%B6%E6%AE%B5%E7%90%86%E8%AE%BA.

② 王振贤. 库兹涅茨的经济增长理论. 中共天津市委党校学报，2001，（3）：52-53.

③ http://baike.baidu.com/view/1380443.htm.

长主要是靠生产效率的提高来推动的，而生产效率的提高又是由技术的不断进步引起的。也就是说，科技进步是经济增长的源泉。

库兹涅茨把国民经济划分为农业、工业和服务业三个部门。其中农业包括农业、林业和渔业等行业，工业包括制造业、矿业、建筑业和交通运输等行业，服务业包括金融、贸易、各种公共服务和私人服务等行业。他根据发达国家的数据，总结出产业结构的如下变化趋势：在劳动力方面，农业部门中的就业人数在总就业人数中所占的比重呈下降趋势，工业部门中就业人数在总就业人数中所占的比重在一些国家显著上升，而在另一些国家则保持稳定；在产值方面，农业部门的产值在国民生产总值中所占的比重呈下降态势，工业部门的产值在国民生产总值中所占的比重呈上升态势，而服务业部门的产值在国民生产总值中的比重没有明显的变化。库兹涅茨通过对产业结构变化的原因和原理所进行的分析，认为产业结构变化的最终动力是科技的进步。科技在国民经济各个部门间的应用和扩展并不平衡，因而那些率先采用科技新发明、新创造的部门和领域便能够提高生产率、降低成本，会领先于其他部门和领域，这导致资源在各产业间的重新配置，从而引起产业结构的变化。同时，科技进步能够使新材料得到使用、新产品得到开发、新工艺得到采用，因而能够带动新的产业部门的出现。此外，库兹涅茨认为，产业结构的变化是与需求息息相关的，后者是前者的直接原因。科技进步引起的工业化使农村人口迅速地向城市转移，不仅促进了城市化的发展，而且由于劳动力从农业转移到工业的过程中消费方式和消费结构会发生变化，会使与城市相关的各种需求不断增加，从而带动相关产业的变化。而在城市化过程中，各种产品尤其是农产品运输、加工和销售也会不断增加，这必然会带动工业部门和服务业部门的发展，进而引起产业结构的变化。

1.5 刘易斯-费景汉-拉尼斯模型

1954 年，刘易斯在英国曼彻斯特大学学报上发表了《劳动无限供给条件下的经济发展》，首次系统地提出了发展中国家的二元经济发展模型。这篇文章的发表标志着二元经济模型超越了思想阶段而成为一种具有严格内部一致性的经济学理论。1961 年，美国经济学家拉尼斯和费景汉共同发表了题为《经济发展理论》的论文，1963 年共同出版了《劳动剩余经济的发展：理论和政策》一书，其中对刘易斯模型做了改进，把刘易斯模型发展成为一个论述全面、相对完整的二元结构模型，使其更加准确和合理，被人们称为"刘易斯-费景汉-拉尼斯模型"。

刘易斯模型包括三个假设：一是把发展中国家的二元经济分为运用传统生产方式、劳动率低下的传统部门和运用现代生产方式、劳动率较高的现代部门；二是工资水平保持不变；三是传统部门中存在大量的剩余劳动力，这些劳动力可在没有成本或只有很小成本的情况下转移出来，因而劳动力长期处于无限供给的状态，并且转移出来的劳动力总能被现代部门吸收。刘易斯认为劳动力流动分为以下两个阶段：第一个阶段是劳动力无限供给，现代部门迅速扩张，吸纳从传统部门中源源不断转移出来的剩余劳动力，直到没有剩余劳动力；第二个阶段是传统部门的剩余劳动力已被吸收完毕，现代部门不得不上涨工资来雇佣劳动力。在他看来，二元经济最终会转变为一元经济。

然而，该理论存在着许多的不足之处。例如，首先，由于劳动力市场竞争不完善，劳动力工资呈现上升趋势，这与所假设的保持不变不相符；其次，剩余劳动力没能无限供给；最后，该模型是建立在充分就业的假设之上的，对城市中存在大量失业时的情况无法做出解释。因此，一些学者针对这些情况进行了研究，其中最有影响的便是拉尼斯和费景汉提出的拉尼斯-费模型。该模型以刘易斯模型为出发点，明确引入了农业产量剩余的概念，认为农业生产率的提高而出现剩余产品，是农业劳动力向工业流动的先决条件。他们把农业剩余劳动力转移分为以下三个阶段：一是剩余劳动力阶段，在此阶段存在农业剩余劳动力，平均农业剩余保持不变，工业最小补偿工资也不变，劳动力无限供给；二是隐蔽性失业阶段，在此阶段存在隐蔽性失业，平均农业剩余下降，农产品价格上升，工业工资补偿性上涨，到达"第一个转折点"；三是农业商业化阶段，在此阶段平均农业剩余下降得更快，引起工资上涨的"第二个转折点"①。

在其他条件不变的情况下，现代部门的扩张是以吸收传统部门的剩余劳动力为特征的。经济发展的一个最显著的标志就是劳动力从传统部门向现代部门的转移。这种转移分为三个阶段：第一阶段，边际生产率为零的纯剩余劳动力的转移，这部分劳动力的流出不影响传统部门的总产量；第二阶段，边际生产率大于零小于最低平均生活费用的劳动力的转移，这一阶段的转移将开始影响传统部门的总产量；第三阶段，传统部门的剩余劳动力已被现代部门吸收完毕，现代部门的进一步扩张就必须与传统部门争夺边际生产力大于最低生活费用的劳动力。劳动力的供求结构发生本质性的变化，劳动力过剩现象消失，取而代之的是劳动力不足。劳动力的实际工资持续上升，在竞争的拉动下，传统部门的性质也开始发生变化，共同体原则趋于解体，资本主义经营原则开始确立，同时，在这一部门中开始生产技术的现代化。传统部门的技术特征和经营特征逐渐消失。整个经济体系变成现代经济体系。至此工业化的主要任务已经完成，国家从不发达经济变成发达经济。

经济发展的关键阶段是第二阶段。如果生产技术没有进步以至于农业劳动生产率没有得到显著提高，则在此阶段劳动力从传统部门的流出必然导致粮食等农产品总产量下降，农产品短缺就不可避免。一旦农产品的供给出现不足，现代部

---

① http://www.docin.com/p-341320435.html.

门必须提高名义工资以稳定产业工人实际生活水平。现代部门的利润率将因此而降低，产业扩张的速度将放慢。这又意味着现代部门吸收剩余劳动力的能力将会弱化。如果农业部门的生产率始终没有提高，工业表面的扩张又没有其他资本积累源泉，那么经济发展的速度就会显著放慢。这种格局可能会持续相当长的时间，在某种极端的情况下甚至无法完成该阶段。这一阶段的长短取决于传统部门的生产率和现代部门的资本积累水平。传统部门的产出率越高，现代部门资本积累的速度越快，困难的第二阶段也就会越短。在最理想的情况下，第二阶段将会消失①。

1.6　罗斯托的经济成长阶段论

美国得克萨斯大学经济学和历史学教授、著名经济史学家华尔特·惠特曼·罗斯托认为，无论在任何时期，在一个甚至已经成熟并继续成长的经济体系中，经济增长之所以能够保持，是因为为数不多的主导部门迅速扩大的结果，而且这种扩大又产生了对产业部门的重要作用，即产生了主导产业的扩散效应，包括回顾效应、旁侧效应和前向效应。罗斯托的这些理论被称为罗斯托主导产业扩散效应理论。1960 年，罗斯托在《经济成长的阶段》一书中，根据科学技术和生产力发展水平，将经济成长的过程划分为五个阶段，即传统社会阶段、为"起飞"创造前提的阶段、"起飞"阶段、向成熟推进阶段和高额大众消费阶段。后来他在《政治与成长阶段》（1970 年）一书中又增加了一个"追求生活质量"的阶段。罗斯托认为，人类社会发展共分为以下六个经济成长阶段②。

一是传统社会阶段，其特征是不存在现代科学技术，生产主要依靠手工劳动，农业居于首要地位，消费水平很低，存在等级制，家庭和氏族起着重要作用。

二是为"起飞"创造前提的阶段，即从传统社会向"起飞"阶段过渡的时期，在这一时期，世界市场的扩大成为经济成长的推动力。

三是"起飞"阶段。根据罗斯托的解释，"起飞"就是突破经济的传统停滞状态。实现"起飞"需要三个条件：一是较高的积累率，即积累占国民收入的10%以上；二是要有"起飞"的主导部门；三是建立能保证"起飞"的制度，如建立使私有财产有保障的制度，建立能代替私人资本进行巨额投资的政府机构等。罗斯托认为，一国只要具备了上述三个条件，经济就可以实现"起飞"，而一旦"起飞"，则经济就可以会自动持续增长。在西方国家中，英国在 18 世纪的最后 20 年里实现了"起飞"，法国和美国在 1860 年以前的几十年里实现了"起飞"，德国是在 1850~1875 年、日本在 19 世纪最后 25 年均实现了"起飞"。

四是向成熟推进阶段。这是"起飞"阶段之后的一个相当长的，虽有波动但

---

① 刘易斯模型. http://baike.baidu.com.

② 经济成长阶段. http://baike.baidu.com/view/602946.htm.

仍持续增长的时期。其特点如下：现代技术已被推广到各个经济领域；工业将朝着多样化发展，新的主导部门逐渐代替"起飞"阶段的旧的主导部门。

五是高额群众消费阶段。这是一个高度发达的工业社会。

六是追求生活质量阶段。

关于如何促进经济成长，罗斯托主要分析了"起飞"阶段和追求生活质量阶段所需要的政策。他认为"起飞"在当前主要是发展中国家的事，认为发展中国家应当像发达国家过去那样，首先要使社会经营资本、农业和以天然资源的开发为基础的出口部门这三个部门实现现代化，以便使"起飞"具有个良好的基础。同时，要选择成长率较快的主导部门，并设法使其大部分利润再供投资使用。罗斯托认为，目前发展中国家面临着"起飞"的有利因素，如有众多可采用的新技术，在资金方面有国际援助，而这些是发达国家以往在"起飞"时所不曾具备的。当然，也存在不利的因素，与发达国家历史上的"起飞"阶段相比，发展中国家的人口增长率大大提高，这就造成了粮食短缺、长期失业和半失业等一些发达国家当年未曾遇到的一些困难及问题。罗斯托认为，发达国家当前面临的主要问题是如何从高额群众消费阶段走向追求生活质量阶段。他认为，在追求生活质量阶段，政府的基本政策应当是发展公私混合经济，加强技术创新，实行中央计划调节措施，维持全球均势。

第 2 章　俄罗斯经济发展状况

　　苏联解体后，俄罗斯经历了一次深刻的制度变革过程。为了向市场经济过渡，俄罗斯于 1992 年开始采取激进的"休克疗法"，主要包括价格自由化（一次性全面放开物价）、紧缩的财政货币政策、大规模私有化和对外经济贸易自由化。"休克疗法"的实行导致俄罗斯出现国有资产大量流失、经济秩序紊乱、实体经济部门严重衰退、物价飞涨、通货膨胀、居民生活水平急剧恶化、社会贫富分化加剧及经济陷入危机等不良后果。在此期间，俄罗斯国民经济遭受的破坏程度不仅大于 20 世纪 40 年代的卫国战争，而且超过了西方国家 20 世纪 30 年代的大危机。1991~1998 年，除了 1997 年以外，俄罗斯的国内生产总值均为负增长，这一时期俄罗斯经济以年均 6.5%的速度衰退，尤其是 1992~1994 年下降的速度更为明显，降幅分别为-14.5%、-8.7%和-12.6%。总体来看，90 年代俄罗斯国内生产总值几乎减少了一半，1998 年国内生产总值总量和人均国内生产总值只有 1990 年的58%。1999 年的俄罗斯经济实力只相当于改革前的大约 25%，按购买力平价计算的国内生产总值总量为 8 877 亿美元，不足美国的 1/10；而人均国内生产总值为6 067 美元，相当于美国的 20%[1]。1992 年，俄罗斯的外汇储备资产只有 19.5 亿美元（不含黄金储备），直到 1999 年也没有达到 100 亿美元。

　　大体而言，苏联解体以来的 20 多年，俄罗斯的经济在经历了持续的转型性经济衰退后，于 1999 年开始恢复增长，至 2008 年俄罗斯国内生产总值实现了连续10 年的增长，年均增长率达到 6.8%。这一时期，俄罗斯成为世界上经济增长最快的经济体之一。此后，由于受国际金融危机的影响，俄罗斯经济出现了下滑的情况，2009 年国内生产总值年均增长率为-7.8%。2010 年开始逐渐走出危机再次进入恢复阶段，并出现了经济上升的势头，2010 年俄罗斯的国内生产总值增长为4.5%，2011 年的增长为 4.3%，2012 年的增长为 3.4%，但 2013 年下降到 1.3%，2014 年的增长为 0.6%，2015 年则受国际油价及卢布危机的影响降为-3.9%[2]。由

---

　　① 根据俄罗斯国家统计委员会资料计算得出（http：//www.gks.ru）。资料来源：李新. 关于对俄罗斯经济两次转型的认识. 新兴经济体研究（第六辑），北京：中国社会科学出版社，2014。

　　② 俄罗斯联邦统计局. 俄罗斯统计年鉴 2015. 莫斯科：俄罗斯统计出版社，2015.

此可见，自苏联解体以来，俄罗斯经济发展呈现出一种剧烈波动的趋势和特点。

2.1　农业发展

2.1.1　农业发展概况

农业是俄罗斯国民经济中的一个重要物质生产部门，在整个国家经济中占有重要地位，对经济的发展和居民的生活起着巨大作用。俄罗斯的农业土地约为 2 亿公顷，具有丰富的农业生产资源。俄罗斯的主要农业区分布在中央黑土区、顿河流域、伏尔加河沿岸和外高加索地区。其中，甜菜、水果及葡萄的主要产区为中央黑土区，牛奶和蛋类产区主要分布在西西伯利亚、中央黑土区和北高加索地区，而蔬菜产地主要集中在南部地区及一些大城市、工业中心的城郊地区。西伯利亚与远东地区地域辽阔，土地资源丰富，有大面积的土地尚未开垦，土地资源潜力巨大。据估计，西伯利亚和远东地区有适合于农业用的土地约为 1 200 万公顷，并且尚未开发，主要分布在哈巴罗夫斯克边疆区、克拉斯诺亚尔斯克边疆区、鄂木斯克州、托木斯克州、伊尔库茨克州和阿穆尔州境内。

尽管俄罗斯的农业资源十分丰富，拥有世界上最广阔的肥沃土地，但在过去很长的一个时期内，农业一直都是经济中比较薄弱的环节，可谓是经济发展中的一颗"毒瘤"，这也使俄罗斯一度成为世界上最大的粮食进口国。在实行"休克疗法"之前，俄罗斯农业几经波折，有过低迷，也有过繁荣。

16 世纪以前，农民拥有自有耕地的小庄园经济是俄罗斯的农业形式。此后，国家逐渐加强了对农户与土地的控制，完成了独立农户"村社化"与自由农民"农奴化"的演变过程，最终形成了农村公社、农奴制与沙皇专制三位一体的统治体制，即农民隶属于公社、公社隶属于国家，国家把公社分赐给贵族，并使社员成为其农奴。这种制度严重压抑了农民的积极性，致使农业生产力极为低下。为了扭转这种局面，1906 年进行了斯托雷平土地改革，对土地实行私有化政策，农民不仅可以退出村社，而且可以获得村社的分地作为私有财产，并允许其出售。村社拨给退社农民的土地在一个地段内，可以成为独立农庄或单独农场。这一改革使俄国农民农场的发展势头猛增，出现了十年左右的"斯托雷平奇迹"。到第一次世界大战前，俄国粮食产量大增，成为"欧洲粮食"和"世界最大的农业出口国"，为国际市场提供了粮食、肉类和原料。

十月革命后，苏联进行了土地改革，开始恢复村社的土地制度，把从大地主手中剥夺的土地分给村社，使曾经蓬勃发展的农民农场基本消失。再加上对农户经济活动的过度干预，更加强化平均主义及因苏联搞工业化与战争的需要，对商品粮的需求大幅增加，导致农业的进一步萎缩和连续发生"粮食征购危机"。20 世纪 20 年代，苏联新经济政策的实行不仅使商品经济一度活跃，而且使农村中的独立家庭和单独农场再度出现，但因国家实行的"反对独立农民化倾向"的政策，使独立出来的农民又回到村社。此后，由于传统村社没有出路，且不允许农民农场存在，因而只能走斯大林式的"全盘集体化"道路。到了 60 年代，苏联这种以牺牲农业为代价来满足工业化需要的经济发展模式虽然保证了国家对粮食供应的控制，但却使农业发展中存在较多弊端，农业长期处于低效的状态，成为经济的"短腿"，导致苏联一度成为世界最大的粮食进口国[①]。

为了摆脱农业发展的困境，自 20 世纪 80 年代末起，苏联力图通过市场经济改革之路对农业进行改革。90 年代，俄罗斯对农业进行了以土地私有化和改组集体农庄与国营农场为中心的大规模改革。苏联解体后，由于受宏观经济、农业政策及历史因素等方面的影响，俄罗斯农业连年歉收，种植面积大幅度下降，导致农产品生产能力逐年下降，造成国内农产品需求矛盾日益严重。尽管叶利钦政府出台了一些法令对农业进行改革，但最后仍以失败告终。1991~1998 年，俄罗斯的农业生产一直处在危机之中，农业总产值基本呈现不断下滑的态势（只有 1997 年有过短暂的回升），农业总产值下降了 41.4%，年均下降 10.4%，其中种植业产值下降 34.3%，畜牧业产值下降 46.1%。粮食产量多年下降，1998 年下降达 46%，为 1952 年以来产量最低的一年，肉类产量减少了 6.5%，奶产量减少了 1.9%[②]。整个农业生产在叶利钦改革年代倒退了 30 年。从种植业与畜牧业在国民生产总值中所占的比重来看，两者的比例基本维持在 55∶45[③]，说明俄罗斯农业内部存在结构不合理现象。

1998 年的危机成为俄罗斯农业部门发展的一个转折点。卢布的贬值抑制了食品的进口，居民购买力的恢复使国内市场需求有所增加。金融市场投机潜力的缩小、对资本流出的限制及对农业部门（如食品工业）短期投资增加的势头等均成为农业部门发展的促进因素。近年来，俄罗斯农业在经历了严重的危机之后步入了恢复与增长的道路，农业产值不断增长。尤其是普京执政以后，吸取了叶利钦时期农业改革的教训，对农业发展进行了改革，着重发展市场经济的大农业，使农业的发展有所好转。1999~2011 年，俄罗斯农业产值持续上升，其中 1999 年到 2001 年增长速度较快，年均增长率为 6.4%。近几年，俄罗斯不仅粮食产量实现了自给，而且农产品的出口也表现出了增长的势头，这些都使其国内市场的容量急剧扩大，因而刺激了农业的发展。2013 年，俄罗斯的粮食产量为 9 130 万吨（表 2-1）。在《2013~2020 年俄罗斯农业发展国家规划草案》中，俄罗斯农业部预测 2020 年俄罗斯的粮食产量将达到 1.25 亿吨，而出口潜力将增加到 4 150 万吨。

---

① 马恩成. 俄罗斯农业的兴衰. 南方经济, 1997, (1): 49-50.

② 申玉华. 简析叶利钦时期的俄罗斯农业改革. 民族论坛, 2006, (12): 25-27.

③ 关雪凌, 宫艳华. 俄罗斯产业结构的调整、问题与影响. 复旦学报（社会科学版）, 2010, (2): 117-125.

表 2-1 1990~2013 年俄罗斯农业发展状况

年份	总播种面积/亿公顷	粮食产量/亿吨	大牲口数/亿头
1990	1.18	1.17	0.57
1995	1.03	0.63	0.40
1999	0.88	0.55	0.28
2000	0.85	0.66	0.28
2001	0.85	0.85	0.27
2001	0.85	0.87	0.27
2003	0.80	0.67	0.25
2004	0.77	0.78	0.23
2005	0.76	0.78	0.22
2006	0.75	0.78	0.22
2007	0.75	0.82	0.22
2008	0.77	1.08	0.21
2009	0.78	0.97	0.22
2010	0.75	0.60	0.20
2011	0.77	0.94	0.20
2012	0.76	0.71	0.20
2013	0.78	0.91	0.20

资料来源：俄罗斯联邦统计局. 俄罗斯统计年鉴 2013. 2013；2013 年数据来源于俄罗斯统计局网站

2.1.2 粮食安全

"粮食安全"是一国经济安全的重要组成部分。粮食既是关系国计民生和国家经济安全的重要战略物资，也是人民群众最基本的生活资料。可以说，作为世界上最大和最具代表性的经济转轨国家之一，俄罗斯的粮食安全问题历来受到政府的密切关注，而作为东北亚地区的重要国家，其粮食安全状况也对东北亚地区其他国家产生重要影响。在经济全球化背景下，一方面，受国际农产品市场波动、国际农业竞争方式改变、外资对涉农企业的控制等因素的影响；另一方面，由于国内农业投入不足和农业基础设施建设落后，以及受自然灾害的严重影响等，俄罗斯面临着粮食安全的问题。

联合国粮农组织将粮食安全定义为：只有当所有人在任何时候都能够在物质上和经济上获得足够、安全和富有营养的粮食来满足其积极和健康生活的膳食需要及食物喜好时，才可谓实现了粮食安全[①]。俄罗斯将"粮食安全"定义为：国家有能力在不受到国内外风险威胁的情况下，依靠相应的资源、潜力和保障措施，

[①] 焦建. 中国粮食安全报告. 财经，2013-12-08.

满足居民对符合通行标准的粮食数量、质量和品种的需求①。对粮食安全，也有资料提到，按照国际通行标准，只有在下述情况下才能认为俄罗斯粮食和食品安全是有保障的：如果停止从国外进口粮食和食品，依靠国内农业原料和食品的消费占比达到以下标准——马铃薯占 95%、粮食占 90%、奶和奶制品占 90%、肉和肉制品占 85%、糖和植物油占 80%，即认为不会出现粮食和食品危机②。就是主张以国际通行标准来衡量俄罗斯的粮食安全。达到这些标准，粮食安全就有保障；否则，就存在粮食安全问题或隐患。俄罗斯专家认为，从粮食安全的角度出发，从国外进口食品的品种不能超过总需求的 20%，进口粮食的总量不能超过 30%。而有些年份俄罗斯的粮食和食品进口都超过了这个标准，因此总体而言，俄罗斯依然面临着粮食和食品安全问题。

1. 粮食安全状况

可以从不同角度按不同标准来分析俄罗斯的粮食安全问题。有学者认为，"粮食安全一般仅侧重于数量能够满足与否，这一点与食品数量安全有较大关联度。食品数量安全在很大程度上受到粮食安全的影响和制约。……俄罗斯把粮食安全与食品安全紧密地联系在一起，认为食品安全是粮食安全的核心"。因而着重从食品数量安全、食品质量安全和食品可持续安全三个方面来分析俄罗斯的粮食和食品安全问题③。实际上，还可以从粮食自给率、粮食产量和人均占有量、粮食和食品自给总水平来分析俄粮食和食品安全问题。

从粮食自给率方面来看，有资料显示，在 20 世纪 90 年代初，俄罗斯的粮食自给率曾从 1990 年的 89.9% 降至 1992 年的 74%。之后开始提高并自 2001 年起超过了 100%。另据有关资料，自 2010 年以来，俄罗斯粮食自给率除歉收的 2012 年为 108.3% 外，其余年份都超过了 120%，其中，2011 年达到了 135.9%。2014 年和 2015 年俄粮食产量超过了 1 亿吨，取得了历史性的突破，粮食自给率高于 2011 年的水平。因此，以粮食自给率为衡量标准，可以认为俄罗斯的粮食安全是基本上有保障的。表 2-2 反映了 1990~2013 年俄罗斯粮食和食品自给率的变化。

表 2-2　俄罗斯主要粮食和食品自给率（单位：%）

年份	安全线指标和粮食、食品自给程度			
	谷物（>95%）	马铃薯（>95%）	奶和奶制品（>90%）	肉和肉制品（>85%）
1990	89.9	105.4	88.2	88.2

---

① Проблемы продовольственной безопасности в России. http：//knowledge.allbest.ru/economy.html.

② Глотов О А. Продовольственная безопасность Российской Федерации：риски и угрозы, основные направления государственно-экономической политики. Известия Тульского Государственного Университета. Экономические и Юридические Науки, 2011, №1-2.

③ 姜振军. 俄罗斯食品安全形势及其保障措施分析. 俄罗斯东欧中亚研究，2013，（5）：41-47.

年份	安全线指标和粮食、食品自给程度			
	谷物（>95%）	马铃薯（>95%）	奶和奶制品（>90%）	肉和肉制品（>85%）
1995	99.8	104.0	86.8	73.4
2000	95.9	101.2	88.6	69.1
2005	117.5	102.0	82.3	62.0
2010	122.4	101.0	80.6	72.4
2013	128.9	104.6	77.7	78.4

资料来源：Шагайда Н, Узун В. Продовольственная безопасность:проблемы оценки. Вопросы Экономики, 2015, （5）: 67

从人均粮食占有量来看，有数据显示，在 1990~2010 年，俄罗斯人均粮食占有量有 10 年介于 600~800 千克，另有 10 年介于 400~600 千克，只有 2 年是在 400 千克以下[①]。这些数字表明，在多数年份，俄罗斯人均粮食占有量高于世界粮食安全标准（人均 400 千克），表明俄罗斯粮食能够自给自足，粮食安全有保障。此后，2011 年俄罗斯农业又获丰收，粮食产量达 9 420 万吨，较 2010 年大幅增长 54.6%。2012 年俄罗斯粮食歉收，总产量为 7 040 万吨，与 2011 年的 9 420 万吨相比减少了 25.3%。2013 年粮食产量又回升到 9 100 万吨。2014 年俄罗斯粮食产量自 2008 年以来首次超过 1 亿吨，达到 1.052 亿吨。2015 年农业又将取得好收成，产量也将超过 1 亿吨，截至当年 10 月 6 日已经收获粮食 9 850 万吨。2014 年 7 月到 2015 年 7 月俄罗斯出口粮食 3 050 万吨[②]。总体而言，自 2011 年至今，俄罗斯继续保持了粮食基本自给有余的势头。2014 年和 2015 年这两年的人均粮食占有量均超过 700 千克，大大超过世界的平均水平。基于此，2014 年 11 月 24 日俄罗斯总理梅德韦杰夫在俄罗斯经济现代化和创新发展总统委员会主席团会议上表示，俄罗斯在满足国内粮食需求方面没有问题。考虑到俄罗斯拥有的丰富水资源、耕地资源等，俄罗斯完全可以成为世界粮食生产大国。他指出，2014 年粮食产量达到 1 亿多吨，远远超出了保证俄罗斯粮食安全所需要的数量。因此，如果以粮食总产量和人均占有量为衡量标准，俄罗斯也具备了粮食安全的基本条件。

从粮食和食品自给总水平来看，粮食和食品自给总水平是衡量俄罗斯粮食和食品安全的综合性标准。根据表 2-2 可知，按照粮食和食品自给安全线指标和通行标准，自 1990~2013 年，俄罗斯除谷物外，马铃薯也完全达到并超过了自给自足水平。但自 1990 年至今奶和奶制品的自给率均未达到 90%的水平，2013 年甚至降到 77.7%，大大低于 90%这一食品安全线标准。肉和肉制品除 1990 年超过了 85%的食品安全最低线而达到 88.2%外，其余年份均在 85%的安全线标准以下，

① Российские реформы в цифрах и фактах. http://kaivg.narod.ru.
② 胡晓光. 俄罗斯今年粮食丰收产量将过亿吨. http://world.huanqiu.com/hot/2015-10/7697768.html, 2015-10-07.

最低年份的 2005 年仅为 62%，最高年份的 2013 年也只有 78.4%。据资料显示，2007~2011 年糖的自给率一直低于安全线标准（80%），分别为 52.7%、57.6%、64.4%、58.0% 和 61.7%，只在 2012 年和 2013 年达到了 87.8% 和 82.3%。而植物油自给率自 2007 年以来一直在 80% 这一安全线标准以上，2007~2013 年分别为 91.8%、84.0%、109.5%、93.8%、101.7%、132.4% 和 132.6%[①]。因此，总的来说俄罗斯的食品安全形势仍不容乐观。而如果从粮食和食品自给总水平综合看，如表 2-3 所示，1997~2013 年俄罗斯粮食和食品自给总水平均低于 90%，而且除 1999 年的最低水平 79% 和 2012 年的最高水平 89% 外，近 10 多年来俄罗斯粮食和食品自给总水平一直在 86%~88% 小幅波动。另据有关资料，虽然粮食产量基本有保障，但是近些年俄罗斯本国生产的食品仅能满足国内需求的约 50%，进口食品已占其总需求的 30%~50%[②]。综上所述，俄罗斯依然存在着粮食和食品安全问题。

表 2-3　俄罗斯粮食和食品自给总水平

年份	食品和农产品出口和进口/亿美元		进出口余额			居民食品支出/亿卢布	粮食和食品自给总水平/%
	出口	进口	亿美元	美元年均汇率	亿卢布		
1997	16.00	132.78	116.78	5.8	675	4 099	84
1998	14.62	108.20	93.58	9.7	907	5 284	83
1999	9.76	80.73	70.97	24.6	1 747	8 278	79
2000	16.23	73.84	57.61	28.1	1 620	11 211	86
2001	18.87	92.05	73.18	29.2	2 136	14 958	86
2002	28.01	103.80	75.79	31.4	2 378	17 810	87
2003	34.11	120.43	86.32	30.7	2 649	20 266	87
2004	32.92	138.54	105.62	28.8	3 042	23 039	87
2005	44.92	174.30	129.38	28.2	3 654	27 639	87
2006	55.14	216.40	161.26	27.2	4 382	30 583	86
2007	90.90	276.26	185.36	25.6	4 740	35 240	87
2008	92.78	351.89	259.11	24.9	6 443	46 497	86
2009	99.67	300.15	200.48	31.8	6 370	51 188	88
2010	87.55	363.98	276.43	30.4	8 396	58 005	86
2011	133.30	425.35	292.05	29.4	8 587	64 295	87
2012	166.63	403.84	237.21	31.0	7 365	68 669	89
2013	162.28	431.65	269.37	31.8	8 571	73 919	88

资料来源：Шагайда Н，Узун В. Продовольственная безопасность：проблемы оценки. Вопросы Экономики，2015，（5）：69

[①] Шагайда Н，Узун В. Продовольственная безопасность:проблемы оценки. Вопросы Экономики，2015，（5）：68.

[②] 王殿华，拉娜. 俄罗斯粮食安全与政策评析. 俄罗斯东欧中亚研究，2013，（3）：62-66.

2. 影响粮食安全的主要因素

影响俄罗斯粮食和食品安全的因素是多方面的，既有客观因素，也有人为因素；既有国内因素，也有国际因素。

一是不利的气候条件造成农业受灾粮食减产。特殊的地理位置使俄罗斯大部分地区时常受恶劣的气候条件影响，致使农业歉收和粮食减产。早在 1998 年，由于受旱灾的大面积侵袭，俄谷物总产量比 1997 年减少了 4 000 多万吨。2009 年旱灾致使俄罗斯 15 个联邦主体的谷物总产量减少了约 1 300 万吨。2010 年俄罗斯遭遇罕见高温干旱天气，受灾耕地面积达到 1 330 万公顷，粮食产量降至约 6 000 万吨。为稳定国内粮食市场，自 2010 年 8 月俄罗斯政府禁止粮食出口直至 2011 年 7 月 1 日。2011 年冬季的天气条件对俄罗斯农业生产也带来了不利影响，严寒天气影响了秋播作物的产量，而此后持续出现的旱情再度对俄罗斯粮食收成造成严重影响。2012 年俄罗斯有 16 个联邦主体遭受旱灾，受旱耕地面积为 440 万公顷，占总播种面积的 5%~6%。除干旱外，严冬、火灾，以及南部粮食产区的洪灾也对粮食生产造成了较大影响。据统计，2012 年的一系列异常天气给俄罗斯农业造成了 330 亿卢布（约合 10.5 亿美元）的经济损失。

自然灾害造成的农业受灾和粮食减产，直接威胁到俄罗斯的粮食安全，也由于歉收，食品价格上涨，并且出现食品安全问题。面对粮食和食品安全的挑战，俄罗斯不得不采取一些必要措施。例如，2012 年 7 月俄罗斯总理梅德韦杰夫责成农业部制定防止食品和粮价暴涨的一揽子措施，包括对粮价进行干预，设置粮食最高售价；对农业生产者实行资金补贴；延长用于采购农业设备的贷款期限等。

二是农田退化或闲置荒芜。农田是保证粮食安全的基础性条件。但近几十年来，俄罗斯一直面临着两大难题：①农田退化严重。中强酸性的农田超过了 3 600 万公顷，酸性土壤的面积增加了 3 210 万公顷，其中包括耕地 2 150 万公顷。约占俄罗斯国土面积 7%的黑钙土，其中的 40%适于农耕，在这片"黑土地"上耕种的农作物产量约占俄罗斯农作物年总产量的 2/3。但过度耕种、土壤改良缓慢等土地保护不力因素的影响，使俄罗斯黑钙土逐渐呈现出灰化酸性土的特征，其中约 60%的黑钙土已明显退化。农田大面积的严重退化，使俄农产品每年减产 3 700 万吨以上（折算成谷物）。②由于一些地区自然条件恶劣、农村人口持续减少、土地退化等因素，俄罗斯大量的农田闲置荒芜。据俄罗斯农业部的数据，荒芜农田面积数量近 1 000 万公顷（有资料认为约有 1 800 万公顷），主要分布在乌拉尔和西伯利亚地区。《纽约时报》认为，"俄罗斯拥有全球最大规模的闲置耕地"。

三是农业物质技术基础薄弱。俄罗斯农业面临的最突出问题是农业生产装备和农业技术落后。长期以来，俄罗斯对农业的投资严重不足，加之吸引外资乏力（截至 2013 年年底，俄罗斯农业部门累计外资余额仅为 27.5 亿美元，其中，2013 年吸引外资 6.1 亿美元），造成农业物质技术基础越来越薄弱，农业机械化水平也在降低。据俄罗斯农业科学院的统计，物流、仓储、运输体系发展滞后以及技术和设备不足等，每年造成的谷物损失达到 1 500 万~2 000 万吨、肉 100 万吨、牛奶 700 万吨[①]。俄罗斯国家粮食生产者联合会也认为，俄罗斯农业企业面临灾难性的物资技术保障形势。主要表现之一是收割和播种技术设备不足，农场无法在最佳时间完成播种和收割工作，如每年为完成全部谷物收割任务，需要增加 28 万台拖拉机和 9 万台收割机。由于技术基础薄弱，俄罗斯农工综合体每年损失的粮食高达 2 000 万吨。

俄罗斯每年对新农业机械和设备的需求量约合 30 多亿美元，而国内的农业设备制造只能满足实际需求的 35%~60%。尽管市场需求巨大，但资金匮乏限制了农业机械设备的制造和进口。为此，俄罗斯农业部计划增加对农业部门农机供应，帮助农业设备更新，以加强农业物质技术基础。此外，还建议将农业机械补贴从 15%增加到 25%。

四是谷物大量出口。俄罗斯是谷物出口大国，已成为全球第三大小麦出口国。有资料显示，近几年俄罗斯谷物出口数量庞大。2011 年 7 月 1 日俄罗斯取消谷物出口禁令，恢复谷物出口，使当年谷物出口量就超过了 1 500 万吨。2012 年俄罗斯出口谷物总量为 2 715 万吨。2013 年谷物出口 1 900 万吨；2014 年俄罗斯谷物丰产，谷物出口达 2 530 万吨；2015 年俄罗斯谷物出口预测为 2 500 万~3 000 万吨，1 月 1 日~9 月 21 日已出口谷物及其加工产品 2 247 万吨，其中包括小麦 1 322 万吨。

过去十年间，俄罗斯曾不止一次地实施过限制谷物出口的措施。2004 年曾对谷物出口征收关税；在 2007 年和 2008 年的全球食品危机期间对小麦的出口征收过保护性关税；2010 年的干旱造成产量大降从而迫使俄政府直接禁止谷物出口。特别是自 2015 年年初，俄罗斯开始强化对谷物出口的非正式限制，还曾决定从 2015 年 2 月 1 日起实施谷物出口关税等一系列限制谷物出口的措施。俄罗斯之所以实行限制谷物出口的政策，主要目的是为了防止国内粮食市场的供应短缺。同时，俄罗斯希望出口限制措施能够给国内粮价降温，遏制食品通货膨胀。俄罗斯总理梅德韦杰夫在 2014 年曾表示，当年俄罗斯粮食产量大幅增加，粮食的出口量也显著提升。但国家必须保有一定量的储备以确保国内粮食安全。

五是西方经济制裁对俄罗斯食品安全造成的影响。2014 年 7 月，乌克兰危机导致以美国和欧盟为首的西方对俄罗斯实施为期一年的制裁。与此同时，俄罗斯也对西方的制裁采取了报复性措施，宣布禁止进口来自欧美的多种食品及农产品。俄罗斯政府宣布在未来一年内，禁止从欧盟、美国、加拿大、澳大利亚和挪威进

---

① 李建民. 中俄农业合作新论. http://hlj.china.com/food/meishihui/11156100/20150508/19654287_all.html，2015- 05-08.

口一系列食品，包括牛肉、猪肉、水果、蔬菜和乳制品等。2015 年 6 月，欧盟又宣布延长对俄罗斯经济制裁 6 个月至 2016 年 1 月 31 日，与此同时俄罗斯也宣布延长对西方国家食品禁运 6 个月作为对欧盟决定的反击。

在俄罗斯禁止从欧盟进口食品后，土耳其一度成为俄罗斯所需农产品的重要供应国。然而，2015 年 11 月 24 日土耳其在土叙边境附近击落一架俄罗斯战机，使俄罗斯与土耳其关系急剧恶化。俄罗斯总理梅德韦杰夫 12 月 1 日签署政府令对土耳其实施制裁，其中包括自 2016 年 1 月 1 日起禁止从土耳其进口一系列蔬菜、水果、家禽和盐类商品。12 月 21 日梅德韦杰夫又签署命令，决定自 2016 年 1 月 1 日起对从乌克兰进口商品征收关税，并禁止进口乌克兰食品。俄罗斯已经禁止从欧盟和土耳其进口农产品，此次再禁止从乌克兰进口食品，会导致俄罗斯国内食品供应进一步紧张。

据俄罗斯关税总局统计，2013 年俄罗斯进口食品额为 430 亿美元，占进口总额的 13.4%。根据经济发展部的数据，以零售价格计算，进口食品的比例为 25%~30%。不同食品进口的占比也不相同，奶酪的比例超过 50%，酒类占 35%，牛肉占 60%，禽类为 35%，植物油为 16%，罐头占 19%。而欧盟官方数据显示，进口食品占俄罗斯消费食品总量的 35%，其中从欧盟国家进口的占到 10%。因此，无论从俄罗斯的数据还是从欧盟的数据看，禁止进口欧盟和西方国家的食品会给俄罗斯的食品供应造成较大影响。一些美欧官员、专家和媒体甚至认定，俄罗斯会是这场“食品战”的最大输家。在这种情况下，俄罗斯必须采取措施进一步提高本国农产品产量，加快实现农产品进口替代，以实现粮食和食品安全。

3. 保障粮食安全的政策措施

俄罗斯把粮食安全作为国家经济安全的重要组成部分，将其提升到维护国家地位和主权的高度，视为国家的首要任务之一。在俄罗斯独立后的经济转轨初期，经济滑坡和不利的气候条件，致使农业减产和农业总产值下降、居民食品消费量减少，加之受粮食市场不健全等因素的影响，俄罗斯面临着粮食安全问题。但近些年来，俄罗斯政府越来越重视粮食安全问题。早在 2009 年 5 月通过的《俄罗斯联邦 2020 年前国家安全战略》，其中就有对粮食安全的明确规定：要对主要食品实行进口替代；防止土地资源枯竭，防止农业用地和耕地减少；防止国家谷物市场被外国公司占领；防止不受监督地推广来自转基因植物（利用转基因微生物和类似的转基因微生物）的食品，以保障食品安全[①]。

此后，为补充和细化国家安全战略中关于粮食安全的内容，2010 年 2 月 1 日时任俄罗斯总统的梅德韦杰夫签署命令，批准通过了《俄罗斯联邦粮食安全准则》。

---

① 钟忠，马茹，熊伊眉，等. 2015-10-14. 俄罗斯联邦 2020 年前国家安全战略. http：//www.cetin.net.cn/cetin2/servlet/cetin/ action/HtmlDocumentAction?baseid=1&docno=385648.

其主旨是为居民提供可靠的食品保障，特别是保障偏远地区的粮食供应和最贫困人口的饮食；发展本国农业和渔业，降低国内农业和渔业对外国技术和设备的依赖；对影响粮食市场稳定的内部及外部威胁做出快速反应，并有效参与国际粮食安全合作等。《俄罗斯联邦粮食安全准则》提出，为确保俄罗斯粮食安全，必须稳定国内生产，并保证必要的储备；要求对粮食安全提供及时预报，查明和预防可能影响粮食安全的内部及外部威胁，并及时消除其不良后果。根据当时的规划，为保证粮食安全，在今后几年内俄罗斯中央财政每年用于扶持农业发展的资金将达到 1 600 亿~1 700 亿卢布。而到 2015 年，俄罗斯政府和地方政府分别拨款 1 900 亿卢布（约合 31.79 亿美元）和 660 亿卢布（约合 11.04 亿美元）用于完成国家农业领域发展计划。

于 2013 年 1 月 1 日生效的《俄罗斯联邦 2013~2020 年农业发展和农产品、原料、食品市场调控国家纲要》（第 717 号政府令）提出的目标是：确保国家粮食安全，主要措施是刺激农产品和食品生产的增长，实行进口替代政策，通过限制农产品的进口来提升本国农产品的生产能力，保证俄罗斯的食品自给率达到《俄罗斯联邦粮食安全准则》提出的标准；形成完善的农产品市场，推进其市场化进程；激励农业创新，通过农工综合体的创新发展提高俄罗斯农产品在国内和国际市场上的竞争力；实现农业综合体的金融稳定；确保农业耕地的有效使用，土地的复垦开发应当用于农业；确保农村地区的可持续发展。通过以上措施，要使满足消费的粮食和食品的自给率至少达到以下标准：谷物和马铃薯 95%、肉和肉制品 85%、渔产品 80%、奶和奶制品达到 90%。另有资料显示，按《俄罗斯联邦粮食安全准则》，到 2020 年，俄罗斯粮食自给程度将再度提高：粮食自给率为 99.7%，甜菜和糖为 93.2%，植物油为 87.7%，马铃薯为 98.7%，肉类为 91.5%，奶类为 90.2%。农业的盈利将为农村带来每年 3.1%的固定资产增长率。农业从业人员的工资水平将达到全国平均水平的 55%。另外，俄罗斯还计划扩大种植面积，将土地复垦开发、保持和提升土壤肥力以及农村可持续发展分别列为专题加以指导，以保证俄罗斯粮食长期自给自足[①]。

2.2 工业发展

十月革命前，俄国的工业并不发达，在工农业总产值中工业仅占 1/3 左右，且以轻工业为主（占工业总产值的 2/3）。此后，受第一次世界大战和国内战争的影响，工业濒于崩溃边缘。国内战争结束后，苏联实行社会主义工业化路线，大力发展重工业。经过多年的发展，苏联成为工业基础雄厚、部门齐全的国家，形成了以能源、黑色冶金、化学和石油化工、机器制造和金属加工、木材加工和造

---

① 徐振伟，王旭隆. 俄罗斯农业生产与粮食安全评析. 欧亚经济，2015，（4）：55.

纸、建筑和材料、轻工、食品、微生物九大工业部门为中心的完整的工业体系。苏联解体后，俄罗斯继承了苏联大部分的基础工业。目前，俄罗斯工业以机械制造业、冶金工业、石油和天然气开采、煤炭工业、森林工业及化工工业为主。俄罗斯的传统工业部门较为发达，尤其是燃料能源工业、机械制造业水平较高。

2.2.1　燃料动力工业

俄罗斯拥有丰富的常规能源资源，是世界上的能源生产与出口大国。有关资料表明，俄罗斯的天然气储量居世界第 1 位（占世界的 23%）、煤炭储量居世界第 2 位（占世界储量的 19%）、石油储量位居世界第 5~7 位（占世界储量的 4%~5%），铀的开采占世界的 8%[①]。据俄罗斯专家评估，俄罗斯的石油和石油产品按现有的出口速度（2000 年出口 1.7 亿吨和 2010 年出口 1.6 亿~1.8 亿吨）到 2025 年将会出现枯竭，而天然气按现有的出口速度（2000 年出口 2 080 亿立方米和 2020 年出口 2 650 亿~2 850 亿立方米）到 2035 年将开始出现枯竭的现象[②]。因此，俄罗斯认识到必须对能源部门进行结构改造，最大限度地提高水电、风能和太阳能发电，提高生物质能及热能等可再生能源的生产。

俄罗斯的燃料动力资源大部分集中在西伯利亚和远东地区，燃料、动力工业是其发展最为迅速的国民经济部门，该地区已成为俄罗斯最大的燃料动力生产基地。西西伯利亚油气综合体是西伯利亚与远东燃料动力基地的核心，也是俄罗斯燃料动力综合体的核心。20 世纪 70 年代初，西伯利亚提供的石油仅占苏联总产量的 20%左右、天然气占 30%左右、煤炭不到 50%。到 80 年代初，该地区生产的石油已占苏联总产量的 50%左右、天然气约占 60%、煤炭占 50%左右。该地区的石油工业发展尤为迅速，1965~1975 年，西西伯利亚的石油年产量从 9 500 万吨迅速提高到 1.48 亿吨；1976~1980 年，西西伯利亚的石油产量增长了 1.636 亿吨。1988 年，西西伯利亚石油达到最高开采量为 4.15 亿吨（包括凝析油）。

1. 石油天然气工业

俄罗斯是世界上油气储量巨大、开发能力较强的国家，是世界主要的能源生产国和出口国，其石油的探明储量占世界的 12%[③]。俄罗斯已探明和潜在油气总储量高达 900 亿吨，已探明的石油总储量估计为 75 亿~120 亿吨，最高估计为 187 亿吨，而这一数字只包括了目前投产和建设的油田中已确认能够产油的油田产量，如加上已探明有望产油的油田，则将达到 310 亿吨，再加上预计但尚未探明的远

① Попель О С. Возобновляемые источники энергии в регионах Российской Федерации: проблемы и перспективы. Электронный журнал 《энергосовет》, 2011, №5.

② Российско-Европейский Технологический Центр. Потенциал возобновляемых источников в энергии в России. Существующие Технологии. http://www.verdit.ru/doceuments/cat_view/48-.html.

③ Бушуев В В. Государство, ТЭК и экономика России//Энергетическая Политика, 2003, №3, c.16.

景石油储量 454 亿吨，这一数值将会异常庞大[①]。据俄罗斯自然资源部部长特鲁特涅夫宣布，2007 年俄罗斯发现 44 块油气田，新勘明石油储量 5.5 亿吨，新探明的天然气储量为 6 700 亿立方米[②]。

在俄罗斯，西伯利亚地区的能源资源尤为丰富，该地区是俄罗斯石油的主要集中地区。据统计，西西伯利亚地区的石油储量为 7 340 万吨，其次是乌拉尔地区为 890 万吨，最后是俄罗斯欧洲部分的北部地区（表 2-4）。

表 2-4　俄罗斯石油储量分布（单位：万吨）

地区	储量
西西伯利亚地区	7 340
乌拉尔地区	890
俄欧洲部分的北部地区	700
伏尔加河沿岸地区	620
东西伯利亚地区	160
远东地区	100
北高加索地区	90
大陆架	80

资料来源：刁秀华. 俄罗斯与东北亚地区的能源合作. 北京：北京师范大学出版社，2011：44

俄罗斯是世界上天然气资源最为丰富的国家，产量居世界首位。据 1993 年俄罗斯第 8 次油气资源评价结果可知，俄罗斯天然气原始远景资源量为 236.15 万亿立方米，其中陆地占 67.9%，海域占 32.1%。据《BP 世界能源统计 2005》公布的数据，2004 年年底全球天然气探明储量为 179.53 万亿立方米，其中俄罗斯为 48.00 万亿立方米，占世界的 26.7%[③]，居世界第一位。按现有的开采水平，其天然气储量可供开采 78 年[④]。2010 年年末，俄罗斯的天然气探明储量为 33.06 万亿立方米，石油和凝析气的探明储量为 30.17 亿吨，其中乌拉尔地区的天然气储量最多，为 23.57 万亿立方米，其次是大陆架，为 5.33 亿立方米（表 2-5）。

表 2-5　2010 年年末俄罗斯天然气探明储量分布

地区	天然气/万亿立方米	石油/亿吨	凝析气/亿吨
乌拉尔地区	23.57	14.001	7.240

① 成键等. 春眠不觉晓——困境中复苏的俄罗斯经济. 重庆：重庆出版社，2007：160-161.
② 熊伊眉. 俄罗斯 2007 年发现 44 块油气田勘明石油储量 5.5 亿吨. http://www.mysteel.com/gc/cjzh/syhg/2007/12/26/082037, 1701562.html, 2007-12-26.
③ 王立敏. 聚焦 2004 年世界和中国能源市场——《BP 世界能源统计 2005》分析. 国际石油经济，2005，（7）：18.
④ 安卓. 中俄能源合作新模式：合资公司控俄气田. 第一财经日报，2009-10-13.

续表

地区	天然气/万亿立方米	石油/亿吨	凝析气/亿吨
大陆架	5.33	0.474	0.739
南部地区和北高加索地区	2.55	0.106	3.806
伏尔加地区	0.75	1.445	0.575
远东地区	0.46	0.511	0.069
西伯利亚地区	0.31	0.619	0.212
西北地区	0.09	0.173	0.208
总计	33.06	17.329	12.849

资料来源：Запасы газа и нефти. http://www.gazprom.ru/about/production/reserves/

　　俄罗斯的油气田开发主要包括东西伯利亚地区、远东地区及北极大陆架。东西伯利亚地区的油气储量非常大，主要集中于克拉斯诺亚尔斯克边疆区和伊尔库茨克州，但需要进行前期勘探和从零开始的基础设施建设。远东地区的油气储量主要集中于萨哈共和国和鄂霍茨克海大陆架。北极大陆架地区正在进行配套的建筑工程建设。季马诺-伯朝拉及涅涅茨自治区北部有许多小油田，油气储量非常可观。

　　苏联解体后，随着俄罗斯国内投资环境的好转，油气工业出现了好转的局面。1992 年俄罗斯的天然气产量为 5 974 亿立方米，1994 年降为 5 664 亿立方米，1996 年上升为 6 034 亿立方米，1998 年降为 5 910 亿立方米。2004 年俄罗斯的天然气产量达到了 6 339.5 亿立方米，比 2003 年提高了 2.2%。2005 年天然气产业继续保持稳步增长的态势。2006 年，俄罗斯天然气产量达 6 562.9 亿立方米，比 2005 年增长 2.4%。2008 年的天然气开采量为 6 650 亿立方米，2009 年下降到 5 820 亿立方米。2011 年，俄罗斯的天然气产量达到 6 705.44 亿立方米，同比增长了 3.1%，打破了 2008 年的历史纪录。2013 年，俄罗斯天然气产量为 6 680 亿立方米，比 2012 年增加了 2%，2014 年天然气产量下降为 6 403.3 亿立方米，2015 年降到 6 353.4 亿立方米。根据美国能源信息署 *Annual Energy Outlook* 2010 报告，2020 年俄罗斯的天然气产量将达到 6 881.03 亿立方米，到 2030 年为 7 504.01 亿立方米，2035 年为 7 730.54 亿立方米[①]。

　　俄罗斯天然气生产主要集中在西西伯利亚地区，主要产区有乌连戈伊、扬堡、秋明等地。《西伯利亚长期发展构想》表明，西西伯利亚石油天然气蕴藏区的天然气开采量 2020 年将增长到 6 250 亿~6 500 亿立方米，其中汉特-曼西自治区增长

---

① 刘增洁. 2009 年俄罗斯天然气资源及供需形势. 中华人民共和国国土资源部网，2010-09-26.

到 160 亿~220 亿立方米、托木斯克州增长到 90 亿~100 亿立方米、亚马尔-涅涅茨自治区增长到 6 000 亿~6 250 亿立方米。

在西伯利亚地区，建有西西伯利亚石油天然气综合体、坎斯克-阿钦斯克燃料动力综合体、秋明油田、乌连戈伊天然气田等大型的能源产地，还有许多大型开采企业，如卢克石油公司、乌连戈伊天然气工业股份公司，以及大型石油加工企业，如鄂木斯克石油加工厂、阿钦斯克石油加工厂等。其中，西西伯利亚地区的秋明州是最大的石油开采中心，开采量占俄罗斯的 70%左右，该油田属于世界级大油田，高产优质，在俄罗斯石油产量中占有举足轻重的地位。苏联解体后，该油田面临重重困难，但其年产量仍维持在 2 亿多吨的水平上。近几年来，在拉普捷夫海和东西伯利亚海大陆架也陆续发现了大型油气资源蕴藏地，东西伯利亚的伊尔库茨克州和克拉斯诺亚尔斯克边疆区具有巨大的石油天然气开采前景。

尽管天然气工业是俄罗斯燃料工业中发展最快的部门，但如今西西伯利亚地区的一些大的气田已经进入开采下降期或停顿期，需要开发新的气田以改变产量下降的趋势。西西伯利亚已探明但尚未开采的产地决定着俄罗斯天然气行业的发展前景，其中包括储量最大的亚马尔和极地地区，以及储量较大的纳德姆-普尔产区的深层凝析气田。此外，巴伦支海、鄂霍茨克海和喀拉海大陆架上的大型产地也已经或将要投入开采。但这些产地的开发，需要大量的资金用以解决钻探、矿井设备工艺和天然气加工过程中存在的大量问题，而铺设输气管道，保护极圈内的生态环境等要求又将使开采成本提高。因此，俄罗斯已经认识到开发远东地区的重要性。远东地区的石油天然气储量也比较丰富，但尚未进行大规模开采。目前只在萨哈林州和萨哈共和国开采石油天然气。萨哈林州临海大陆架共发现了 8 个油田，其中 7 个在该州东北部海域，列入俄罗斯政府开发计划的 6 个萨哈林大陆架石油天然气工程即位于该地区。它们分别以萨哈林-1 号~萨哈林-6 号排序，已签订"产品分割协议"的有萨哈林-1 号和萨哈林-2 号，已正式开采出油的有萨哈林-2 号，它是俄罗斯联邦远东地区最有发展潜力的油气计划。萨哈林-3 号、萨哈林-4 号和萨哈林-5 号正在寻求合适的投资方，萨哈林-6 号的进展则更慢一些。

近年来，俄罗斯政府积极致力于对俄罗斯东部地区油气产地的开发，计划在该地区经济发展的情况下组建天然气销售市场，同时开发与俄罗斯经济发展联系密切的亚太地区国家的需求市场，并为此推出一系列国际合作方案。东西伯利亚天然气工业的任务包括：实现科维克金凝析气田投产；铺设到伊尔库茨克，进而通向中国的天然气管道；在伊尔库茨克州南部建立分解乙烷、丙烷、丁烷和氦的天然气加工厂综合体，组织液化天然气和液化氦生产。在此基础上，铺设萨哈共和国的恰扬达气田到科维克金气田的天然气管道。开发索宾气田，并且靠开采该气田和尤鲁伯琴-托霍姆油气田的伴生气以保障克拉斯诺亚尔斯克边疆区南部和哈卡斯共和国的伴生气供应[①]。

长期以来，俄罗斯一直是世界第一大天然气生产国和出口国，其天然气产量居世界首位，消费量居世界第二位，是国际天然气市场最重要的出口商，未来天然气开发的增长率将高于石油开发的增长率。2006 年，俄罗斯天然气出口达 1 999亿立方米，位居世界首位。2009 年，俄罗斯天然气出口量为 1 764.8 亿立方米，较 2008 年增长 14.3%。2011 年，俄罗斯天然气出口量为 1 968.62 亿立方米，同比增长 7%。2012 年，俄罗斯的天然气产量为 6 550.07 亿立方米，出口量为 1 858.45亿立方米。2013 年俄罗斯天然气产量达 6 680.24 亿立方米，与 2012 年相比增长2%，出口量增长了 10%，为 2 049.11 亿立方米。2014 年俄罗斯天然气产量为 6 403.3亿立方米，与 2013 年相比减少了 4.1%[②]。

目前，俄罗斯天然气的主要出口市场是欧洲。早在 20 世纪 40 年代中期苏联便开始向波兰出口天然气。苏联时期，开始大规模修建天然气出口管道，修建了到捷克斯洛伐克的天然气输送管线，1968 年苏联开始向西欧供气，首次出口到奥地利石油公司（OMV）。此后，俄罗斯的天然气通过俄欧之间的输气管道源源不断地流向欧洲。

长期以来，俄罗斯通往欧洲的天然气管道主要包括三条线路：第一条是由东至西横穿乌克兰的多条管道组成，这些管道经乌克兰后，向西通往斯洛伐克、捷克、德国和奥地利，向南通往摩尔多瓦、罗马尼亚、保加利亚；第二条是绕过乌克兰、由东至西穿越白俄罗斯和波兰，进入德国的"亚马尔—欧洲"第管道；第三条是经过乌克兰东部、由北至南穿越黑海至土耳其的"蓝溪"管道。除依靠上述三条管线直接向所经国家输送天然气外，俄罗斯还通过欧洲各国天然气管道网络，将天然气输送到法国、英国、意大利等其他欧洲国家（图 2-1）。国际能源机构的数据表明，危机前西欧国家的天然气需求为 4 700 亿立方米，而进口量为 3 620 亿立方米，东欧国家的天然气需求为 440 亿立方米，需要进口387 亿立方米。近年来，欧洲从俄罗斯进口的天然气呈现出逐年上升的趋势。2009年，欧洲从俄罗斯进口的天然气为 1 362 亿立方米，独联体其他国家从俄罗斯进口的天然气 402.8 亿立方米，其中主要的进口国家与进口量分别为：德国——315亿立方米、意大利——208 亿立方米、土耳其——172.6 亿立方米、匈牙利——72 亿立方米、法国——82 亿立方米、波兰——71.5 立方米、捷克——64 亿立方米。在欧洲进口的天然气中，有 1/4 是由俄罗斯天然气工业股份公司提供的。2010年，俄罗斯天然气工业股份公司输往欧洲的天然气为 1 386 亿立方米，2011 年

---

① 赵立枝. 俄罗斯西伯利亚经济. 哈尔滨：黑龙江教育出版社，2003：68-83.
② 俄罗斯能源机构发布 2014 年天然气产量数据. http://www.hljdpc.gov.cn/jmzxscdt/28597.jhtml，2015-01-05.

上升到 1 500 亿立方米。

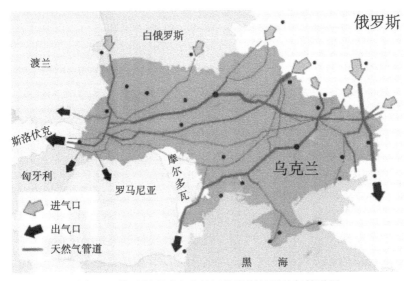

图 2-1　俄罗斯通过乌克兰运往欧洲的天然气管道图

资料来源：王海霞. 京劝欧盟："别小气"，否则"断气". 中国能源报，2009-11-09

　　近年来，为了实现天然气出口渠道多样化，俄罗斯不断加强与欧洲之间的天然气合作，这从俄罗斯与欧洲之间正在实施的"北溪"与"南溪"天然气管道修建项目便可见一斑（图 2-2）。2005 年，俄罗斯前总统普京和德国前总理施罗德达成修建"北溪"天然气管道的协议，该输气管道全长为 1 224 千米，主要出口国家包括德国、英国、荷兰、法国、丹麦和其他欧洲国家。为了将俄罗斯天然气输送到西欧等国家，同时摆脱对过境运输国乌克兰的依赖，2007 年俄罗斯天然气工业股份公司和意大利埃尼公司共同就"南溪"输气管道项目的设计、融资、建设和管理等方面签署了备忘录。"南溪"管道项目的建设费用约为 150 亿欧元（约合 200 亿美元），经黑海海底的管道总长度为 900 千米，陆上管道总长度超过 2 000 千米。建成后，管道设计年输气能力将达到 630 亿立方米。按照建设规划，"南溪"管道从俄罗斯经黑海海底到保加利亚上岸，然后将通过两条支线分别通达奥地利、意大利等国家。据俄罗斯天然气工业股份公司总裁阿列克谢·米勒介绍，2012 年 12 月该公司将开始修建"南溪"输气管道，2015 年 12 月该天然气管道将开始向欧洲供气①。

　　2011 年 11 月 8 日，"北溪"天然气管道第一条支线正式投入使用，这条支线从俄罗斯芬兰湾附近的维堡市出发，经波罗的海海底到达德国东北部港口城市格

---

① Алексей Миллер доложил Владимиру Путину о досрочном завершении укладки второй нитки "Северного потока". http：//gazprom.ru/press/news/2012/april/article133710/，2012-04-19.

图 2-2　北溪与南溪天然气管道线路图

资料来源：外媒. 俄气直输西欧　各方心态复杂. 中国能源网，2011-11-10

拉夫瓦尔德，年供气能力为 275 亿立方米，它的建成使俄罗斯减少了通过乌克兰的输气管线对欧洲的供气量，可直接向德国和其他西欧国家输气。2012 年 1~8 月，俄罗斯通过乌克兰向西欧供气量减少 22.86%，为 540 亿立方米。"北溪"天然气管道第二条支线（运送俄罗斯北部的亚马尔半岛的尤日诺–鲁斯科耶气田的天然气）原计划于 2012 年年底建成，但该工程已提前于 2012 年 4 月 18 日竣工，该支线于 2012 年 10 月开始商业供气，这使"北溪"天然气管道的年供气能力提高到 550 亿立方米，可满足 2 600 万个家庭的用气需求。据相关资料表明，欧盟近 10 年来天然气进口增加了约 2 000 亿立方米，由于欧洲天然气输送系统已与世界上最大的天然气产地相连，"北溪"的开通可满足欧盟天然气进口增加量的 25%[①]。实际上，由于"北溪"输气管道的开通，2011 年 11 月到 2012 年 10 月 1 日，俄罗斯通过该管道向西欧输送的天然气为 87 亿立方米。有资料表明，2013 年俄罗

———————————

① Северный поток. http：//www.gazprom.ru/about/production/projects/pipelines/nord-stream/.

斯对欧洲的天然气出口量为 1 627 亿立方米[①]。

由此可见，能源问题是俄欧关系的一个主要方面，双方在能源尤其是天然气合作中存在着相互依赖的关系。尽管如此，但近年来俄欧天然气合作却连年遭遇"寒冬"，俄欧彼此间不断地进行着激烈的摩擦与纷争。俄罗斯通往欧洲的天然气管道，除"亚马尔—欧洲"线路外，都要过境乌克兰，每年俄罗斯通过乌克兰境内的管道向欧洲输送大约 1 200 亿立方米天然气。换言之，俄罗斯输往欧洲的天然气 80%需要途经乌克兰。俄罗斯天然气工业公司前总裁维亚希列夫曾抱怨说，苏联将管道全部通向乌克兰是其犯下的最愚蠢的错误，但俄罗斯的天然气通过邻国境内尚不能称为最坏之处，最坏的是这些国家不仅不支付天然气款，还偷偷地截留向西欧的天然气供应。过去几年来，俄罗斯通过乌克兰天然气管道向欧洲输送天然气因俄乌价格争端及债务问题而几次陷入混乱，并最终导致欧盟一些国家的天然气供应出现了不稳定的局面也证实了这一点。尽管如此，毫无疑问的是未来俄罗斯依然将是欧洲最重要的能源供应国，实际上欧洲也希望扩大从俄罗斯进口天然气。俄欧在天然气合作上不仅是一种互利共赢的关系，而且合作前景广阔。俄罗斯的政治家认为，没有俄罗斯的天然气欧盟将无法生存。正如俄罗斯天然气工业股份公司总裁阿列克谢·米勒在第 23 届世界天然气会议上曾发表的声明称，该公司能够为欧洲和世界的发展起到能源基础的作用。他认为，俄罗斯天然气工业股份公司有能力保持向欧洲用户供应天然气的主要供应商的地位。欧洲的天然气需求要靠俄罗斯来满足，大约为 1 450 亿~1 500 亿立方米（其中俄罗斯向欧洲的独联体其他国家提供的天然气约为 500 亿立方米），从中亚经俄罗斯输向欧洲的过境运输高达 500 亿立方米[②]。在连接俄德两国的"北溪"天然气管道第一条支线正式投入使用的庆祝仪式上，德国总理默克尔就曾说，"北溪"天然气管道工程具有象征意义，"我们寄希望于未来与俄罗斯展开稳固且有承载力的合作"。而时任俄罗斯总统梅德韦杰夫也强调了俄欧伙伴关系的光明前景，并预计到 2020 年俄罗斯向欧盟出口的天然气总量有望提高到 2 000 亿立方米[③]。2012 年 10 月 8 日，当"北溪"天然气管道第二条支线开通时，俄罗斯总统普京指出，"北溪"天然气管道将为俄罗斯和整个欧洲的经济发展做出重要贡献。

总之，随着俄欧之间天然气项目的逐渐实施，不仅降低了原有的过境输气的风险，有利于保障俄罗斯对欧洲消费者提供稳定的天然气供应，而且也有利于保障欧洲能源的稳定发展与能源安全。与此同时，俄欧之间的天然气合作也将保持

---

① 王保群. 盘点俄罗斯出口欧洲的天然气通道. http://www.cnpc.com.cn/syzs/yqcy/201503/ 8a52c154d453457 bb9095f3afd7d96c3.shtml. 中国石油网，2015-03-12.

② Алексей Хайтун. Холодная зима газовой отрасли. Независимая газета，2012-03-13.

③ 焦宇. "北溪"天然气管道第一条支线正式投入使用. http://news.xinhuanet.com/world/2011-11/09/c_12225 2814.htm. 新华网，2011-11-09.

和巩固俄罗斯在世界天然气市场上的地位，使其更好地融入欧洲。

在此，值得一提的是俄罗斯天然气工业股份公司，它是俄罗斯国家所有的天然气垄断组织，是由政府控股的世界上最大的天然气生产企业，该公司统管俄罗斯的天然气工业，不仅负责陆上和海域的天然气勘探开发、加工处理、储运及销售，而且负责落实俄罗斯与外国在天然气领域中的合作项目。

俄罗斯天然气工业股份公司拥有世界上最富有的天然气储量，控制着俄罗斯 70%的天然气储量和世界 18%的天然气储量，开采的天然气占世界天然气开采总量的 15%，占俄罗斯全部开采量的 78%。该公司通过统一供气系统和天然气管道向 654 个城市、13 000 多个城镇和村庄及 1 150 个工业企业提供天然气。目前，该公司正在积极推动亚马尔半岛、北极大陆架、东西伯利亚和远东地区的大型项目建设，以及一些国外油气勘探和生产项目的发展。该公司拥有世界上最大的天然气管道输送网——俄罗斯天然气统一供应系统，天然气输送管道总长超过 16.1 万千米，为世界之最。该公司向世界上 30 个国家出口天然气。此外，俄罗斯天然气工业股份公司是俄罗斯唯一一个生产和出口液化天然气的出口商，其提供的液化天然气约占全球的 5%[1]。根据石油资源管理系统（petroleum resources management system，PRMS）国际标准统计，2010 年年末，该公司天然气探明储量为 18.99 万亿立方米，凝析气为 5.72 亿吨，探明和概算储量约为 287.1 亿吨油当量，其价值约为 2 696 亿美元（表 2-6）。

表 2-6　2010 年年末俄罗斯天然气工业股份公司的油气储量

油气储量	天然气/万亿立方米	凝析气/亿吨	石油/亿吨	总计/亿吨油当量
探明储量	18.99	5.72	7.17	237.60
概算储量	3.53	1.47	4.65	49.47
探明和概算储量	22.52	7.19	11.82	287.07

资料来源：Аудит запасов. http://www.gazprom.ru/about/production/reserves/

当前，俄罗斯天然气工业股份公司掌握着世界上最多的天然气出口合同，数量超过 2.2 万亿立方米。该公司生产着俄罗斯 8%的工业产值，保证了 25%的国家预算，它掌握着 29.9 万亿立方米天然气的开采许可证[2]。2005 年，该公司开采的天然气为 5 550 亿立方米，占俄罗斯天然气开采总量的 85%以上，2006 年的开采量为 5 560 亿立方米，为近年来开采的最高值。2009 年，俄罗斯天然气工业股份公司生产的天然气下降到 4 615 亿立方米，比 2008 年减少了 882 亿立方米。2010 年，该公司的天然气产量为 5 086 亿立方米，比 2009 年增加 10.2%，开采量占俄

---

① Газпроме О. http：//www.gazprom.ru/about/.

② 立木. 俄罗斯天然气工业公司十年. 俄罗斯中亚东欧市场，2003，(4)：47.

罗斯天然气开采总量的 78%，占世界开采量的 15%①。2011 年该公司的开采量增加到 5 130 亿立方米。有数据表明，到 2020 年俄罗斯天然气工业股分公司的产量将达到 6 600 亿立方米②。

尽管俄罗斯的天然气产量和出口量相当高，但俄罗斯的天然气产量增长却一直受油田老化、国家政策调整、俄罗斯天然气工业股份公司垄断和天然气出口管线不足等方面的影响。当前，资金短缺是俄罗斯天然气工业面临的最大问题，尤其是对一些老产地基础设施的维修费用比较高。与 2007 年相比，2010 年的维修费上涨了 40%。而每千立方米的开采成本也从 2000 年的 4 美元上升到了 2010 年的 23 美元。此外，一些老的特大型气田目前已进入了自然衰减阶段，处于开发后期，天然气产量正日渐递减。例如，亚马尔-涅涅茨自治区的梅德韦日耶天然气田于 1972 年投产后，1975 年产量曾高达 750 亿立方米，而 2010 年的产量只有 150 亿立方米③。为了弥补这些老气田的产量递减和提高俄罗斯的天然气产量，今后必须开发新的大型气田。

目前，俄罗斯有开发前景的天然气产地主要位于亚马尔-涅涅茨自治区，这里集中了俄罗斯 72%的天然气储量，其次是俄罗斯北部的巴伦支海域。但由于已发现的新产地自然条件十分恶劣，因而开发成本极高，尤其是极圈地区的开发需要投入较大的资金。由于天然气新产地距离现有的天然气和石油管道运输干线较远，不仅需要解决复杂的工艺问题，还需要保护周围的环境，且在这些地区必须重新建立生产和社会基础设施，而开采大陆架地区的天然气和石油则更加复杂。凡此种种都是俄罗斯天然气工业今后所面临的主要问题。

2. 煤炭工业

俄罗斯拥有世界上最大的潜在煤炭储量，煤炭资源占世界潜在煤炭储量的 30%，估计为 5.3 万亿吨。煤炭探明储量为 2 020 亿吨，占世界探明储量的 12%，位居世界第三位，仅次于美国和中国，其中动力煤为 988 亿吨、焦煤为 386 亿吨、褐煤为 1 033 亿吨。俄罗斯煤炭的大部分生产能力和储量均集中在西伯利亚和远东地区，远东地区的煤炭已勘探的煤田约有 100 个，确认储量为 181 亿吨，其中 65%为褐煤，35%为石煤（其中 46%为焦煤）。

煤炭是西伯利亚地区主要的燃料动力资源。据悉，在俄罗斯已探明的煤炭储量中，大部分（70%左右）集中在乌拉尔以东的西伯利亚地区。该地区煤的预测储量占俄罗斯地质储量的 90%，占世界地质储量的 50%左右。1998 年，该地区探明的煤炭储量为 1 597.18 亿吨，占俄罗斯的 79.8%。其中西西伯利亚地区的煤炭储量相当丰富，约占原苏联总地质储量的 1/10。该地区的煤矿主要集中在西伯利

---

① Показатели добычи газа, конденсата и нефти. http：//www.gazprom.ru/about/production/extraction/.

② Стратегия в добыче газа. http：//www.gazprom.ru/about/production/extraction/.

③ Алексей Хайтун. Холодная зима газовой отрасли. Независимая газета，2012-03-13.

亚大铁路沿线，主要有库兹巴斯、坎斯克-阿钦斯克褐煤区、勒拿煤田、外贝加尔煤田、通古斯煤田及南雅库特煤田等。这里出产的煤炭不仅质地优良（30%是炼焦煤，且含硫少，灰分一般只有 8%~14%），而且煤层埋藏浅，适于露天开采。因此，煤炭开采成本较低。东西伯利亚地区集中了俄罗斯煤炭储量的 50%左右，其储量高达 3 万亿吨。在已探明的矿藏中，东西伯利亚地区的煤炭绝大部分都集中在坎斯克-阿钦斯克煤田，那里煤层埋藏浅，适于露天开采。北部地区由于受自然环境的影响，加之远离经济中心，因而尽管那里的煤炭储量较高（占全地区的 2/3 左右），但在近期内的开采难度较大。南部的坎斯克-阿钦斯克煤田不仅储量丰富（高达 6 000 亿吨），而且适合露天开采（煤层浅，约 80 米）。据悉，该煤田集中了俄罗斯适于露天开采的煤炭储量的 80%。这里的煤炭灰分含量低（只有 14%左右），含硫量低（约为 0.3%~0.5%），因而被视为未来理想的纯生态燃料资源供应地。由于具有露天开采的特点，这里的煤炭开采成本是俄罗斯最低的，这为东西伯利亚的火力发电提供了前提条件。据俄罗斯科学院西伯利亚分院的地理研究所、石油和天然气地质研究所、煤炭和煤炭化学研究所、经济与工业生产组织研究所的研究，到 2020 年俄罗斯煤炭开采量应达到 3.6 亿~4.4 亿吨，其中库兹巴斯应达到 1.5 亿~2 亿吨、克拉斯诺亚尔斯克边疆区和哈卡斯共和国达到 6 000 万~8 000 万吨、伊尔库茨克州、赤塔州、布里亚特共和国、特瓦共和国达到 6 000 万~7 000 万吨，伊尔库茨克煤田生产的褐煤煤质优良，对本地区的电力工业和化学工业都具有重要意义。闻名俄罗斯的一些大型火力发电站，如伊尔库茨克热电站、纳扎罗沃热电站（功率为 1 400 兆瓦）、诺里尔斯克热电站及赤塔热电站等都位于东西伯利亚地区。东西伯利亚地区的工业煤炭储量为 12.42 亿吨，其中伊尔库茨克州的煤炭价值估计可达 45 亿美元[①]。

苏联解体后，俄罗斯的煤炭工业与其他大多数采掘业一样经历了一场深刻的危机。煤炭产量从 1991 年的 3.45 亿吨下降到 1997 年的 2.27 亿吨，此后逐年回升，由 2001 年的 2.69 亿吨上升到 2010 年的 3.2 亿吨。今后，俄罗斯的煤炭产量将日益增加。2000~2020 年，俄罗斯煤炭领域的投资需求约为 200 亿美元，年均约 10 亿美元，比 1998~2001 年的年均投资增加 1 倍。从勘探储量、煤的质量和矿层条件来说，位于西西伯利亚的库兹巴斯具有较大优势，这一地区煤炭总储量的 30%是黑色冶金工业所需的炼焦煤，有极高的开采价值，且炼焦煤的开采成本也是俄罗斯最低。有资料显示，到 2015 年煤炭产量可达 4.10 亿吨，到 2020 年达到 4.70 亿吨，2025 年将达到 5.25 亿吨[②]。

① 赵立枝. 俄罗斯西伯利亚经济. 哈尔滨：黑龙江教育出版社，2003：32-33.

② Татаркин А, Толченкин Ю. Российская угольная промышленность: к методологии прогнозирования социально-экономических результатов технологического обновления, Российский Экономический Журнал, 2006, （4）：86.

在经济转轨进程中，俄罗斯的煤炭工业进行了改组和私有化。煤炭企业在政府支持下引入新的采煤和煤液化工艺，以减少对生态环境的破坏。今后俄罗斯煤炭工业矿物原料基地开发的方向如下：对现有企业和露天矿场原料基地的开发重新进行评估；扩大地质条件好的产地的开采量，并降低煤炭开采对周围环境的影响；改变对地下资源利用征税的做法，以鼓励产地的合理开采，协调开采速度，保证内外部市场的原料需求；以公平竞争为基础，消除燃料能源平衡中的比例失调；采取必要措施提高电力能源领域的煤炭利用水平，在热电站中直接以煤炭替代天然气，同时在以煤炭为燃料的基础上提高电能的发电功率，优化热电站的工作负荷，以煤炭为主要燃料建设新的电站，在煤炭利用中采用高效的净化技术[①]。

近些年，为实现煤炭资源的出口，俄罗斯有关方面考虑把东西伯利亚的煤炭深加工成人造液体燃料，以管道运输的形式运到远东的港口，然后出口到日本、韩国及其他亚太国家。俄罗斯通过对不同能源远途运输效益的比较，认为在亚太国家市场上，由廉价的东西伯利亚煤炭加工成的人造液体燃料要比西西伯利亚的天然气更具竞争力。

3. 电力工业

俄罗斯电力工业发达，西伯利亚地区电力工业的发电量位居俄罗斯第一。西伯利亚地区丰富的煤炭、天然气及水力资源为该地区电力工业的发展提供了先决条件。这里的一些大型火力发电站和水电站共同组成了本地区强大的电力系统，为发展耗能高的生产和对外输电提供了保障。目前仅伊尔库茨克火电站每年所产的富余电力就达 200 亿千瓦时。据预测，2005~2010 年，该州剩余电能仍可达 160 亿~180 亿千瓦时，而克拉斯诺亚尔斯克边疆区的多余电能将达 100 亿~150 亿千瓦时。该地区燃料动力基地的建设将为俄罗斯开辟进入亚太地区能源市场的广阔前景。由于西伯利亚地区的能源资源丰富，燃料、动力工业成为西伯利亚发展最为迅速的国民经济部门。

水电站是该地区电力工业的支柱。早在苏联时期，通过实施一系列区域经济综合开发计划，在安加拉-叶尼塞河流域、勒拿河流域兴建了一系列大型水电站，如建在安加拉河上的伊尔库茨克水电站、布拉茨克水电站（450 万千瓦）、乌斯季-伊利姆斯克水电站（360 万千瓦）和建在叶尼塞河中游的克拉斯诺亚尔斯克水电站（600 万千瓦）。这些水电站为西伯利亚地区的资源开发和工业发展提供了强有力的动力保证。

在火力发电方面，俄罗斯尤其是东部地区丰富的煤炭和天然气资源为火电站的发展提供了条件。西伯利亚地区共有 7 个 100 万千瓦以上的火电厂，如伊尔库茨克热电站、纳扎罗沃热电站（功率为 1 400 兆瓦）、诺里尔斯克热电站及赤塔热

① 赵立枝. 俄罗斯西伯利亚经济. 哈尔滨：黑龙江教育出版社，2003：92-93.

电站等。这些大型火力发电站和水电站共同组成了该地区强大的电力系统，为发展耗能高的生产和对外输电提供了保障。仅伊尔库茨克火电站每年所产的富余电力就达 200 亿千瓦时。2005~2010 年，该州剩余电能达 160 亿~180 亿千瓦时，而克拉斯诺亚尔斯克边疆区的多余电能达 100 亿~150 亿千瓦时，这为俄罗斯开辟亚太地区能源市场提供了可能。

　　总体来看，苏联解体后，俄罗斯的电力生产急剧下降，在开发利用的水电资源中，欧洲部分约占 40%、西伯利亚约占 23%、远东地区则低于 6%。根据俄罗斯的水电开发与发展规划，到 2030 年前，要建设包括水电站和抽水蓄能电站在内的 80 多个水电工程项目。2010 年前新增的水电装机容量包括在北高加索正在修建的三座水电站——苏维埃（卡什哈塔屋）、兹拉马格、奇勒尤勒特-3 水电站，以及三座准备修建的水电站——克拉斯诺波凉斯克-2、上克拉斯诺哥尔斯克和小切列克斯克水电站，总装机容量为 2 000 兆瓦。2011~2020 年计划增加水电站装机容量的数量更大，即在这一时期的头五年（2011~2015 年），计划增加水电站装机容量 4 150 兆瓦，包古查水电站水电机组预计会投入运行（装机容量 1 000 兆瓦）。而通过将水电站的挡水位提高到设计高程 68 米，则可增加切包克萨勒水电站装机容量 590 兆瓦。2021~2025 年俄罗斯开发水电的计划更为宏大，主要开发建设项目包括埃维工斯克水电站（装机容量 6 000 兆瓦）、叶尼塞河上的图维斯克水电站（装机容量 1 500 兆瓦）、维吉木河上的莫克斯克水电站（装机容量 900 兆瓦）、吉木普顿河支流阿达河上的尹耶斯克水电站（装机容量 760 兆瓦）。此外，还包括开始开发南阿尔泰的水电资源（水电资源储量约为 5 000 兆瓦）。2026~2030 年计划开发水电站装机容量 7 300 兆瓦，包括中伍丘勒斯克水电站（装机容量为 3 330 兆瓦）、维吉木河上的包塔毕水电站（装机容量为 640 兆瓦）、什勒科河上的什勒科水电站（装机容量 700 兆瓦），以及远东地区的几座水电站——大乌苏勒克上的塔勒湮列切水电站（装机容量 370 兆瓦）、谢列木德什河上卢西诺夫水电站（装机容量 470 兆瓦）、谢列木德什水电站（装机容量 300 兆瓦）。上述水电发展规划中的所有水电站总装机容量将达 8 400 万千瓦，将比目前增加 2 倍多（俄罗斯多年平均发电量约为 3 000 亿瓦时）。届时俄罗斯水电资源储量的 35%将会得到开发利用①。

　　从地域来看，俄罗斯西伯利亚地区属于电力过剩地区，但西伯利亚各地区电力供应也极不均衡。秋明州、伊尔库茨克州、克拉斯诺亚尔斯克边疆区和哈卡斯共和国电力生产供大于求，其余的联邦主体则需从外地输入电力。随着市场经济的发展，俄罗斯电力系统发生了结构性转变，成立了大型股份公司——统一电力集团，主要进行电能生产、输送和出口。目前，已把东西伯利亚多余的电力通过

---

① 俄罗斯水资源及其利用报告. http://news.bjx.com.cn/html/20080115/91210.shtml.

能源桥输送到了中国。

今后，俄罗斯东部地区燃料动力综合体的发展方向是：实现电力能源项目结构和配置合理化；提高本地区对电力和热力供应的可靠性，消除图瓦共和国、布里亚特共和国和赤塔州能源与生产不足的现象；在伊尔库茨克州和克拉斯诺亚尔斯克边疆区碳氢化合物资源基础上，组建跨地区的新的石油天然气基地；发展库兹巴斯煤区的采煤业；组建坎斯克-阿钦斯克燃料能源综合体；优化伊尔库茨克州煤炭的开采和利用；促进能源储备，提高电能和热能的利用效益；降低燃料能源综合体项目对环境的污染度；扩大对非传统可再生能源的使用①。

4. 可再生能源开发与利用

除常规能源外，俄罗斯可再生能源的资源储量也极为丰富，在可再生能源方面具有很大发展潜力，拥有不可估量的发展前景。俄罗斯境内极为丰富的植被资源可为生物燃料提供充足的原料，以融雪为水源的众多河流可为水电所用，远东地区的活动性构造带是发展地热的沃土，西伯利亚地区（如外贝加尔、雅库特）充沛的光照为太阳能的发展带来契机，那里的沿海地区同样适合风能发电。尤其是南部地区拥有丰富的水力资源、风能、地热和太阳能资源。据估计，俄罗斯可再生能源资源技术潜力超过 46 亿吨标准燃料，而经济潜力超过 2.58 亿吨标准燃料（表 2-7）。

表 2-7 俄罗斯可再生能源资源潜力（单位：亿吨标准燃料/年）

可再生能源	总量	技术潜力	经济潜力
水能（指小水电资源）	3.604	1.246	0.652
地热能	400.00	1.80	1.35
生物质能	100.00	0.53	0.35
风能	260.00	20.00	0.10
太阳能	23 000.00	23.00	0.125
可再生能源总储量	>23 760.00	>46.58	>2.58

资料来源：Шуйский В П，Алабян С С，Комиссаров А В，et al.Мировые рынки возобновля мых источников энергии и национальные интересы России.http://institutiones.com/general/1800- mirovye-rynki-vozobnov lyaemyx-istochnikov-energii.html

在小水电（装机容量小于 25 兆瓦的水电站）生产和利用方面，俄罗斯具有丰富的经验。俄罗斯小水电站的总装机容量约 250 兆瓦，每年小水电的发电量约 85 亿千瓦时，2008 年生产的电量约占俄罗斯总发电量的 1%，而如果考虑 25 兆瓦以

---

① 赵立枝. 俄罗斯西伯利亚经济. 哈尔滨：黑龙江教育出版社，2003：105.

上的水电站，则所生产的电能占俄罗斯总发电量的17%[①]。预计到2020年，俄罗斯可再生能源生产的电能可达 240 亿千瓦时，其中小水电和微型水电发电量占1/3，可达80亿千瓦时（表2-8）。

表 2-8 俄罗斯可再生能源产量及其在电能生产中所占的比重

可再生能源产量/（亿千瓦/时）	2000 年	2001 年	2010 年（预测）	2015 年（预测）	2020 年（预测）
电能总产量/（亿千瓦/时）	8 778	8 913	9 950	10 800	11 750
可再生能源生产的电能总量/（亿千瓦/时）	43.0	47	100	150	240
其中：小水电和微型水电/（亿千瓦/时）	23	24	40	57	80
生物质及废弃物热电站/（亿千瓦/时）	19	22	43	63	110
地热电站/（亿千瓦/时）	0.6	0.9	12	20	30
风电站/（亿千瓦/时）	0.03	0.04	5	10	20
其他：光电能、潮汐能、海洋能等/（亿千瓦/时）	—	—	0.1	0.2	0.3
可再生能源在电能中所占比重/%	5	5.3	10	14	20

资料来源: Российско-Европейский Технологический Центр. 2010. Потенциал возобновляемых источников в энер гии в России. Существующие технологии. http://www.verdit.ru/doceuments/cat_view/48-.html

在风电方面，俄罗斯的风能潜力较大，其风能资源为每年 2 000~3 000 太瓦时，而风能的经济潜力估计为每年 2 000 亿~3 000 亿千瓦时[②]。能源风区主要包括从科拉半岛至堪察加半岛的北冰洋沿岸和岛屿、伏尔加河和顿河中下游地区、里海、鄂霍次克海、巴伦支海、波罗的海、黑海和亚速海沿岸，部分风区位于卡累利阿、阿尔泰、图瓦和贝加尔湖地区。俄罗斯发展风能的最佳地区是西北（摩尔曼斯克州和列宁格勒州）、乌拉尔北部地区、库尔干州、卡尔梅克共和国、克拉斯诺达尔边疆区及远东地区。当前的风电站主要分布于三个地区——西部的加里宁格勒州、东北部的楚科奇自治区及西南部的巴什科尔托斯坦共和国，三地的装机容量分别为 5 100 千瓦、2 500 千瓦、2 200 千瓦[③]。最大的风力发电站于2002年建成，位于加里宁格勒州，总功率为5.1兆瓦，由21个装置组成，年均发电量为600 万千瓦时。其他风电项目包括埃利斯塔风力发电站、卡尔梅克风力发电站、扎波利亚尔风力发电站、秋普基尔德风电站、阿纳德尔风力发电站和远东风力发电站等（表2-9）。

---

① Потенциал Возобновляемых источников энергии. http：//minenergo.gov.ru/activity/vie/.

② Кулаков А В. Ветроэнергетика в России:проблемы и перспективы развития. Электронный журнал 《энергосовет》, 2011，№5.

③ 俄罗斯：可再生能源举步为艰. http://www.ccin.com.cn/ccin/news/2009/09/11/92385.shtml. 2009-09-11.

表 2-9　俄罗斯现有和计划建设的风电项目情况

序号	项目简介	项目所有者	计划装机容量/兆瓦	实际装机容量/兆瓦
1	库利科夫风电站，位于加里宁格勒州，始建于 1998 年，2002 年建成	Янтарьэнерго 股份公司	5.1	5.1
2	埃利斯塔风力发电站，位于卡尔梅克共和国，项目开始于 2006 年	Фалкон Капитал	150	2.4
3	卡尔梅克风力发电站，位于卡尔梅克共和国，项目开始于 1992 年	РусГидро 股份公司	22	1
4	扎波利亚尔风力发电站，位于科米共和国，项目开始于 2001 年	ТГК-9 股份公司	2.5	1.5
5	秋普基尔德风电站，位于巴什科尔托斯坦共和国，项目建于 2001 年	Башкирэнерго 股份公司	2.2	2.2
6	阿纳德尔风力发电站，位于楚克奇自治州，项目建于 2001 年	Комунэнерго 市政公司	2.5	2.5
7	远东风力发电站，位于符拉迪沃斯托克市的俄罗斯岛和波波夫岛，2012 年投产	РусГидро 股份公司	36	—
8	白令岛上的风力发电站	РАО ЭСВостока 股份公司	0.5	—
9	叶伊斯克风力发电站，位于克拉斯诺达尔边疆区	Greta Energy INC	72	尚待经济技术论证
10	伏尔加格勒风力发电站，位于伏尔加州	РусГидро 股份公司	1 000	正在选址
11	奥伦堡风力发电站	ВентРус 股份公司	150	—

资料来源：Кулаков А В.Ветроэнергетика в России:проблемы и перспективы развития. Электронный журнал 《энергосовет》，2011，№5

目前，俄罗斯风力发电的总装机容量约为 16 兆瓦，俄罗斯共有 9 个风力发电站，其装机容量为 0.2~5.6 兆瓦，所有风电设备平均年发电量为 12.8 千瓦时/年，占俄罗斯发电能力的 0.1%。预计到 2020 年，俄罗斯的风电总装机容量将达到 8~10 千兆瓦[①]。俄罗斯计划在 2020 年前使风力发电在俄罗斯发电总量中所占的比重达到 1%，在电站总装机容量 7 千兆瓦的情况下，发电量将达到 175 亿千瓦时。

在太阳能利用方面，主要包括太阳能光伏发电、太阳能热发电，以及太阳能热水器和太阳房等热利用方式。俄罗斯很多地区拥有充沛的光照资源，黑海和里海之间地区是发展太阳能的理想区域。此外，西伯利亚和远东地区也拥有丰富的太阳能资源。2011 年 9 月，俄罗斯的第一座太阳能电站在奥伦堡州开工投产。该

---

① Кулаков А В. Ветроэнергетика в России:проблемы и перспективы развития. Электронный журнал《энергосовет》，2011，№5.

电站的装机容量约为 100 千瓦，投资总额为 5 000 亿卢布，投资回收期为 15 年[①]。

目前，俄罗斯一些国有公司已在有关发展可再生能源的法律框架内积极组建公司，如俄罗斯国有纳米技术集团（Роснано）已在西伯利亚的伊尔库茨克市开展多晶硅研发工作。有资料表明，由俄国家纳米技术集团公司（Роснано）和雷诺瓦集团（Ренова）合资成立的海威尔公司（Хевел）计划投资 2.1 亿欧元用于开发太阳能，将从瑞士 Oerlikon 公司进口设备，到 2013 年年底该项目的实施可使太阳能发电量增加 10 倍，2012~2013 年有 70 兆瓦的太阳能得到使用[②]。

在地热能利用方面，包括发电和热利用两种方式，地热能热利用包括地热水的直接利用和地源热泵供热、制冷。在地热能利用方面，位于俄罗斯东北部的勘察加州拥有 4 座地热电厂，装机总容量为 80 兆瓦，生产的热能占全国的 4%，目前，政府正在制订新的地热电厂建设计划。

在生物质发电方面，包括农林生物质发电、垃圾发电和沼气发电等。现代生物质能的发展方向是高效清洁利用，将生物质转换为优质能源，包括电力、燃气、液体燃料和固体成型燃料等，将成为应用最广泛的可再生能源技术。俄罗斯是世界上生物质资源最丰富的国家，生物泥煤储量居全球第一。据悉，俄罗斯农业基础可生产出 8.5 亿升生物燃料，但尚未得到充分应用。目前，西伯利亚地区的鄂木斯克市建有一座乙醇燃料工厂，由俄乌两国合资建立。当前俄罗斯生产生物燃料存在一定的困难，如生物乙醇属于含有酒精类产品，税收很高，因而很少有企业利用木材废料生产水解乙醇。这也在一定程度上妨碍了生物质能的发展。

通过以上论述可以看出，俄罗斯可再生能源资源丰富，具备大力发展可再生能源的自然条件和巨大潜力。然而，当前俄罗斯对这些资源的开发利用却处于极低水平，明显落后于欧美国家。有资料表明，俄罗斯可再生能源（不包括大水电）在俄罗斯能源结构中所占的比重不超过 1%[③]。除了水电，俄罗斯当前其他可再生能源利用率都很低，尤其是生物质能尚无供电能力。根据《2030 年前俄罗斯能源战略》，2013~2015 年，俄罗斯依靠可再生能源生产的电力可达 260 亿~300 亿千瓦时，约占俄罗斯电力生产的 2.5%；2020~2022 年，将达到 600 亿~700 亿千瓦时，约占 4.5%；到 2030 年，达到 1 260 亿~1 550 亿千瓦小时，约占 7%[④]。不过，伴随着化石能源的进一步消耗，有预测认为，2020 年俄罗斯对可再生能源的需求将占到能源总需求的 30%，政府制定的目标远不能满足未来的能源需求。尤其是与

---

① Первая солнечная электростанция заработала в Оренбургской области. http://www.energosovet.ru/news.php?zag=1432282796, 2015-05-22.

② 俄将大力发展可再生电能. http://www.nea.gov.cn/2012-08/08/c_131769704.htm, 2012-08-08.

③ Попель О. С. Возобновляемые источники энергии в регионах Российской Федерации：проблемы и перспективы. Электронный журнал《энергосовет》, 2011, №5.

④ 孙永祥. 俄发力新能源　中俄合作现新机遇. 中国经济导报, 2010-10-09.

世界上日本、欧美等国家和地区争先恐后地发展新能源相比，俄罗斯制定的目标显得较低，如欧盟计划 2020 年使可再生能源在欧盟总能源消耗中占 20%，而印度则为 10%[①]。

为达到新能源战略的目标，俄罗斯政府计划 2020 年前拨出 3 万亿卢布用于发展可再生能源发电，其中 5 000 亿卢布为国家预算资金，2.5 万亿卢布为私人投资者资金；未来装机能力将达 200 亿瓦：生物质发电为 80 亿瓦、风能发电为 70 亿瓦、小型水电为 40 亿瓦，而小型模块式发电、地热发电、潮汐发电、太阳能发电等为 10 亿瓦[②]。光伏太阳能、生物质能、小水电及风能在俄罗斯可再生能源发展中前景广阔。当前，除集中发展发电环节的项目外，俄罗斯正积极推进以出口为导向的生物燃料颗粒、多晶硅、氢能，以及太阳能面板的生产与发展。此外，俄罗斯国家水电公司还把很大希望寄托在发展潮汐能上，并认为近 10 年内可成为世界潮汐能发展的领导者。

尽管俄罗斯的可再生能源资源经济潜力和技术潜力巨大，但由于对传统能源的过分依赖（传统能源足够开采和使用很多年），因此俄罗斯政府在替代能源方面所做的工作较少。与传统能源相比，可再生能源在俄罗斯的能源市场上并不具备竞争力。当前，俄罗斯可再生能源发展中还存在着以下一些问题。

一是观念上的偏差。俄罗斯很多政府官员对新能源及其优势缺乏基本的认识，一些人士认为俄罗斯国内常规能源储量丰富，在可预见的未来俄罗斯能源结构不会发生太大变化，因而暂时不必过于重视可再生能源的开发利用，认为其发展前景并不大，这种观念与认识不利于俄罗斯可再生能源的发展。

二是激励机制与措施缺乏。为了加快可再生能源的发展，许多国家为可再生能源发展提供了强有力的资金支持，对技术研发、项目建设、产品销售和最终用户提供补贴。但由于历史原因，俄罗斯一直对传统能源进行补贴，俄罗斯的普通民众乃至部分政府人士，都已习惯了廉价的能源。

俄罗斯的能源价格和课税明显低于世界上大部分国家，这让原本就没有价格优势可言的可再生能源更加缺乏竞争力。由于对本国能源终端需求者的收费过低，有时甚至连成本都无法收回，因而不利于可再生能源的大力发展。俄罗斯国内的天然气价格一直低于国际水平，向国内销售的天然气一直由出口的天然气进行交叉补贴，而且销售给居民的天然气是依靠销售给工业的高价来进行补贴的。为了大幅度地减少这种补贴和交叉补贴，当前在电力部门正在进行相关的改革，然而这种补贴和交叉补贴仍在持续，且补贴的水平仍然较高。根据国际能源机构的统计，2009 年俄罗斯对天然气和电力的补贴金额约为 340 亿美元，人均为 238 美元，

① 俄罗斯：可再生能源举步为艰. http://www.ccin.com.cn/ccin/news/2009/09/11/92385.shtml，2009-09-11.
② 孙永祥. 俄投资万亿"追风"新能源. http://politics.people.com.cn/n/2012/0703/c70731-18432531.html，2012-07-03.

占国内生产总值的 2.7%[①]。而对天然气的补贴是最高的，因而俄罗斯可再生能源的发展前景在很大程度上与放弃对传统燃料的补贴速度相关。

三是政策支持力度不够。为了确保可再生能源发展目标的实现，世界上许多国家都制定了支持可再生能源发展的法规和政策。例如，美国、巴西、印度等国家对可再生能源实行投资补贴和税收优惠等政策，英国、澳大利亚、日本等国家实行可再生能源强制性市场配额政策，德国、丹麦、法国、西班牙等国家采取优惠的固定电价收购可再生能源发电量等。但在俄罗斯，不仅对可再生能源发展的经济激励力度较弱，且相关政策之间缺乏协调，没有形成支持可再生能源持续发展的长效机制。虽然制定了新能源发展目标，但落实到实践，政府对于可再生能源的支持力度以及办公效率都不尽如人意。对于新能源的定价机制及如何做好新旧能源的过渡和承接，俄罗斯政府尚未有清晰的思路。而对于"绿色能源"的投资者和消费者来说也尚未建立起稳定的"游戏规则"。

四是法律支持不足。当前，俄罗斯可再生能源发展的最大障碍是其法律的支持力度不足，与世界上许多国家相比，俄罗斯至今尚未出台有关发展可再生能源资源的联邦法律，对发展可再生能源的标准也没有给予应有的重视，而已通过的法律法规至今仍未能完全保证提高能源使用效率和可再生能源的发展，相关的司法支持更是无从谈起。

五是产业扶持力度不够。为了促进可再生能源技术进步和产业化发展，许多国家十分重视可再生能源人才培养、研究开发、产业体系建设，建立专门的研发机构，支持开展可再生能源科学研究、技术开发和产业服务等工作。而在俄罗斯这方面的工作显得较为薄弱，可再生能源产业本身缺乏强大的内部推动力，人才培养不能满足市场发展的要求，没有形成支撑可再生能源产业发展的技术服务体系。俄罗斯科学院能源专家奥莱格·博帕尔指出，当前俄罗斯新能源产业存在严重的"人才断代"问题，除了部分年龄偏大的资深科学家，大部分技术人员都很年轻，"4~5 年之后，俄罗斯很可能遍寻不到经验丰富的新能源人才"[②]。

俄罗斯尚无发展替代能源的财政支持机制，可再生能源科研投入不足，再加上生产太阳能的设备造价高，在市场上根本无法与火电和核电竞争，因而使用替代能源并不具有竞争力。俄罗斯当前太阳能发电总量不到 5~6 兆瓦，而德国为 2 万兆瓦。相比之下，西欧国家发展太阳能的做法是制定清洁能源特别费率，而俄罗斯目前还没有出台相关政策，有效回报太阳能投资。这也是制约太阳能发展的一个主要因素。

综上所述，正是上述种种因素的存在，造成俄罗斯可再生能源融资较为困难，

① Прогноз мировой энергетики. МЭА, Париж, 2010.
② 俄罗斯：可再生能源"有米难为炊"．http://www.022net.com/2009/9-16/49172326306383.html，2009-09-16.

虽然国家正逐步制定并加大对可再生能源发展的支持力度，但由于没有建立起强制性的市场保障政策，无法形成稳定的市场需求，可再生能源发展缺少持续的市场拉动，俄罗斯的可再生能源生产与发展较为缓慢。

2.2.2 采矿冶金业

1. 基本情况

长期以来，西伯利亚一直是俄罗斯有色冶金业的矿物原料基地，铝矿、铜矿、钛矿和黄金对该地区经济具有重要影响。铜、镍工业分布在克拉斯诺亚尔斯克边疆区，炼铅工业在克拉斯诺亚尔斯克边疆区和伊尔库茨克州，炼镍和炼钼工业在布里亚特共和国、赤塔州和克拉斯诺亚尔斯克边疆区，采锡工业集中在赤塔州。

赤塔州北部有俄罗斯储量最丰富的乌多坎铜矿，该矿属于铜砂岩矿，矿石品位高，大部分可进行露天开采。炼铝业所需的铝矾土主要分布在布里亚特共和国、伊尔库茨克州，以及克拉斯诺亚尔斯克边疆区，其中位于阿钦斯克南部的基亚-沙尔特里矿生产的氧化铝，主要被东西伯利亚炼铝企业所利用。钛主要分布在赤塔州的克鲁钦斯克产地和布里亚特共和国的阿尔谢奇耶夫斯克产地。在下安加拉河流域开发了大型的格尔斯克铅锌矿，布里亚特共和国也有著名的奥泽尔诺耶铅锌矿和霍洛德宁斯科耶铅锌矿，二者的锌储量占俄罗斯的 48%，铅储量占俄罗斯的 24%，其开采规模对俄罗斯乃至世界铅锌价格都有影响。

黄金产地主要集中在东西伯利亚的南部地区，克拉斯诺亚尔斯克边疆区的黄金储量占俄罗斯的 10%，奥林匹亚金矿是俄罗斯的第二大黄金产地（黄金储量为 600 吨以上），还有赤塔州的巴列伊产地和韦尔希诺-达拉逊斯产地、伊尔库茨克州的苏霍伊洛克产地（黄金储量超过 1 000 吨）和勃达伊勃产地等。黄金开采与加工主要集中在北安加拉采矿冶金联合企业、北叶尼塞采矿选矿联合企业和阿尔乔莫夫采矿厂等地。新西伯利亚市有闻名全国的中央炼金厂。

克拉斯诺亚尔斯克边疆区是俄罗斯的主要矿藏产地，那里有俄罗斯最大的诺里尔斯克铜镍基地。该边疆区的有色冶金业较为发达，其产值占边疆区工业产值的 50% 以上。西伯利亚生产的铜、镍和钴几乎全部由该边疆区的诺里尔斯克采矿冶金联合企业生产。俄罗斯联邦 65% 的钴、60% 的铜及 50% 的镍都集中在该边疆区，这里还分布着钛、镁、白云石、石墨、滑石粉等矿，而且金刚石、银、锰、铅、锌及白金的产量也很大。目前，该边疆区是俄罗斯最大的有色金属出口基地。

在阿尔泰共和国，铋、钽、锂、铷和铯等金属的储量在俄罗斯居首位，开发和利用这些矿产资源对俄罗斯国防工业和其他高新产业具有重要的价值。该共和国的水银储量也很大，阿克塔什冶金企业是俄罗斯唯一专门生产汞的大型企业。目前，该企业由于资金短缺无力进行技术更新，其生产能力远不能满足水银矿发展的需求。

钨矿主要分布在布里亚特共和国,该共和国境内钨的储量占俄罗斯总储量的27%,开采量占俄罗斯总开采量的 15%。布里亚特共和国境内最大的冶金企业是吉达钨钼联合加工厂,钨精矿的生产能力较高。钼矿也主要分布在布里亚特共和国,储量占俄罗斯总储量的 30%,其特点是矿石的品位高,约 20%钼矿石的含钼量在0.1%以上。哈卡斯共和国境内的索尔斯克和阿加斯克尔斯克钼矿的储量也很大,是俄罗斯的精选钼矿之一,索尔斯克选矿联合企业的年产量为 950 万吨钼矿石。

伊尔库茨克州是俄罗斯最重要的云母产区之一,已勘探的云母矿有 16 个,主要分布在玛姆斯科-丘伊斯基区和下乌金斯基区。菱镁矿也主要位于伊尔库茨克州内,菱镁矿的预测总储量为 21.55 亿吨,占俄罗斯已探明储量的 45%。萨文斯科耶矿为世界最大的菱镁矿[①]。

2. 开发状况

俄罗斯东西伯利亚地区盛产多种有色金属,且有丰富而又廉价的电能,经过多年的系统开发,该地区已成为俄罗斯重要的有色冶金基地,粗铝产量和出口量均列俄罗斯之首。从近些年的生产经营状况来看,俄罗斯铝业股份公司是西伯利亚地区的冶金企业的排头兵。该股份公司包括克拉斯诺亚尔斯克铝厂、布拉次克铝厂和萨彦铝厂等多家企业,铝已成为东西伯利亚地区重要的出口产品。由于贝阿铁路干线西伯利亚部分蕴藏着大量有开发价值的金属矿藏,俄罗斯计划在贝阿干线沿线地区修建几处大型采矿中心。

从总体上看,西伯利亚地区采矿冶金业主要是为俄罗斯的黑色和有色冶金企业提供稳定的原料资源,维护和增强俄罗斯战略原料及其加工产品在国际市场的地位。为了提高俄罗斯的国际竞争力,今后东西伯利亚将把加速开发下安加拉河流域的铅、锌、金等有色金属矿及对现有的主要冶金企业的现代化技术改造作为自身经济发展的优先方向。在《中国东北地区与俄罗斯远东及东西伯利亚地区合作规划纲要(2009—2018 年)》中,俄罗斯承接的金属项目包括:外贝加尔边疆区开采诺永达拉果多金属矿、东南部多金属矿和北部金属矿,建立外贝尔加尔斯克采矿冶金综合体,开采别列佐夫斯基铁矿;伊尔库茨克州在西伯利亚乌索利耶市建设多晶体硅生产工厂,在切涅姆霍夫斯克区开采萨维诺夫斯基菱镁矿区,在下乌金斯克区开采金-银-多金属矿;犹太自治州开发基坎诺姆-苏塔尔铁矿并建设远东采矿冶金联合工厂;哈巴罗夫斯克边疆区开发索伯林锡矿,在图古罗-楚米坎区库滕金矿矿区建立复合型选矿综合体。其中,外贝加尔边疆区承接的多金属矿主要包括布格达因斯基钼矿区、贝斯特林斯基金-铜矿区、库尔图明斯基金-铜矿区、索洛涅琴斯基锑矿区、新什罗金斯基金-多金属矿区。但这些行政区承接的金属项目并不是行政区内储量最大的金属矿,而是储量次之的金属种类。这说明,俄罗斯远东地区的大储量

---

① 赵立枝. 俄罗斯西伯利亚经济. 哈尔滨:黑龙江教育出版社,2003:111-113.

金属矿已经得到了较好的开发。在金属资源不可再生和储量不断下降的情况下，远东地区的金属采掘业更加注重金属产品多元化战略，凭借在储量大的金属开采中积累的采掘经验和技术，开发一些储量次之的金属矿产。

2.2.3 林业

俄罗斯的森林面积为 785.5 万平方千米，几乎是加拿大的 1.9 倍；活立木蓄积量达 601 亿立方米，超过了加拿大、美国、欧盟、印度尼西亚和巴西等国家的蓄积量总和，人均占有林木蓄积量达 411 立方米。俄罗斯制浆造纸协会理事长认为，俄罗斯实际的林木蓄量应是 820 亿立方米。由于不少森林资源位于俄罗斯的偏远地区，交通运输较为不便，因而木材价廉但运费昂贵。

俄罗斯西伯利亚地区林业资源极为丰富，但开采程度低、效益差。根据西伯利亚地区森林资源的分布与开发状况，可划分为以下五个森林经济区：西西伯利亚地区有鄂木斯克-新西伯利亚森林经济区、阿尔泰-克麦罗沃森林经济区、托木斯克-秋明森林经济区；东西伯利亚地区有后贝加尔森林经济区（包括布里亚特共和国及赤塔州）、克拉斯诺亚尔斯克-伊尔库茨克（包括特瓦共和国）森林经济区。西伯利亚森林中几乎一半是成熟林和过熟林，木加工行业劳动力缺乏，采伐量和蓄积量不成比例，许多木材没有及时采伐而烂在山里，造成了森林资源的大量浪费。因此，及时采伐这些林木极为重要。

林业是东西伯利亚地区的传统工业部门，包括森林采伐和木材加工业，生产原木、锯材、人造板材及纸浆等多种产品。东西伯利亚的成熟林和过熟林的比重高达 80%，这为该地区的林业发展提供了保障，使森林工业成为该地区的支柱产业之一。但在木材加工方面，东西伯利亚地区的木材机械加工能力相对不足，因而许多木材以原木的形式外运。虽然该地区建有许多从事木材加工的大型森林工业综合体，但加工程度却相对较低。西伯利亚地区的 5 个大型纸浆厂全部位于东西伯利亚地区，但造纸工业规模却较小，所产大部分纸浆仍需运往外地再加工。森林化工是东西伯利亚经济区的新兴产业，由于该地区有丰富的原料和廉价的电力资源，化学工业成为一种有着广阔发展前景的行业。克拉斯诺亚尔斯克边疆区的森林化工企业对木材进行化学深加工，生产人造纤维及合成橡胶等产品。

自经济转轨以来，由于受经济危机的影响，西伯利亚地区木材生产受到了极大的影响，木材采伐量急剧下降。该地区木材的年计算采伐量为 2.3 亿立方米，约占木材蓄积量的 0.6%。但西伯利亚的实际采伐量却从未达到年计算采伐量的一半。20 世纪 80 年代，仅伊尔库茨克州的木材采伐量就比目前全西伯利亚的采伐量多一半。在木材加工方面，初加工产品的产量在林业综合体林产品生产总量中的占比高达 85%以上。

西伯利亚地区建有许多大型木材深加工的森林工业综合体，其中乌斯季伊利姆斯克木材综合体是由当时的经互会成员国共同建设的，包括木材原料厂、木材综合加工厂、木材水解厂及刨花板厂等多家企业，是东西伯利亚地区规模最大的森林工业综合体。该综合体不断改进木材加工工艺，提高森林资源的加工深度，实现纸浆造纸的现代化改造，发展造纸专业化企业。

在远东地区，哈巴罗夫斯克边疆区因位于沿海地区，交通便利，因而吸引了美国、日本、挪威、马来西亚、中国等国家的资本流入该区的林业。为了吸引更多的外资进入木材加工领域，该边疆区实施了延长林区租赁期、降低木材加工品的出口关税、向俄罗斯联邦政府申请贷款、改善林业相关的基础设施等措施。但近年来哈巴罗夫斯克边疆区也出现了森林资源枯竭的现象，因而同样面临着林业产业转型和再开发的问题，需要延长林业产业链条，提高木材制成品的附加值。

犹太自治州的森林覆盖率为 39%，主要为松杉、云杉、冷杉和落叶松。为了促进木材加工业的发展，犹太自治州实施了对外承包森林、提供基础设施等优惠政策。比罗比詹是犹太自治州的经济、文化和政治中心，木材加工是其经济支柱之一，通过发展木材加工业，可以缓解当地严峻的就业形势。而下列宁斯科耶和巴什科沃是俄罗斯的边境口岸，分别与黑龙江的同江口岸和嘉荫口岸相对应，积极发展原木深加工，不仅可以提高了原木加工的产业链条，还可以积极开展对华木材贸易。

滨海边疆区的森林覆盖率高达 67%，森林资源主要分布在北部和东北部，是远东地区木材出口的第二大行政区。2009 年，木材及制成品占滨海边疆区出口总额的 20%，主要以原木和锯材为主，成为当地的经济支柱之一①。虽然滨海边疆区的木材加工业在远东地区是比较发达的，但也面临着产业转型的困境。为了提升产业竞争力，自 2004 年起，滨海边疆区加大了对木材加工的投入，提升了木材生产线的生产能力，并逐步创办大型生产联合体。自 2006 年起，滨海边疆区明确提出了要减少原木的出口量，逐步提高硬纸板、家具、锯材、镶木板的出口比重，通过木材深加工提升林业竞争力。滨海边疆区位于俄罗斯的最东南，东临日本海，南接中国与朝鲜，不仅地理位置优势较为突出，而且森林资源优势明显，因而中日韩成为其主要贸易伙伴。2007 年，滨海边疆区成为中俄的木材基地。

为扭转远东地区对原材料出口的依赖性，俄罗斯联邦政府鼓励发展加工制造业。近些年，俄罗斯联邦政府不断上调原木出口关税，但同时也相应地采取了改善林业基础设施、向外商投资者开放木材加工市场、降低木材制成品出口关税等措施，以促进木材深加工产业的发展。在中俄两国 2009 年 9 月签订的《中国东北地区与俄罗斯远东及东西伯利亚地区合作规划纲要（2009—2018 年）》中，木材

---

① 中日韩仍为俄罗斯滨海边疆区主要贸易伙伴. 俄新网. http://www.crc.mofcom.gov.cn/article/tongjishuju/2010 08/ 52020_1.html，2010-08-24.

加工业是俄罗斯承接项目最多的产业之一，远东各个行政区均承接了木材加工项目。哈巴罗夫斯克边疆区是承接木材加工项目最多的行政区，分别是在苏克派镇为木制房屋建立锯材和复合木制品加工企业、在维亚泽姆斯克市建立薄板生产企业、在阿穆尔河畔共青城建立定向结构刨花板（oriented strand board，OSB）生产企业、在阿穆尔斯克市建立大型原木深加工中心、在太阳哈尔切潘镇建立胶合板和锯材厂、在别列佐夫镇建立木质纤维板制造企业、建立年产 10 万立方米的木材加工厂。这些项目均以木材加工业为主，其中，阿木尔河畔共青城、阿穆尔斯克的木材加工项目分布在西伯利亚大铁路沿线，交通运输比较便利。

外贝加尔边疆区承接的木材加工项目包括在外贝加尔斯克镇建设原木深加工企业、在赤塔建立木材加工联合工厂。赤塔州的一半土地面积都被森林资源覆盖，木材储量达 20 亿立方米，在当地设立木材加工工厂可以充分利用当地的森林资源。而外贝加尔斯克镇位于中俄蒙三国交界地带，当地开展原木深加工，可以开展对中蒙的木材出口业务。萨哈林州承接的木材加工项目包括在萨哈林州建立原木深加工企业、在内什镇诺格利基区共同建设 OSB 板工厂；伊尔库茨克州承接的木材加工项目包括在"春斯基"木材加工基地建立完整的木材加工综合体、在乌斯季-库茨基区建立木材加工综合体、在泰舍特建立森工综合体；阿穆尔州承接的项目是在无废料循环技术基础上开发贝阿铁路所在地区的森林资源，建立木质纤维板、OSB 板和干木材料的森工企业综合体；犹太自治州承接了在比罗比詹、下列宁斯阔耶、巴什科沃建立原木深加工企业的项目；堪察加州承接了在米利科夫斯克区建设木材深加工综合体的项目；滨海边疆区承接的项目是在雅科夫列夫区建设木材加工企业。

俄罗斯造纸工业以木材为主要原料生产化学浆和机械浆，近年来每年出口化学木浆 170 万~200 万吨，主要为漂白和未漂硫酸盐木浆及漂白亚硫酸盐木浆。造纸用纤维原料中木浆约占 80%，废纸约占 20%，大多是中高级废纸，质量较好。每年约有 200 多万吨纸产品出口，主要品种为新闻纸及印刷书写纸。中国是其主要的销售市场[①]。

近年来，俄罗斯投入森林和木材加工业的资金很少。俄罗斯造纸厂技术装备多数建于 20 世纪 60~70 年代，与国际先进水平相比，有一定差距。当前，俄罗斯纸浆造纸工业亟须大量资金进行大规模的技术改造，以提高技术装备水平，扩大生产，同时加强林业经营管理和开发利用边远地区森林资源。俄罗斯造纸产业发展缓慢，其原因如下。

一是外国公司对这一领域的投资较少。外国公司之所以对俄罗斯造纸业投资积极性较低，是因为目前俄罗斯市场容量不大，俄罗斯国内对纸品的人均需求量

---

① 吴福骞. 俄罗斯造纸工业的现状和前景. 国际造纸, 2005, (1): 61-64.

仅为 25 千克,而欧洲为 100 千克,美国为 350 千克。根据消费水平计算,俄罗斯市场每年对各种纸张的需求量不会超过 10 亿美元。因此,对于大的外国投资者来说,俄罗斯市场吸引力并不大。

二是俄罗斯木材企业相对分散,因此对俄罗斯木材工业投资比较困难。俄罗斯有 1.7 万个伐木企业,每个企业都有自己的林场,其中大企业数量不多,而要收购小企业既花时间又费资金。而且投资俄罗斯木材工业还会涉及该国的土地法和对伐木地段的估价等问题。

三是俄罗斯纸浆业的产量相对集中,十大纸浆造纸企业产量占俄罗斯总产量的 83%,挤入这一市场并不容易。俄罗斯的纸浆造纸行业主要由以下几个大型私人集团公司控制——伊利姆帕尔普集团、季坦集团、塞克夫卡尔木材工业公司、阿尔法集团等。

2.2.4　国防工业

国防工业的发展有赖于整个国民经济,同时也受到国家政治和经济制度的制约,它代表着一个国家工业和科技的精华。冷战时期,为了保证武器装备在世界上的领先地位,苏联大力发展国防工业,而为了维持与美国的军备竞赛,苏联政府一直靠削减有关民生的经济领域的投资来满足军工企业需要。经过几十年的发展,苏联拥有了独产研制和生产各种先进常规武器和核武器的能力,建立起了结构完整、门类齐全的国防工业体系,主要包括航天工业、航空工业、电子工业、兵器工业、造船工业、通信工业、无线电工业、弹药和特种化学工业、特殊用途工业九大行业。

苏联解体后,约 70% 的国防工业企业、80% 的研制生产能力及 85% 的国防生产设备均由俄罗斯继承[1]。俄罗斯继承的各种军工企业的数量约为 2 500 家,另有 960 个科研院所和设计局,在俄罗斯工业企业中所占的比重为 4%,直接从业人员为 600 万人,科研潜力高达 95%[2]。尽管如此,当时俄罗斯的国防工业仍无法适应国际战略环境的需要,存在着规模过大和生产过剩等不利于国防工业发展的问题,在一些领域尤其是在电子技术和信息技术领域落后于美国。可以说,俄罗斯国防工业面临着大规模调整的局面。为了扭转这种现象,俄罗斯政府对国防工业综合体进行大力改革,推行"军转民"政策,制定并实施了一系列促进国防工业转型的政策与措施。

1991 年,俄罗斯颁布了《1991~1995 年国防工业转产纲要》,该纲要提出在民航、动力、原子能等 8 个部门内增加民品的比重。1993 年 3 月,俄罗斯联邦

---

① 李伟,赵海潮. 透视俄罗斯国防工业特点及其发展趋势. 国防技术基础,2006,(12):31.
② 冯绍雷,相蓝欣. 俄罗斯经济转型. 上海:上海人民出版社,2005:312.

最高苏维埃推出了《俄联邦国防工业军转民法》，8月俄罗斯联邦安全会议成立了专门机构——国防工业跨部门委员会，负责综合解决国防工业改革的重大问题。同年12月，叶利钦发布《关于稳定国防工业企业和组织的经济状况及保障国家国防订货的措施》总统令。同年还颁布了一系列的政府条例，但因种种原因这些措施能够真正落实到实处的并不多。1996年，俄罗斯政府颁布《1995—1997年俄联邦国防工业转产专项计划》，同年4月成立了俄罗斯联邦军工企业私有化委员会，以推进国防企业的私有化改革，5月俄罗斯联邦国防工业委员会改组为国防工业部。1997年，俄罗斯对国防工业"军转民"政策进行了调整，将"全面军转民"调整为"以武器出口促进军转民"。1998年6月，俄罗斯政府制定了《1998—2000年国防工业军转民和改组专项规划》，要求对军工企业实现优化改组，对非重点军工企业实行私有化股份制改造，规定到2005年使40%的军品生产能力转向民用生产，要求在航空航天、电子、通信设备等工业部门优先采取军民两用技术。

普京执政后，对国防工业的发展极为重视，制定并实施了一系列新的改革与发展规划。2001年3月，成立了俄罗斯联邦国防工业系统改革规划小组。随后俄罗斯政府出台了《2010年前俄联邦国防工业改革和发展规划》。同年10月，俄罗斯国防工业规划小组制定了"俄联邦国防工业系统2010年及未来长期发展的基本政策"。为了确保高技术武器装备的研制与生产能力在经济转型过程中得到提高，俄罗斯政府批准了《2002—2006年俄罗斯国防工业改革和发展规划》。2010年，俄罗斯制定了《俄联邦2020年前国防工业发展政策》，强调重视国防工业的创新发展，加强国防工业科研生产联合体在国家经济创新中的作用，借助于军民两用技术实现生产的多元化。到2011年，俄罗斯航天工业中军品与民品的生产比例约为55∶45，未来计划将该比例调整至50∶50。2012年，为促进军事专用和军民两用高科技产品的发展，俄罗斯发布了《先期研究基金会法》，明确了突破性高风险技术研究的主要方向。2014年，俄罗斯颁布了《关于武器、军事和特种技术与装备国防订货管理和控制的若干问题》法令，提出要优化对国防工业的管理，提升有关管理部门的决策效率和执行力等。总体而言，俄罗斯国防工业通过军转民的转型与调整，有利于产业结构的调整与优化，在新的市场经济条件下逐渐形成了军、民品市场的良好对接机制，不仅解决原有的科研与生产脱节的问题，实现了科技成果的转化，而且解决了过剩的军事生产能力问题，保持了国防工业科技创新和产业发展能力。

此外，为了推进国防工业的发展，近年来，俄罗斯不断加大国防工业综合体对外合作力度。实际上，早在苏联时期，苏联就已成为世界上主要的武器出口国家。1989年，苏联的武器出口额就已达到180亿美元，1990年为160亿美元。苏联解体后，由于俄罗斯了严重的经济危机，再加上东欧国家的巨变及华沙条约组织的解散，俄罗斯的武器出口大幅下降，1992 年仅为 17 亿美元，1995 年为 30 亿美元①。此后，为了增加财政收入，进一步摆脱经济危机，同时保持军事大国的地位，俄罗斯不断加大武器出口的力度，对外出口成为俄罗斯国防工业综合体的主要生存手段。

自 1999 年以来，俄罗斯国防工业产值出现了增长的势头。2001 年，俄罗斯武器出口额为 44 亿美元，2002 年较 2001 年增长 13.3%，2003 年为 55 亿美元，2004 年约为 60 亿美元。俄罗斯通过"以出养内、以外联内"的方式，不仅推动了国防企业改造和管理重组，带动了国防工业的发展，而且促进了俄罗斯的对外军事技术合作。2012 年 6 月，俄罗斯成立了对外军事技术合作委员会。2012 年，俄罗斯的武器出口额达到 140 亿美元，比 2011 年上涨了 6% 以上（2011 年为 132 亿美元）。2014 年，俄罗斯武器出口总额超过 150 亿美元。2015 年，西方对俄罗斯实行经济制裁，导致俄罗斯的经济出现困难，进而使其武器出口有所下降，出口额降为 139.44 亿美元。总体而言，近年来俄罗斯的武器销售基本呈现出上涨的趋势。2014 年，在世界百强企业中包含了 11 家俄罗斯武器制造企业，其武器销售总额占上榜百强企业武器销售总额的 10%②。目前，俄罗斯仍是世界主要武器出口国之一，已与 80 多个国家开展军事技术合作，俄罗斯的武器出口占全球武器出口市场的 25%，印度、中国、越南是俄罗斯武器出口的主要买家③。

经过 20 多年的改革，尽管俄罗斯的国防工业发生了重大变化，部分国防工业企业的处境有所好转，但当前国防工业仍面临着许多问题，主要生产设备损耗率过高、设备改造资金不足、国防工业人员老龄化及生产经营对出口过分依赖等仍是该部门存在和需要解决的问题。据俄罗斯有关部门的统计，2000 年在俄罗斯国防工业企业的设备中，使用年限在 5 年以下的仅为 4.6%，5~10 年的为 19%，10~20 年的为 44.7%，20 年以上的为 31.7%。近年来，这种状况并没有发生多大的变化。正如普京曾在国家安全会议上所指出的，目前俄罗斯国防工业体仍缺乏极具影响力的结构转型，且设备老化严重，在造船、弹药生产、专门化学和元素基础等领域的战略性发展和改革尚有待进一步深入④。可以说，在俄罗斯国家经济领域几乎所有重要部门（包括运输业、无线电通信、燃料动力综合体和卫生保健等部门）的技术更新，以及国家的稳定都取决于国防工业综合体的发展水平。因此，今后随着世界形势发生的深刻变化及国防工业中所存在的诸多问题，俄罗斯仍将会不断对军事战略进行调整，制订新的国防工业政策和发展计划、规划，组建关键武器和军事装备的

---

① 侯宝泉. 俄罗斯武器出口的现状及前景分析. 东欧中亚研究，1999（2）：69-74.

② 中书. 俄罗斯计划 2016 年实现超过 150 亿美元武器出口. 中国新闻网，2015-12-31.

③ 王宏彬. 全球武器出口美俄占近六成份额　印度进口量第一. 中国新闻网. http://n.cztv.com/news/11928293.html，2016-02-23.

④ http://www.rian.ru/defence_safety/20060620/49780566/html.

大型控股公司，以便大力推进国防工业的转型和良性发展。

2.3 外贸与投资

俄罗斯在对外贸易方面过早地实行了自由化政策。早在执行激进的"休克疗法"的改革之初，俄罗斯就实行了"外贸自由化"的方针，被俄罗斯的经济学家称为"崩塌式"的对外开放，这种改革使俄罗斯的对外贸易和经济秩序陷入了极度混乱的局面，国民经济遭受了重大损失。过早地开放国内的市场，导致俄罗斯的许多消费需求依靠国外的生产者来提供，尤其是俄罗斯的轻工业、食品和消费品生产工业发展一直较为落后，再加上转轨以来缺少国家补贴和政策的保护，对进口的依赖程度较大。当前，俄罗斯90%的药品都是依靠进口或者技术引进，真正在俄罗斯国内生产的只有10%。

从表2-10可以看出，近年来俄罗斯对外贸易基本呈现出上涨的态势，与2010年相比，2011年俄罗斯货物进出口总额为8 225亿美元，比2010年增长31.39%，上升幅度较大。2012年俄罗斯货物进出口总额为8 394亿美元，比2011年增长2.05%。其中，出口额为5 254亿美元，进口额为3 142亿美元。然而，从出口商品结构来看，矿产品出口所占比重较大，2000年占49.1%，此后不断上升，2005年为46.0%，2010年为50.7%，2011年为56.3%，2012年上升到56.6%。从进口商品结构来看，俄罗斯进口的主要产品是机械、农产品、化工产品和橡胶等，其中机械、设备和运输工具所占比重较大，2000年占31.4%，此后不断上升，2005年为44.0%，2010年为44.4%，2011年为48.4%，2012年上升到50.2%（表2-11）。按当年价格来计算，2000年俄罗斯在机器、设备和运输工具方面的出口额为67.25亿美元，进口额为106.49亿美元；2005年出口额为75.80亿美元，进口额为434.36亿美元；2010年出口额为143.36亿美元，进口额为1 017.39亿美元；2011年分别为158.69亿美元和1 480.68亿美元；2012年分别为161.32亿美元和1 575.56亿美元；可以看出，近年来俄罗斯的净进口额不断增加，由2000年的39.24亿美元上升为2012年的1 414.24亿美元，扩大了36倍[①]。这说明，国际能源价格的上涨不仅使俄罗斯获得了大量的石油美元，而且长期的贸易顺差也提高了俄罗斯的进口能力，为了提高工业能力，提高产品竞争力，俄罗斯正力图通过进口先进的机器设备来更新原有的大量陈旧设备。而从食品和农业原料的进口所占比重来看，2000年以来呈现出不断下降的趋势，从21.8%下降到2012年12.9%，下降了9百分点，这说明俄罗斯近些年来农业在不断改善与发展，该国产品竞争力有所上升。

---

① 俄罗斯联邦统计局. 俄罗斯统计年鉴 2013. 莫斯科：俄罗斯统计出版社，2012.

表 2-10　2005~2012 年俄罗斯进出口贸易情况（单位：亿美元）

年份	2005	2006	2007	2008	2009	2010	2011	2012
出口	2 415	3 012	3 519	4 676	3 017	3 971	5 167	5 254
进口	987	1 378	1 998	2 671	1 673	2 289	3 058	3 142
贸易顺差	1 428	1 634	1 522	2 005	1 343	1 682	2 110	2 112

资料来源：俄罗斯联邦统计局. 俄罗斯统计年鉴 2013 年. 莫斯科：俄罗斯统计出版社，2013

表 2-11　2000 年以来俄罗斯进出口商品结构（单位：%）

年份	2000	2005	2010	2011	2012
出口	100	100	100	100	100
其中：					
矿产品	49.1	46.0	50.7	56.3	56.6
机器、设备和运输工具	17.0	18.2	11.6	12.8	13.8
化工产品和橡胶	10.2	9.0	8.1	9.4	9.1
金属、宝石及其制品	10.4	12.6	9.6	10.1	9.4
食品和农业原料（不包括纺织类原料）	5.3	6.7	4.6	5.3	5.3
木材、纸浆及纸张制品	3.0	3.6	3.0	3.0	2.9
纺织原料、纺织制品及鞋类	2.0	1.6	0.9	0.8	0.7
毛皮及皮革制品	0.3	0.2	0.1	0.1	0.1
其他商品	2.7	2.1	—	2.3	2.5
进口	100	100	100	100	100
其中：					
机器、设备和运输工具	31.4	44.0	44.4	48.4	50.2
食品和农业原料（不包括纺织类原料）	21.8	17.7	15.9	13.9	12.9
化工产品和橡胶	18.0	16.5	16.1	15.1	15.3
金属、宝石及其制品	8.3	7.7	7.3	7.5	7.2
矿产品	6.3	3.1	2.3	3.2	2.4
纺织原料、纺织制品及鞋类	5.9	3.7	6.2	5.5	5.6
木材、纸浆及纸张制品	3.8	3.3	2.6	2.2	2.0
毛皮及皮革制品	0.4	0.3	0.5	0.5	0.5
其他商品	4.1	3.7	—	3.7	4.1

资料来源：俄罗斯联邦统计局. 俄罗斯统计年鉴 2013. 莫斯科：俄罗斯统计出版社，2013

在服务贸易方面，自 20 世纪 80 年代起，世界服务贸易快速发展，服务贸易在全球经济竞争中的作用逐渐加强。在此背景下，俄罗斯的服务贸易不断发展，尤其是 21 世纪以来，俄罗斯积极参与国际服务贸易，使服务贸易取得了快速发展，服务贸易的规模不断扩大。1994 年，俄罗斯的服务贸易总额为 238.59 亿美元，其中进口额为 154.35 亿美元，出口额为 84.24 亿美元；此后不断增加，到 2000 年服务贸易总额为 257.95 亿美元，其中进口额为 162.30 亿美元，出口额为 95.65 亿美元；2005 年服务贸易总额为 693.16 亿美元，其中进口额为 404.71 亿美元，出口额为 288.45 亿美元；2012 年服务贸易总额为 1 711.66 亿美元，其中进口额为 1 088.26 亿美元，出口额为 623.40 亿美元。整体来看，俄罗斯服务贸易中进口额大于出口额，服务贸易表现为逆差状态，且从差额来看，有逐年增加的态势，1994 年为 70.11 亿美元，2005 年为 116.26 亿美元，2010~2012 年分别为 261.20 亿美元、334.56 亿美元、464.86 亿美元（表 2-12）。

表 2-12 2005 年以来俄罗斯服务贸易情况（单位：亿美元）

年份	服务贸易总额	进口额	出口额	贸易差额
2005	693.16	404.71	288.45	−116.26
2010	1 244.38	752.79	491.59	−261.20
2011	1 495.34	914.95	580.39	−334.56
2012	1 711.66	1 088.26	623.40	−464.86

资料来源：俄罗斯联邦统计局. 俄罗斯统计年鉴 2013，莫斯科：俄罗斯统计出版社，2013

从服务贸易结构来看，运输、旅游和其他商业服务所占比重较高，其中运输所占比重最高，2005 年在服务贸易出口中所占比重为 31.6%，尽管此后有所下降，但降幅较低，基本维持在 30% 左右，2012 年为 30.7%；在服务贸易进口中，旅游所占比重最高，2005 年为 41.9%，此后有所下降，2010 年为 35.5%，2011 年为 36.0%，2012 年为 39.3%。在此，需要指出的是，2005 年以来旅游业在服务出口和进口中所占的比重均呈下降趋势，这说明随着服务业的高度化发展，作为传统服务业的旅游业占比正逐渐下降。通信、计算机和信息服务业，以及政府公共产品和服务出口比重不断增加，前者由 2005 年的 3.6% 上升到 2012 年 5.6%，后者由 2005 年的 0.8% 上升到 2012 年的 1.4%（表 2-13），而这两项服务的进口比重则呈现出先上升后有所下降的情况，说明随着服务业的发展，这两项服务业的竞争力在逐年增强。建筑行业进出口比重整体上呈下降态势，但出口比重大于进口比重，说明该行业可满足国内需求。而金融、保险的出口有升有降，但以降为主，进口呈下降态势，且进口比重大于出口比重，这说明此两项服务的水平无法满足国内的需求，仍以进口来满足。

表 2-13　2005 年以来俄罗斯服务贸易结构（单位：%）

服务业各行业	2005 年		2010 年		2011 年		2012 年	
	出口	进口	出口	进口	出口	进口	出口	进口
运输	31.6	12.4	30.3	15.8	29.9	16.8	30.7	15.1
旅游	20.4	41.9	18.0	35.5	19.5	36.0	17.2	39.3
建筑	11.5	10.7	7.1	6.1	7.6	6.1	7.6	6.9
通信、计算机和信息服务	3.6	3.0	5.3	5.3	5.3	5.4	5.6	4.8
商品技术服务与维修	3.2	1.9	3.7	1.0	2.9	1.3	2.9	1.4
金融	1.3	3.4	2.1	3.5	1.9	2.6	2.1	2.6
保险和非国有养老基金服务	1.1	1.7	0.9	1.3	0.6	1.4	0.7	1.2
其他商业服务	20.1	17.2	25.1	20.8	25.4	20.3	26.3	18.5
知识产权费用	0.9	3.8	0.8	6.4	1.0	6.4	1.1	7.0
私人服务与文化、休闲服务	0.6	1.1	1.0	1.3	0.9	1.1	0.9	1.0
其他方面的货物处理	4.9	0.5	4.7	0.3	3.8	0.3	3.5	0.2
政府公共产品和服务	0.8	2.4	1.0	2.7	1.2	2.3	1.4	2.0
总计	100	100	100	100	100	100	100	100

资料来源：俄罗斯联邦统计局. 俄罗斯统计年鉴 2013, 莫斯科：俄罗斯统计出版社, 2013

在全球服务贸易出口国排名中，2004 年俄罗斯位居第 27 位，2006 年上升到第 25 位，2009 年上升到第 22 位；其服务贸易出口额在全球服务贸易出口中所占比重在 2004 年为 0.9%，2006 年为 1.1%，到 2009 年上升到 1.3%。这说明俄罗斯的服务贸易的竞争力正在不断提高，同时也表明第三产业得到了迅速的发展。然而，与发达国家相比，仍有较大差距。2009 年，俄罗斯在全球服务贸易主要进口国排名中位居 16 位，在全球服务贸易进口总额中所占比重为 1.9%，而位居首位的美国占 10.6%，位居第二的德国占 8.2%，位于第三的英国占 5.1%；在全球服务贸易主要出口国排名中，位居第一的美国占 14.2%，位居第二的英国占 7.2%，德国占 6.5%，位居第三[①]。

在投资方面，俄罗斯的固定资产投资规模不断扩大，1990 年年末为 2 491 亿卢布，此后不断增加，从 2000 年的 11 652.34 亿卢布上升到 2011 年的 107 768.39 亿卢布。2009 年由于受金融危机的影响，俄罗斯的固定资产投资有所下滑，此后开始不断上涨（表 2-14）。

---

① WTO. WTO world trade report 2010, 2010：32.

表 2-14　俄罗斯固定资产投资情况（单位：亿卢布）

年份	固定资产投资	年份	固定资产投资
1980	1 631	2007	67 162.22
1990	2 491	2008	87 816.16
1995	2 669.74	2009	79 760.13
2000	11 652.34	2010	91 520.96
2005	36 111.09	2011	107 768.39
2006	47 300.23		

资料来源：俄罗斯联邦统计局. 俄罗斯统计年鉴 2012, 莫斯科：俄罗斯统计出版社, 2012

从地域上看，在经济转轨期间，俄罗斯联邦政府降低了对东部地区的财政补贴和投入，将其转为企业内部或者地方政府的责任。2008 年远东地区的固定资产投资为 5 641.68 亿卢布，西伯利亚的固定资产投资为 8 952.48 亿卢布，东部地区的固定资产投资仅占俄罗斯的 16.65%，远远低于中央联邦区的固定资产投资规模。为了增加财政收入，地方政府的税赋种类比较多且比较高，由于对渔业资源实行了配额拍卖机制，企业的经营成本大大增加。近年来，企业经营不善，缺乏资金进行设备维护和更新，导致企业效益低下。据资料显示，俄罗斯 80%的冶金设备都已经老化，至少 80%的水电设备已经陈旧不堪，老式的图波列夫飞机依然在服役，因设备老化发生的乌里亚罗夫斯卡亚和尤比列纳亚矿井瓦斯爆炸[1]，纺织工业设备的耗损度已超过 60%[2]，家具生产企业设备老化率已达 70%~80%、有 40%的设备使用期达 20 多年等[3]。为了解决企业资金匮乏的问题，俄罗斯联邦政府将一些好的待开发的矿产资源用于吸引外商投资。而企业也纷纷将部分股权出让获取资金，或者将矿产资源抵押获取银行贷款。例如，乌拉尔-西伯利亚铝业集团与英国的弗莱明家族和合伙人公司组建一个新的公司、诺里尔斯克采冶联合企业将 6 000 吨金属镍做抵押物向银行贷款、萨哈林一号项目的俄罗斯两家公司因无力承担投资责任向印度 ONGC 公司出售萨哈林一号工程 20%的股份等[4]。在东部大开发中，俄罗斯联邦政府作为诸多规划纲要资金的主要投资主体，为了缓解资金压力，将招商引资作为资金来源之一。目前，俄罗斯东部地区有 100 个大型工业项目，这些项目在 2015 年前仅需要 2 300 亿美元的投资，而发展西伯利亚和远东地区的基础设施，俄罗斯政府需要投入 800 亿~1 000 亿美元的资金[5]。

---

① 杨柳. 俄罗斯工业设备老化严重　全部更新需 2 万亿美元. 新浪网. http：//news.sina.com.cn /o/2009-09-21/ 11191 6332382s.shtml，2009-09-21.

② 俄罗斯纺织工业发展受困设备老化. 中国行业研究网. http：//www.mostgroup.com/html/Industry/ 200887 / 006DFEAEBEB22FB6.html，2008-08-01.

③ 夏焕新，李涛. "禁商令"颁行后俄远东民贸市场的情况. 俄罗斯中亚东欧市场，2007，(6)：41.

④ 宋魁. 俄罗斯东部资源开发与合作. 哈尔滨：黑龙江教育出版社，2003：46.

⑤ 顾小清，常喆，孙天仁. 总理亲自来挂帅　俄罗斯要搞东部大开发. 环球时报. http://news.xinhuanet.com/ world/2007-02/15/content_5742027.htm，2007-02-15.

在融资渠道方面，由表 2-15 及表 2-16 可以看出，企业固定资产投资来源主要包括企业自有资金以及联邦政府和地方政府的预算资金。吸收外资的主要渠道是商业贷款，外商直接投资所占比重逐年递减且占比较低。2011 年，俄罗斯固定资本投资总额中企业自有资金占到 42.7%，这说明企业经营状况在逐步好转，但同时也表明企业经营的开放程度不高。在吸收外资方面，俄罗斯吸收的外资总额从 2000~2011 年呈逐步上升趋势，只有 2009 年与 2010 年两年有所下降，主要是因为受到全球金融危机的影响，2000 年外资总额仅为 109.6 亿美元，2011 年这一数值已经达到了 1 906.4 亿美元，是 2000 年的 17 倍，是 1995 年的 64 倍。但是值得注意的是，在俄罗斯吸引的外资中，直接投资所占的比例较低，与 1995 年相比占比大幅减少，2011 年仅占 9.7%，证券投资所占比重严重不足，而占比最大的是包含商业贷款和其他贷款在内的其他投资，基本在 70% 以上，2011 年更是达到了 89.9%。可见，俄罗斯的证券市场不发达，多数私有企业只能靠自有资金和少量的贷款进行投资，这就造成融资渠道过于单一，制约了企业投资规模的扩张。

表 2-15　俄罗斯固定资产投资融资来源占比情况（单位：%）

项目	1995 年	2000 年	2005 年	2006 年	2007 年	2008 年	2009 年	2010 年	2011 年
固定资产投资	100	100	100	100	100	100	100	100	100
自有资金	49.0	47.5	44.5	42.1	40.4	39.5	37.1	41.0	42.7
吸引资金	51.0	52.5	55.5	57.9	59.6	60.5	62.9	59.0	57.3
包括:									
银行贷款	—	2.9	8.1	9.5	10.4	11.8	10.3	9.0	7.7
向其他组织借款	—	7.2	5.9	6.0	7.1	6.2	7.4	6.1	5.0
预算资金	21.8	22.0	20.4	20.2	21.5	20.9	21.9	19.5	18.8
预算外资金	11.5	4.8	0.5	0.5	0.5	0.4	0.3	0.3	0.2
其他	—	15.6	20.6	21.7	20.1	21.2	23.0	24.1	25.6

资料来源：由俄罗斯联邦统计局数据整理

表 2-16　俄罗斯吸收外资的结构

项目	1995 年	2000 年	2002 年	2004 年	2005 年	2006 年	2007 年	2009 年	2010 年	2011 年
外资总额/亿美元	29.8	109.6	197.8	405.1	536.5	551.1	1 209.4	819.3	1 147.5	1 906.4
直接投资/%	67.7	40.4	20.2	23.3	24.4	24.8	23.0	19.4	12.1	9.7
证券投资/%	1.3	1.3	2.4	0.8	0.8	5.8	3.5	1.1	0.9	0.4
其他投资（商业贷款及其他贷款等）/%	31.0	58.3	77.4	75.9	74.8	69.4	73.6	79.5	87.0	89.9

资料来源：由俄罗斯联邦统计局数据整理

2.4　收入与分配状况

在居民收入方面，伴随着俄罗斯经济的快速恢复，俄罗斯普通居民的收入水平逐年提高，这使得俄罗斯居民分享到了经济增长的成果。由表2-17中的数据可知，2000~2011年，俄罗斯居民货币收入呈逐年上升趋势，2000年居民货币收入为39 840亿卢布，到2011年居民货币收入达到了351 930亿卢布，增长了7.83倍，其中劳动报酬所占比重最高。

表2-17　2000~2011年俄罗斯居民货币收入及构成

项目	2000年	2005年	2006年	2007年	2008年	2009年	2010年	2011年
货币总收入/10亿卢布	3 984	13 819	17 290	21 312	25 244	28 708	32 100	35 193
企业家才能收入/10亿卢布	612	1 580	1 915	2 134	2 584	2 735	2 982	3 197
所占比重/%	15.4	11.4	11.1	10.0	10.2	9.5	9.3	9.1
劳动报酬/10亿卢布	2 502	8 782	11 237	14 382	17 256	19 310	20 745	23 605
所占比重/%	62.8	63.6	65.0	67.5	68.4	67.3	64.6	67.1
社会转移支付/10亿卢布	551	1 756	2 080	2478	3 333	4 248	5 711	6 396
所占比重/%	13.8	12.7	12.0	11.6	13.2	14.8	17.8	18.2
财产收入/10亿卢布	271	1 425	1 721	1 893	1 566	1 847	20 271	1 298
所占比重/%	6.8	10.3	10.0	8.9	6.2	6.4	6.3	3.6
其他收入/10亿卢布	48	276	337	425	505	568	635	697
所占比重/%	1.2	2.0	2.0	2.0	2.0	2.0	2.0	2.0

资料来源：由俄罗斯联邦统计局数据计算整理

在人均收入增长势头较为强劲的同时，俄罗斯在收入分配上却极度不平衡。苏联解体后，俄罗斯收入分配制度由原来的以按劳分配为主的单一分配制度向按多种要素分配的收入分配制度过渡。经过20多年的转轨，俄罗斯国内社会两极分化和财富集中的现象不但没有得到缓解，反而有扩大的趋势。2005~2010年，俄罗斯居民货币收入年均增长18%，但在全国货币收入总额中，20%最富有的居民收入所占的比重已由1992年的38.3%上升到2010年的47.7%，而20%最穷困的居民收入所占的比重由1992年的6%下降到2010年的5.2%[①]。2011年，俄罗斯收入最高的20%人口掌握着47.4%的财富，而收入最低的20%人口的收入只占到了5.2%（表2-18），可见二者收入差距之大。尽管如此，一些研究人员认为，俄罗斯的贫富差距还是被低估了，这是因为：一方面，统计没能涉及边缘化人口及

① 高晓慧. 消费在俄罗斯经济增长中的作用. 俄罗斯中亚东欧研究，2012，（3）：31-40.

超富裕人口，据估计前者约占总人口的 7%~10%，后者约占 5%；另一方面，统计中不包括灰色收入，而这部分灰色收入大多被富人占有，这部分收入约占总收入的 30%~40%。因此，有学者称俄罗斯的收入差异系数应该介于 25~30[①]。

表 2-18　俄罗斯居民收入分配情况及各年基尼系数

项目		1992 年	1995 年	2000 年	2005 年	2007 年	2008 年	2009 年	2010 年	2011 年
各组占全部收入的比重/%	最低的 20%人口	6.0	6.1	5.9	5.4	5.1	5.1	5.1	5.2	5.2
	第二个 20%人口	11.6	10.8	10.4	10.1	9.7	9.8	9.8	9.8	9.9
	第三个 20%人口	17.6	15.2	15.1	15.1	14.8	14.8	14.8	14.8	14.9
	第四个 20%人口	26.5	21.6	21.9	22.7	22.5	22.5	22.5	22.5	22.6
	最高的 20%人口	38.3	46.3	46.7	46.7	47.9	47.8	47.8	47.7	47.4
基尼系数		0.289	0.387	0.395	0.409	0.423	0.422	0.422	0.421	0.416

资料来源：由俄罗斯联邦统计局数据整理

居民收入差距的不断加大，造成了不同产业消费力量的不同，从而导致产业结构的不合理发展。表 2-18 是对俄罗斯近年来的收入分配情况以及基尼系数进行的统计，基尼系数是指用于进行不平均分配的那部分收入占总收入的百分比，用来衡量一国收入的分配公平程度，基尼系数为 0 代表最公平，表示居民之间的收入分配绝对平均，即人与人之间的收入完全平等，没有任何差异；1 最不公平，表示居民之间的收入分配绝对不平均，即 100%的收入被一个单位的人全部占有。通常把基尼系数 0.4 作为收入分配差距的"警戒线"，一般发达国家的基尼指数介于 0.24~0.36。1992 年，俄罗斯的基尼系数为 0.289，此后不断扩大，到 2011 年已经达到 0.416，按照联合国有关组织的规定，这一值已经属于收入差距较大的范畴。据俄罗斯《财经杂志》2010 年 2 月中旬公布的俄罗斯"富豪排行榜"，身家超过 10 亿美元的俄罗斯新贵从 2008 年年底的 49 人增加到 2009 年年底的 77 人。其中，排名前 10 位的俄罗斯富豪的资产总额达到 1 393 亿美元，远远高出 2008 年年底的 759 亿美元[②]。

从地域方面看，俄罗斯地域辽阔，联邦各地区在生产力布局和居民经济社会发展水平上存在着很大差异，各区域经济发展并不平衡。近年来，各地区经济社会发展主要指标虽然均有所提高，但国家的社会经济发展潜力继续集中在发达地区，地区间在失业和居民收入水平、劳动生产率、固定资本投资规模、财政保障等方面的差距仍然很大。造成俄罗斯贫富差距扩大的原因：一方面是由于俄罗斯教育资源分配不均衡，教育资源主要分为国家和市级的中等教育机构及国家和市级的高等教育机构，而高等教育机构主要集中于西部。东部许多人由于缺乏高等教育而缺乏发展

① Goulin K. 俄罗斯区域发展不平衡与贫困状况. 中国社会科学在线. http://www.csstoday.net/2012/08/ 15/ 202 02.html，2012-08-15.

② 关健斌. 金融危机使俄罗斯两极分化更为严重. 环球视野. http://www.globalview.cn/ReadNews.asp? NewsID=20655，2010-3-9.

的能力。另一方面是由于不同行业的差距，如表 2-19 所示，矿产开采业，电力、天然气和水的生产及供应，交通和通信，金融业，房地产、租赁和商务活动领域的工资收入明显高于俄罗斯平均工资水平。而农林和狩猎业，酒店和餐饮，教育，医疗和社会服务，其他社会、社区和私人服务领域的平均工资要明显低于俄罗斯平均工资水平，其中农业收入最低，仅为全国平均水平的一半左右。

表 2-19　俄罗斯各行业月均名义工资（单位：卢布）

项目	2000 年	2005 年	2007 年	2008 年	2009 年	2010 年	2011 年
整体平均工月资	2 223	8 555	13 593	17 290	18 638	20 952	23 693
农林和狩猎业	985	3 646	6 144	8 475	9 619	10 668	12 320
渔业和水产养殖业	2 846	10 234	14 797	19 499	22 914	23 782	26 077
矿产开采业	5 940	19 727	28 108	33 206	35 363	39 895	45 242
制造业	2 365	8 421	12 879	16 050	16 583	19 078	21 718
电力、天然气和水的生产及供应	3 157	10 637	15 587	19 057	21 554	24 156	27 009
建筑业	2 640	9 043	14 333	18 574	18 122	21 172	24 054
批发零售贸易；汽车、摩托和个人日用品和物品维修	1 585	6 552	11 476	14 927	15 959	18 406	20 819
酒店和餐饮	1 640	6 033	9 339	11 536	12 470	13 466	14 985
交通和通信	3 220	11 351	16 452	20 761	22 401	25 590	28 749
金融业	5 232	22 464	34 880	41 872	42 373	50 120	56 478
房地产、租赁和商务活动	2 457	10 237	16 642	21 275	22 610	25 623	28 924
公共管理和国防、社会保障	2 712	10 959	16 896	21 344	23 960	25 121	27 741
教育	1 240	5 430	8 778	11 317	13 294	14 075	15 816
医疗和社会服务	1 333	5 906	10 037	13 049	14 820	15 724	17 588
其他社会、社区和私人服务	1 548	6 291	10 392	13 539	15 070	16 371	18 286

资料来源：根据俄罗斯联邦统计局数据整理

　　根据边际消费倾向递减规律，收入越高则边际消费倾向越低，收入越低边际消费倾向越高。因此，俄罗斯当前严重的贫富差距无疑会制约其国内消费水平的进一步提升，进而对其经济的持续增长产生不利影响。目前，俄罗斯经济发展不均衡的现象仍在持续。某些联邦主体之间的地区发展水平及居民生活水平间的差距仍在拉大。例如，2000 年秋明州居民的人均国内生产总值为 19.14 万卢布，而达吉斯坦仅为 9 900 卢布，也就是说秋明州比达吉斯坦高 18 倍以上，且这些差距仍在逐年拉大。根据市场法则，富人将会越来越富，穷人将会越来越穷，尤其是莫斯科与俄罗斯平均生活水平的差距增加最快。2011 年，作为俄罗斯贫富差距最悬殊的地区，莫斯科的收入差异系数达到了 26.8，而西方国家的这一数据通常不超过 10。因而俄罗斯国内学者认为，在莫斯科与俄罗斯其他地区的相互关系中越来越显示出宗主国与殖民地之间关系的特点。这种经济发展不均衡的加大破坏了俄罗斯经济的完整，成为导致地区分裂的源泉。

2011 年，占国土面积 3.8%的中央联邦区集中了全国 26.9%的人口、35.7%的地区总产值、23.7%的农业总产值、29.0%的总住宅面积、34.6%的零售业营业额、21.9%的固定资产投资，且人均月货币收入水平也高于全国平均水平。而占国土面积 36.1%的最大的远东联邦区，在全国相应指标中占比为：人口只占到了 4.4%、生产的地区总产值只有 5.6%、占 3.3%的农业产值、3.1%的总住宅面积、占 3.9%的零售业营业额、仅获得了 9.4%的投资。中央联邦区人均月货币收入 26 693 卢布，是俄罗斯联邦平均水平的 1.29 倍，而北高加索区人均月货币收入仅为 15 286 卢布，仅是平均水平的 0.74 倍。中央联邦区、伏尔加河流域、西伯利亚联邦区和南部联邦区集中了 77.7%的农业产值，另外四个联邦区仅占 22.3%。2011 年，中央联邦区固定资产投资占俄罗斯的 21.9%，而北高加索区仅为 3.2%（表 2-20）。由此可以看出，俄罗斯各地区经济发展水平相差较大，而如此大的地区差异无疑会给社会稳定埋下隐患，也会对经济发展带来消极作用，影响经济结构的调整与现代化的进程。

表 2-20 2011 年俄罗斯联邦各地区主要社会经济指标

指标	面积/千平方千米	人口/千人	人均月货币收入/卢布	地区生产总值/10 亿卢布（当期价格）	农业产值/亿卢布	住宅总建筑面积/千平方米	零售业营业额/10 亿卢布	固定资本投资/10 亿卢布
俄罗斯联邦	17 098.2	143 056.4	20 701	37 398.5	3 451.283	62 264.6	19 082.6	10 776.838 7
中央联邦区及其所占比重	650.2	38 537.6	26 693	13 363.6	817.449	18 064	6 596.4	2 360.371 4
	3.8%	26.9%	1.29	35.7%	23.7%	29.0%	34.6%	21.9%
西北联邦区及其所占比重	1 687	13 660.1	21 312	3 905.2	160.995	5 816.2	1 743.4	1 259.724 2
	9.9%	9.5%	1.03	10.4%	4.7%	9.3%	9.1%	11.7%
南方联邦区及其所占比重	420.9	13 884	16 317	2 293.7	550.051	6 931.1	1 702.4	1 026.624 1
	2.5%	9.7%	0.79	6.1%	15.9%	11.1%	8.9%	9.5%
北高加索区及其所占比重	170.4	9 492.9	15 286	887.6	243.464	3 192.5	948.4	346.264 3
	1.0%	6.6%	0.74	2.4%	7.1%	5.1%	5.0%	3.2%
伏尔加沿岸联邦区及其所占比重	1 037	29 811.5	17 087	5 660.1	872.269	13 603.2	3 469.1	1 685.379 8
	6.1%	20.8%	0.83	15.1%	25.3%	21.8%	18.2%	15.6%
乌尔拉联邦区及其所占比重	1 818.5	12 143.4	22 914	5 087.8	248.789	5 466.6	1 816.7	1 869.904 4
	10.6%	8.5%	1.11	13.6%	7.2%	8.8%	9.5%	17.4%
西伯利亚联邦区及其所占比重	5 145	19 261	16 386	4 093.6	443.175	7 213.8	2 064.1	1 214.664 5
	30.1%	13.5%	0.79	10.9%	12.8%	11.6%	10.8%	11.3%
远东联邦区及其所占比重	6 169.3	6 265.9	23 052	2 106.9	115.589	1 935.1	742.1	1 013.906 1
	36.1%	4.4%	1.11	5.6%	3.3%	3.1%	3.9%	9.4%

资料来源：根据俄罗斯联邦统计局计算整理

2.5 科技发展

俄罗斯是一个科技基础雄厚的国家，是世界上的资源、科技和人才大国。自从十月革命以后，苏联不断采取措施发展落后地区的科学事业。但直到 20 世纪50 年代，科研院所和大多数科技骨干都还集中在莫斯科和列宁格勒等大城市，远离生产建设中心。为改进科学院所属科研机构的地理布局，苏联一直探索按地区建立科研机构网络的有效途径。1956 年召开的苏共二十大确定了"加快发展苏联东部地区，利用这里的自然资源发展苏联工业"的方针。然而，那里科学事业发展的状况远远不能适应开发当地自然资源的需要。为了改变这种状况，加快苏联东部地区的开发速度，1956 年年初苏联报刊就此展开了讨论。一些德高望重、具有远见卓识的学者纷纷撰文，大声疾呼应改变当前这种科学院所属科研机构地理布局不合理的局面。在莫斯科工作的 M. A. 拉弗连季耶夫、C. A. 赫里斯季安诺维奇和 C. A. 别列捷夫三位院士在致苏共中央和苏联政府的信中指出，苏联科技力量主要集中在经济发达的莫斯科、列宁格勒和基辅，而西伯利亚和远东的经济与科技力量薄弱，只有加快开发蕴藏全国 70%自然资源的西伯利亚，才能使国民经济的布局日趋合理。此后不久，莫斯科、列宁格勒等地的一些知名学者纷纷表达了到西伯利亚工作的愿望和为发展该地区科学事业而献身的决心。

科学家们的积极建议和献身祖国热忱得到了苏共中央和苏联政府的高度重视和充分肯定。1957 年，苏联政府采纳了他们的建议，决定在新西伯利亚市郊建立苏联科学院西伯利亚分院（即"科学城"），这是开发西伯利亚的一项重大举措。国家为此进行了大量投资，1957 年苏联国家计委拨给分院 6 000 万卢布的基建费。同年夏天开始修建新西伯利亚科学城，1963 年年初第一期工程完工。与此同时，新研究所大规模地组建起来。苏联科学院西伯利亚分院成立以后，苏联政府又先后批准建立了苏联列宁农业科学院西伯利亚分院和远东分院及苏联科学院远东分院。

经过几十年的努力，西伯利亚分院以发展基础科学、提高生产力、促进国家科技进步为宗旨，在几代科学家的共同努力下，逐步发展成为科技力量雄厚、在全球科学界有较大影响的科研中心和俄罗斯新技术成果主产区之一。目前，西伯利亚分院拥有 59 个科研中心和技术设计研究所，这些研究所组成了以科学城为中心的覆盖西伯利亚大部分地区的科研机构网络，主要分布在新西伯利亚、克麦罗沃、托木斯克、克拉斯诺雅尔斯克、布里亚特、乌兰乌德、伊尔库茨克、鄂木斯克、秋明和伊库特等地，少数在巴尔瑙尔、克孜勒和赤塔。新西伯利亚市的科研技术潜力在俄罗斯仅次于莫斯科，位居俄罗斯第 2 位。这里的科学城科研实力十分雄厚，它是集科研所、工艺设计研究所、图书馆、实验室及生产基地为一体的大型区域性科研综合体。这里有闻名于世的俄罗斯科学院西伯利亚分院、俄罗斯医学科学院西伯利亚分院、俄罗斯农业科学院西伯利亚分院和俄罗斯各部门下属的科研机构。

目前，新西伯利亚市是俄罗斯著名的科学城，这里有闻名于世的俄罗斯科学院西伯利亚分院、俄罗斯农业科学院西伯利亚分院及俄罗斯医学科学院西伯利亚分院等 60 多个研究所和设计院，还有 14 所高等院校，其中除新西伯利亚大学外，还包括电工学院，铁道交通工程学院、经济学院、教育学院、医学院、商学院、莫斯科轻工学院分院等。早在 20 世纪 80 年代中期，俄罗斯科学院西伯利亚分院的所在地——科学城就已经发展成为与美国硅谷和日本筑波齐名的世界科学城。2004 年，俄罗斯科学院西伯利亚分院公布的研究成果有生物技术、基因工程、医用器材、医药、医疗方法及生物添加剂、信息技术和通信技术、采矿和建筑、机械制造、材料加工、覆膜、仪器、设备、器件（电子学、光学、电机）、化工、冶金技术和产品、农业、生态、动力技术等 11 大类的 309 个项目。该分院在核激光、分子生物学和催化工艺等方面取得了具有世界先进水平的科研成果，其中某些工艺已取得了重大的突破[①]。

苏联解体后，由于处于计划体制向市场体制过渡的过程中，加之统一国家地区间经济联系受到破坏，俄罗斯及其他苏联加盟共和国均发生了程度不同的经济危机。经济困难给科技的发展带来消极影响，长期持续的经济危机及政治危机使俄罗斯的科技实力大大削弱。科研单位由于缺少财政支持，很多研究项目中断，国际合作的规模大大缩小，探索性研究工作减少。科研部门之所以出现财政状况恶化的局面，主要有以下两方面的原因：一方面是由于国家预算拨款的减少，另一方面是由于国民经济各部门对科研成果的需求疲软。如果说，过去大约有 50% 的科研经费来自国家预算，而其余 50% 来自企业和单位的"订货合同"的话，那么解体之初的几年这一比例则发生了很大变化，来自企业和单位的合同费用只占 15%，而来自国家预算拨款经费相对提高到 85%。但国家受财政收入的限制，拿不出更多资金支持科技事业。因此在这种情况下，许多科研机构处于便难以维持生计的地位，甚至支付不起电费、水费、取暖费和电话费，而这些公用事业部门的财政也很吃紧，经不起用户拖欠付款，因此科研机构经常受到停电、停水等威胁。总之，科研经费的减少影响了科研发展和科研人员的工作热情，造成了工资拖欠和科研人员生活水平的下降。经过近些年来对科技机构、科技战略及科技政策的调整，俄罗斯的重点科研院所，作为国家重点扶持对象而得以保全下来，科研系统在整体上保持了完整性，科研开发工作也取得了一定的进展。据国际专家估计，即使按照最严格的条件筛选，俄罗斯也有 15%~20% 的科研单位具有国际一流的科学思想和研究设备。

如今，俄罗斯的很多科技成果仍居国际领先水平。在航天、航空、核技术、制导技术、激光技术等方面名列世界前茅；在光学、数学、理论物理学、生物化

---

① 郭力. 俄罗斯东部地区高科技产业水平及对外产业政策. 俄罗斯中亚东欧市场，2007，（9）：12.

学、地质学、无线电技术、新材料、化工、自动化控制、大型发电设备及制造技术、遥测遥感、冶金技术等研究领域和实际科技水平方面已取得了巨大进步，得到了国际科技界的公认。

在数学方面，俄罗斯数学界在数理逻辑、数字原理、微积分方程原理和数理统计方面居世界领先地位。在俄罗斯，数学已被广泛应用到自然科学和社会科学和各个领域。

在生物技术领域，在制取基因工程结构以获转基因动物的研究方面已做到结构的克隆化，包括在金属硫蛋白（metallothionein，MT）启动子作用下获得类胰岛素生长子的基因；研制出引导性成熟的正常周期猪同步超排卵的有效方法；在开发抗各种疾病感染的农、畜品种的研究方面，把含干抗素基因的结构用微注射法注入猪的结合子中，获得了转基因公猪。

在核能研究领域，核聚变发电领先美国 10 年。同时在新型安全核反应堆原理结构设计上取得重大进展，完成了新型铅冷的快中子堆核电站的原理设计。与美国合作，设计出一种微型高温气冷堆，具有安全、操作简单的优点。

在天文学领域，通过对太阳耀斑能量释放初始过程的观察获得了非常宝贵的数据。

在光学领域，研制成功记录和重现三维图像的新的全息术。

在材料和技术领域，发现了一类新的高温超导化合物，其超导转变温度为 132 开尔文；有关高温超导体声子结构的实验和理论研究也取得进展；开发出制备大尺高质量金刚石的新工艺；研制大功率和超大功率半导体激光器方面取得重大进展；研制出抗摩擦的铁、锰、铬新合金。

俄罗斯的航空航天技术居世界一流是举世公认的，强大的钢铁工业为俄罗斯的航天航空工业在世界上占居领先地位提供了先决条件，其超前性和创造性令世人瞩目。早在 20 世纪 50 年代，苏联就向太空发射了第一颗人造地球卫星。自那时起，俄罗斯科学家便成为自动太空飞行和载人太空飞行的先驱，他们将第一个实验室送入近地轨道，发射了第一颗生物卫星。

俄罗斯继承了前苏联 70% 以上军工企业和 80% 以上国防科技精英，在航空、航天、造船、核能、激光和各类尖端武器的研制方面，与美国各有所长、难分伯仲，遥遥领先于世界其他国家，许多产品颇具国际竞争力。俄罗斯 70% 的科研人员和 80% 的科研经费是为军工服务的，与军工相关的科研项目和成果仍保持着世界先进水平。俄罗斯生产的武器出口额 1995 年为 27 亿美元，1996 年提高到 30 亿美元。2005 年俄罗斯武器出口超过 61 亿美元，2007 年俄罗斯军品出口总额为 70 亿美元，比 2000 年翻了一番[1]。此后，俄罗斯军品出口不断增加，到 2014 年，

---

① http://www.xjjjb.com/details.asp?newsid=13279.

俄罗斯军品产品出口总额超过 155 亿美元,军品出口到 64 个国家,在世界武器装备出口中位居第二位。目前,俄罗斯已经与 91 个国家建立了合作关系[①]。

俄罗斯激光武器和巡航导弹技术居世界领先地位,有不少关键性突破,最早把激光打出 4 千米,美国一位教授认为在激光武器研制方面美国比俄罗斯落后 5 年,然而美国在 20 世纪 80 年代已能打出 6 千米。另外,俄罗斯还掌握了激光干扰卫星技术。

此外,俄罗斯一些专家还掌握着大量国际一流的技术。例如,俄罗斯拥有先进的生物工程采金技术,利用这一技术对废金矿渣进行复采,回收率可达 95%,中国金矿如能利用这一技术对废金矿渣进行复采,将会取得巨大的经济效益。俄罗斯还掌握了煤+核=石油的工艺技术、石油斜井勘探技术、水域石油污染处理技术、垃圾处理技术、飞机机组发动机传动关键部件技术和复合材料取暖设备技术(比传统取暖技术可节电 47%)等。引进和利用这些方面的技术和人才不仅能够对中国的科技进步起到重要的推进作用,还能获取巨额的经济效益。因此,中俄科技合作具有广阔的前景。

2.6 服务业发展

经济服务化是当今世界经济发展的一个重要趋势。服务业发展水平已成为衡量现代社会经济发达程度的一个重要标志。在这一发展进程中,无论是传统服务业还是新兴的现代服务业都得到快速发展。在发达国家,服务业已成为推动经济发展的主要产业。

自经济转轨以来,随着经济的发展与产业结构的不断调整升级,俄罗斯的服务业不断发展。1995 年,俄罗斯生产性服务业占国民总产出的比重为 14.39%,占服务业总产出的比重为 32.28%,服务业增加值占国民经济的比重为 55.35%;而印度分别为 13.25%、39.75%、43.91%;巴西分别为 15.33%、33.71%、57.74%;中国为 11.74%、17.36%、28.99%。1998 年和 1999 年,俄罗斯生产性服务业占国民总产出的比重增加为 15.16%,占服务业总产出的比重上升为 33.44%,服务业增加值占国民经济的比重为 55.04%。2000 年,印度这些数据分别为 13.09%、37.20%、45.81;巴西分别下降到 14.79%、33.37%、56.80%;中国为 12.16%、36.40%、30.97%[②]。通过对比可见,尽管 1995~2000 年这一时期俄罗斯的服务业占比相对上升,但生产性服务业并没有得到充分发展。与消费性服务业相比,生产性服务业所占比重较低。这主要是因为俄罗斯当时的工业部门因受金融危机的影响而处

① 普京. 2014 年俄军品产品出口总额超 155 亿美元. 中国新闻网, http://www.chinanews.com/mil/2015/05-26/7302146.shtml, 2015-05-26.

② 李江帆,朱胜勇. "金砖四国"生产性服务业的水平、结构与影响——基于投入产出法的国际比较研究. 上海经济研究, 2008,(9): 6.

于萎缩状况，全国经济状况不佳，导致对生产性服务业的需求相对下降。与 1995 年相比，尽管 2000 年俄罗斯的生产性服务业占服务业总产出的比重有所上升，但上升幅度较小，仅上升了 1.16 百分点，说明在这 5 年期间，俄罗斯的服务业内部结构调整不大，服务业内部出现升级的趋势并不明显。

此后，俄罗斯的服务业取得了快速发展。2010 年，俄罗斯的服务业产值为 7 551 亿美元，在国内生产总值中所占的比重为 59.28%，服务业中就业人口占俄罗斯就业总人口的 60% 以上，服务贸易额达到 1 194 亿美元，服务业发展成为俄罗斯第一大产业[①]。

在俄罗斯生产性服务业中所占比重较大的行业主要包括批发零售与修理业、交通运输业、旅游和金融保险业等。其中运输和旅游等传统服务业所占的比重明显高于金融、保险、计算机与信息服务、专利使用和特许服务为代表的现代服务业，消费性服务业的占比明显偏高。2000 年，在俄罗斯服务业构成中，批发零售贸易业、餐饮业与旅店业、交通以及通信行业所占比重较大，其中批发零售业、餐饮业与旅店业在生产性服务业中所占的比重为 46.37%，交通以及通信行业占 30.88%，而金融保险业、房地产业和商务服务业（包括法律、会计、审计、市场调研、商务管理咨询、税务咨询、建筑和工程服务、广告、人力资源等专业服务）所占比重较小（在生产性服务业中所占的比重为 16.61%），前者主要是劳动密集型产业，后者主要是资本密集和知识密集型行业。通过这些行业占比可知，俄罗斯生产性服务业中占比较高的行业是以劳动密集型产业为主。就其整体发展水平而言，俄罗斯的服务业发展水平低于发达国家（表 2-21）。目前，在发达国家，生产性服务业已成为许多国家的支柱产业，数据显示，如今发达国家生产性服务业在服务业中所占比重已高达 50% 以上[②]，无论在总量上还是在具体细分产业上（物流、金融、交通、信息服务等方面），发达国家都远远高于俄罗斯。生产性服务业发展水平滞后阻碍了俄罗斯向后工业社会转型的步伐。因此，俄罗斯今后还应大力发展生产性服务业的水平，提高其发展质量。

表 2-21   俄罗斯生产性服务业发展水平的国际比较（单位：%）

国家	生产性服务业占国内生产总值的比重	生产性服务业占服务业总产出的比重	服务业增加值占国民经济的比重
美国	26.25	39.18	77.14
英国	29.19	45.44	71.99
日本	19.92	36.12	69.70
俄罗斯	15.16	33.44	55.04
中国	12.16	36.40	30.97
捷克	20.67	49.29	57.64

资料来源：郭晓琼. 俄罗斯生产性服务业发展研究. 俄罗斯中亚东欧研究，2010，（3）：41-46

---

① 联合国网站在线数据库. http://data.un.org/.
② 张伟. 让生产性服务业火起来. 经济日报，2014-05-15.

在此，值得一提的是，在经济转型过程中，外资是俄罗斯经济发展的重要资金来源之一。经过近 30 年的经济转型，俄罗斯利用外资的产业结构也不断发生变化。尽管能源和矿产开采等领域一直是外资投资的主要行业，但与此同时，俄罗斯的服务业领域中外资投资规模也在逐渐增加。有关资料显示，2000~2004 年，商业及公共饮食业在俄罗斯吸引外资行业中连续 5 年位居首位，每年吸引外资额分别占当年外资吸引总额的 18.9%、19.2%、30.4%、35.4%和 32.0%[①]。这些行之所以能够在外资吸引中具有竞争优势，不仅仅表明这些行业在一定程度上投资潜力较大，更主要的是因为这些服务行业属于短期内便能够收回成本并可快速将利润汇出的行业。当然，这种情况同时也从另一方面反映出这些投资者对俄罗斯的投资环境的稳定性还缺乏信心。

2014 年以来，由于受国际因素、通胀上行及投资减少等各种因素的影响，俄罗斯工业和服务业采购经理指数（purchasing managers index，PMI）不断下降，2014 年 5 月已降至 47.1%，是近五年来的最低点。其中服务业降幅达到 2009 年 5 月以来最大值，从 2014 年 4 月的 46.8%降至 6 月的 46.1%，服务业新增订单数量和就业人数也不断下降[②]。然而，由于俄罗斯已于 2011 年 12 月加入世界贸易组织，这为其融入经济全球化和全球产业结构调整进程、促使产业结构进一步向“高服务化”转变带来了新的机遇。俄罗斯加入 WTO 以后，扩大了市场准入范围，对外开放服务业市场，外国服务业可以合理地进入俄罗斯，与俄罗斯本国服务业进行竞争。根据“入世”规定，俄罗斯在服务贸易领域签署了 30 项服务准入的双边协定，就世界贸易组织规定的 155 个服务贸易分部门中的 116 个做出市场准入承诺。此外，在“入世”后的几年内，俄罗斯将开放包括银行、保险、电信业、交通及物流在内的 11 个行业。其中，在金融领域，将允许外国银行建立分支机构，对个别银行外资占比不设限制，但俄罗斯联邦整体银行体系中外资比例不得超过 50%；在保险领域，将在 9 年后允许外资保险公司在俄罗斯建立分支机构；在电信领域，将在 4 年后取消电信领域外资股比限制；在零售商业，允许外国独资企业进入批发、零售和专营领域。可见，俄罗斯的“入世”为俄罗斯产业结构继续向“高服务化”和高级化转变奠定了坚实的基础，在此背景下俄罗斯的服务业必将得到快速发展[③]。

---

① 李中海. 普京八年：俄罗斯复兴之路（2000—2008）（经济卷）. 北京：经济管理出版社，2008：213.

② 俄罗斯服务业 PMI 指数持续下滑. 中华人民共和国商务部网站. http://ru.mofcom.gov.cn/article/jmxw/201406/20140600613759.shtml，2014-06-05.

③ 郭连成，杨宏，王鑫. 全球产业结构变动与俄罗斯产业结构调整和产业发展. 俄罗斯中亚东欧研究，2012，（6）：40-41.

第3章 俄罗斯产业结构的演进

产业结构问题，不论在苏联时期还是在当今的俄罗斯，始终是影响经济发展的重要因素。苏联时期的经济结构政策是一种畸形发展的政策，严重违背了"产业结构合理化"的基本要求，导致三次产业关系不合理，农、轻、重比例严重失调，经济原料和能源化趋势不断加强。转轨以来，尽管俄罗斯市场经济的基本框架已经确立，相关的法律法规也已基本完善，但市场经济的运行能力还没有培育起来，即市场经济的"制度质量"尚处于很低的水平，经济发展方面始终没有摆脱粗放型的经济发展模式及其运行机制。当前，俄罗斯不仅保持着苏联产业结构的基本格局和特点，且产业中轻重结构更加畸形，工业结构从以重工业为主导转向以能源、原材料工业为主导，并呈现出一种"退化性的逆工业化趋势"，经济的发展仍主要依赖能源等原材料产业出口来支撑。从纵向上看，俄罗斯产业结构有了一定的升级优化，但是从横向看，俄罗斯各产业内部依然存在结构不合理的情况。

苏联解体后，俄罗斯进行的产业结构调整使其经济发生了巨大的变化，产业结构有向高级化发展的趋势。2000 年，第一产业对俄罗斯国内生产总值增长的贡献率为 8.5%，对第二产业贡献率为 48.2%，对第三产业贡献率为 43.3%。2010 年，第一产业对俄罗斯国内生产总值增长的贡献率为–16.7%，第二产业为 72.4%，第三产业为 44.3%[①]。可以看出，自俄罗斯经济转轨以来，第三产业对国内生产总值的贡献越来越大，特别是在贸易服务、金融信贷服务、咨询审计服务等部门增长迅速。然而，尽管俄罗斯产业结构纵向上有了一定的升级优化，但从横向看，各产业内部结构却仍存在不合理的情况。

与转轨之初相比，当前俄罗斯的产业结构尚未发生实质性的变化，经济中仍具有"荷兰病"的特征，经济结构仍以出口石油和天然气产品为主，经济结构中最严重的问题是缺少知识和技术密集型产业，这成为影响创新经济发展的关键所在。当前，俄罗斯石油天然气等原材料产品的出口占国内生产总值的 1/4 左右，俄罗斯联邦约 50%的预算收入来自石油和天然气的出口收入，当国际能源市场和

---

① 中华人民共和国国家统计局. 国际统计年鉴 2013. 北京：中国统计出版社，2013.

金融市场出现波动时，便会对预算收入产生巨大的影响与冲击。与此同时，俄罗斯还大量进口消费品、技术含量及附加值高的产品。俄罗斯这种不合理的经济结构必然会对创新发展产生不利影响，因而由资源型向创新型转变是其经济发展的必然选择。未来 15~20 年，俄罗斯要想在很大程度上实现现代化的基础设施，改变工业结构、出口结构、国内市场结构及其他社会部门的结构，就必须走上科技创新发展之路。

3.1　苏联时期的产业结构概况

苏联时期，在计划经济体制下通过社会主义道路完成了从传统农业社会向现代工业社会的转变，但这种转变是通过"追赶"、"跳跃"及"跨越式发展"实现的，因而带有"强力推进"、"重工业优先"及"重生产轻生活"的明显痕迹，是一种严重畸形化的产业结构。

第二次世界大战以后，苏联与西方国家尤其是美国在经济发展方面展开了对决。随着新科学技术革命的兴起，西方国家的产业结构从以资本密集型为主过渡到以技术和知识密集型为主。从苏联来看，一方面尽管苏联具有较大的科技潜力，也曾提出过要发展现代高科技，但在计划经济体制下，大多科研成果无法得到转化，产业结构中占主导地位的仍然是传统工业，即工业化时期形成的基础工业。另一方面，长期粗放的生产和经营致使技术落后和效率低下，从而在现代高科技领域大大落后于西方。这种情况最终导致苏联与西方的差距逐渐扩大。

3.1.1　国民经济军事化

第二次世界大战以后，出于军备竞赛的需要，苏联国民经济军事化格局长期存在。1990 年 7 月，苏联外长谢瓦尔德纳泽在苏共二十八大上透露本国军费占国家预算的 1/4，约合 1 150 亿卢布。此外，苏联的国民经济军事化还表现在军备生产的高比重方面。据官方统计资料表明，苏联军备生产约占国内生产总值的 8%，而学者和观察家估计为 25%。在某些部门这种情况表现得更为严重，如 70%的机器制造业都服务于军备生产①。苏联国民经济军事化，不仅造成了国民经济比例的长期失调，而且导致资源的过度耗费、民用生产技术落后、消费品生产长期落后。

3.1.2　第一产业发展滞后，且与第二产业比例失调

总体来讲，苏联时期工农业比例失调。国际经验表明，在工业化进程中，产

---

① 许新. 重塑超级大国——俄罗斯经济改革和发展道路. 南京：江苏人民出版社，2004：276.

业结构升级的一个表现就是工业产值超过农业产值。对于苏联而言，在工业化后期就已实现了这一升级，但当时由于军备竞赛的需要，苏联在实现工业化之后仍然强调工业的发展尤其是优先发展重工业，导致农业发展一直处于从属地位，进而形成了农业发展长期滞后、工农业比例长期失调的局面。尽管苏联政府也曾采取过一些刺激农业发展的措施，但苏联时期的工业总产值所占比重持续上升，农业远落后于工业，工农业产值的差距一直持续加大。1913 年，农业产值所占比重为 59.9%，工业为 40.1%，1933 年农业产值下降到 29.6%，工业产值上升到 70.4%，到 1983 年农业总产值所占比重仅为 15.1%，而工业产值则达到了 84.9%（表 3-1）。

表 3-1 苏联工农业总产值所占比重（单位：%）

产业	1913 年	1933 年	1958 年	1960 年	1965 年	1970 年	1973 年	1975 年	1978 年	1980 年	1983 年
工业	40.1	70.4	79.4	79.4	78.9	79.7	80.1	82.0	81.2	83.5	84.9
农业	59.9	29.6	20.6	20.6	21.1	20.3	19.9	18.0	18.8	16.5	15.1

资料来源：郭晓琼. 俄罗斯产业结构研究. 北京：知识产权出版社，2011：48

3.1.3 第二产业内部结构状况

苏联时期，工业发展迅速，当时的工业分为甲类工业和乙类工业，其中甲类是生产资料生产工业，乙类是消费资料生产工业。从工业内部来看，重工业迅速发展，甲乙两类工业比例失调。当时，由于国家工业化的需要，尤其是与西方军备竞赛的需要，苏联极其重视重工业尤其是军事工业的发展，出现甲类工业的发展挤占乙类工业发展的资源、工业中甲乙两类工业比例失调的现象。有资料表明，苏联在整个工业化时期，全部工业投资的 84% 用于重工业的发展，对重工业的投资一直占国家总投资的 30% 左右，有时甚至达到 40%，而对轻工业的投资从没超过总投资的 7%[①]。1926~1940 年，重工业产值增长了 18.4 倍，轻工业仅增长了 6.2 倍，而农业只增长了 26%[②]。1928 年，在苏联的工业产值中，甲类工业所占比重为 39.5%，而乙类工业占 60.5%；而到 1940 年情况则发生了逆转，乙类工业所占比重为 39%，甲类工业所占比重则为 61%，从 1955 年起甲类工业一直维持在 70%以上，到 1985 年甲类工业在工业总产值中所占比重高达 74.8%，而乙类工业却只占 25.2%（表 3-2）。从苏联时期甲乙两类工业品的产值增速上看，1965 年以前，甲乙两类产值增速差距较大，即甲类工业的产值增速明显快于乙类工业产值增速，而此后二者差距逐渐缩小，到 1981~1985 年甲类工业的产值增速则低于乙类工业产值增速（表 3-3）。可以说，苏联重工业的发展是以挤压农业和轻工业为代价的、粗放式的发展模式。实践证明，这种模式违背了经济发展规律。

---

① 陆南泉，姜长斌，徐葵，等. 苏联兴亡史论. 北京：人民出版社，2002：406.
② 苏联部长会议中央统计局. 苏联国民经济统计年鉴. 莫斯科：莫斯科财政与统计出版社，1973：52.

表 3-2 苏联时期甲乙两类工业在工业总产值中所占的比重（单位：%）

分类	1928 年	1940 年	1945 年	1946 年	1950 年	1955 年	1960 年	1965 年	1970 年	1975 年
甲类（生产资料生产）	39.5	61.0	74.9	65.9	68.8	70.5	72.5	74.1	73.4	73.7
乙类（消费品生产）	60.5	39.0	25.1	34.1	31.2	29.5	27.5	25.9	26.6	26.3
分类	1976 年	1977 年	1978 年	1979 年	1980 年	1981 年	1982 年	1983 年	1984 年	1985 年
甲类（生产资料生产）	74.0	73.9	74.0	74.0	73.8	73.7	75.1	74.9	74.9	74.8
乙类（消费品生产）	26.0	26.1	26.0	26.0	26.2	26.3	24.9	25.1	25.1	25.2

资料来源：陆南泉，张础，陈义初，等. 苏联国民经济发展七十年. 北京：机械工业出版社，1988：124

表 3-3 苏联工业中甲乙两部类产值增速情况（按可比价格计算，单位：%）

分类	1928~1940 年	1946~1950 年（"四五"计划）	1951~1955 年（"五五"计划）	1956~1960 年（"六五"计划）	1961~1965 年（"七五"计划）	1966~1970 年（"八五"计划）	1971~1975 年（"九五"计划）	1976~1980 年（"十五"计划）	1981~1985 年（"十一五"计划）
甲类	19.4	12.9	13.7	11.3	9.6	8.6	7.9	4.8	3.6
乙类	11.6	15.7	12	8.5	6.4	8.5	6.5	3.9	3.9

资料来源：陆南泉，张础，陈义初，等. 苏联国民经济发展七十年. 北京：机械工业出版社，1988：126

3.1.4 第三产业落后

苏联时期，第三产业一直处于较为落后的状况，这从其在社会总产值中所占的比重就可明显看出。如表 3-4 所示，1958 年第三产业在苏联社会总产值中所占比重为 10.4%，此后基本一直维持着这种落后状态，到 1980 年略有增长，但也仅为 12.8%，1985 年为 13.1%，三次产业的结构并没有发生本质的变化，第三产业长期处于落后状态。

表 3-4 苏联时期各产业在社会总产值中所占比重（单位：%）

三次产业	1958 年	1960 年	1965 年	1970 年	1975 年	1980 年	1985 年
第一产业	20.4	16.2	16.5	16.1	14.2	14.0	15.9
第二产业	69.2	72.9	73.3	74.1	75.3	73.2	71.0
第三产业	10.4	10.9	10.2	9.8	10.5	12.8	13.1

资料来源：陆南泉，张础，陈义初，等. 苏联国民经济发展七十年. 北京：机械工业出版社，1988：29

苏联第三产业长期处于落后状态主要有以下三方面原因：第一，重工业是当时的主旋律，第三产业不受重视，投资被挤占。第二，计划经济体制的约束，使得第三产业的成长缺乏自由的空间。第三，重生产轻流通的思想影响。正如比利时经济学家热诺尔·罗兰（Gerard Roland）所认为的，苏联服务业发展滞后的原因之一是受马克思主义思想的影响较深，马克思认为服务业是"非生产性"的，流通仅仅是产品的传递，并没有生产出新的价值。

3.1.5　劳动力在三次产业间的分布情况

从就业人数在三次产业中所占比重来看，苏联时期出现了劳动力由第一产业向第二产业和第三产业移动的情况。总体来看，第一产业就业人口呈下降的趋势，而第二产业和第三产业中的就业人口则呈现上升的势头。第一产业的就业人口比例从 1940 年的 54%下降到 1985 年的 20%，第二产业就业人口比例从 1940 年的 23%上升到 1985 年的 39%，第三产业就业人口比例从 1940 年的 23%上升到 1985 年的 41%，且从 1965 年起苏联第三产业的就业人口比例达到 38%，此后一直维持的在该值上下（表3-5）。然而，结合表3-4所示的三次产业在社会总产值中所占比重的情况，从 1965 年起第三产业在社会总产值中的比重最低约占 9.8%，最高只占 13.1%，这反映出了第三产业的劳动生产率相当低下，第三产业严重落后。

表 3-5　苏联三次产业就业人口结构（单位：%）

三次产业	1940 年	1950 年	1960 年	1965 年	1970 年	1975 年	1978 年	1985 年
第一产业	54	48	39	31	25	23	21	20
第二产业	23	27	32	36	38	38	39	39
第三产业	23	25	29	38	37	39	40	41

资料来源：郭晓琼. 俄罗斯产业结构研究. 北京：知识产权出版社，2011：54

3.2　俄罗斯的产业结构状况

苏联解体后，俄罗斯继承了苏联时期所形成的畸形产业结构，不仅三次产业关系不合理，而且产业级次较为落后，仍停留在资本密集型阶段。经过近些年的不断发展，总体来看，俄罗斯的产业结构发生了较为积极的变化，主要表现在第三产业所占比重不断提高，三次产业的关系得到了初步的调整。然而，这一时期的产业结构变化并非是通过经济增长而实现的产业结构优化，而是在生产萎缩、产值普遍下降的情况下实现的。从产业内部结构尤其是工业内部结构来看，重轻结构仍旧畸形，主导产业仍然是苏联工业化时期形成的基础工业，从某种意义上来说，甚至出现了更加不合理的状况，呈现倒退的态势。

3.2.1　三次产业间结构的变化

根据配第-克拉克定律，随着经济的发展，第一产业国民收入和劳动力的相对比重会逐渐下降，第二产业国民收入和劳动力的相对比重上升，经济进一步发展，第三产业国民收入和劳动力的相对比重也开始上升。这被视作判断一国产业结构优化的一种标准。从三次产业比例变化趋势来看，苏联时期三次产业在国内生产总值中所占的比例从大到小依次为第二产业、第一产业、第三产业。苏联解体后，尽管这种状况已发生了很大变化，第一产业在俄罗斯国内生产总值中的比例逐年下降，第二产业所占比例有升有降，但总体呈下降趋势，而第三产业的比重则逐年上升。目前，三次产业在国内生产总值中所占的比重从大到小依次为第三产业、第二产业、第一产业。

　　早在苏联解体之初，俄罗斯的产业结构便出现了第一产业、第二产业所占比重迅速下降，第三产业迅速上升的态势，不过，第三产业中发展较快的主要是低端的服务业。1991 年，俄罗斯第三产业在国内生产总值中的比重仅为 35.9%，1992年猛增到 52.7%，此后略有回落，1996 年为 48.5%。而在此期间第一产业的比重不断下降，由 1991 年的 13.4% 降至 1996 年的 6.8%。与此同时，第二产业在国内生产总值中所占的比重也有所下降，从 1991 年的 45.8% 下降到 1996 年的 35.5%[①]。由此可见，苏联解体后在叶利钦时期就出现了第一产业和第二产业下降但第三产业比重上升的现象。然而，对于俄罗斯而言，当时这种现象并非表明其产业结构实现了真正的优化，而是因为当时俄罗斯经济的下滑较为迅速，生产也出现了严重的衰退，资本要素的投入也大幅降低，因而产业结构也随之表现出了上述的调整状况。可以说，这种产业结构的出现是一种表面的"优化"现象，是伴随着经济的衰退而呈现出来的一种自发性的调整，即这种产业结构的"优化"是建立在经济下滑的基础上的，与产业结构优化的规律并不相符。

　　普京执政后，俄罗斯三次产业产出在国内生产总值中的占比关系基本呈现出第一产业下降，第二产业先上升后逐渐下降，第三产业基本呈上升的趋势。从第一产业所占比重来看，2000 年在国内生产总值中所占的比重为 6.4%，2001 年上升到6.8%，此后一直呈下降的趋势，2005 年降为 5.5%，此后一直呈下降态势，到 2012年降为 3.9%。从第二产业所占比重来看，从 2000 年的 38.6% 上升到 2004 年的 41.8%，此后开始下降，到 2013 年下降到 35.7%。从第三产业所占比重来看，2000~2004年出现了小幅下滑的态势，从 2000 年的 55% 降为 2004 年的 51.9%，从 2005 年开始出现了逐步上升的势头，到 2013 年上升到 60.3%（表 3-6）。与叶利钦时期不同，这一时期三次产业占比的变化是建立在俄罗斯经济持续增长的基础之上的，所以总体看来，近年俄罗斯的产业结构表现出了一定的优化趋势。从国际发展趋势来看，美国第三产业占国民收入比重约为 75%，英国、法国、德国、日本都为 60%~70%，可见，俄罗斯产业结构与发达国家越来越接近，产业结构有向高级化方向发展的趋势。至于第二产业之所以呈现先上升后下降的趋势，主要是由于在普京出任俄罗斯

------

① 许新. 重塑超级大国——俄罗斯经济改革和发展道路. 南京：江苏人民出版社，2004：279.

总统的第一个任期内，随着经济的逐步好转，工业生产也逐渐恢复，之后第二产业的比重又开始下降则是经济整体恢复后的结构优化过程。

表 3-6 2000~2013 年俄罗斯三次产业产出结构（单位：%）

年份	第一产业	第二产业	第三产业
2000	6.4	38.6	55.0
2001	6.8	38.9	54.3
2002	6.8	38.4	54.8
2003	6.7	39.2	54.1
2004	6.3	41.8	51.9
2005	5.5	40.8	53.7
2006	5.2	39.7	55.1
2007	4.7	40.0	55.3
2008	4.7	39.1	56.2
2009	4.7	37.0	58.3
2010	3.9	37.1	59.0
2011	4.2	37.0	58.8
2012	3.9	36.1	60.0
2013	4.0	35.7	60.3

资料来源：根据《俄罗斯统计年鉴 2013》数据计算得出，2013 年数据来源于俄文网站 http://newsruss.ru/doc/index.php/Структура_ВВП_России

3.2.2 第二产业内部结构的变化

转轨以来，在俄罗斯工业内部，不仅轻重结构畸形有所加剧，而且经济发展呈现出了能源化和原材料化更加严重的态势。苏联解体后最初的一段时间，俄罗斯经济衰退严重，一方面，工业生产呈现出急剧下降的趋势，另一方面，在工业内部重、轻结构畸形的现象也更加严重。1991 年，重工业产值占工业总产值的比重为 35.4%，此后不断上升，到 1996 年达到 46.9%，而轻工业和食品工业产值在工业总产值中所占的比重则由 1991 年的 18.5% 下降为 1996 年的 14.1%[①]。

此外，自经济转轨以来，俄罗斯的能源、原材料工业迅速发展超越了重工业，呈现出一种"退化性的逆工业趋势"。苏联解体后，俄罗斯经济发展的能源化、原材料化趋势有所加重。转轨后，俄罗斯经济困境不仅表现在生产的萎缩方面，还表现为消费品的短缺上，为此需要进口大量的消费品以满足国内市场的需求问题，而这需要大量的外汇。然而，受苏联时期长期的计划经济体制的束缚，不仅产品的生产工艺落后，而且产品国际竞争力不强，但俄罗斯的能源极其充裕，出口潜

---

① 郭晓琼. 叶利钦时期俄罗斯产业结构研究以经济转型为视角. 俄罗斯中亚东欧研究，2011，（4）：37.

力极大，这就使得俄罗斯不得不依靠出口能源和原材料产品来换取外汇。1991~1996 年，俄罗斯的能源和原材部门的产值占整个工业总产值的比重分别为 47.5%、48.4%、49.1%、52.9%、55.1%和 55.4%[①]。可见，能源和原材料所占比重较大且呈现出上升的趋势。从这一角度来看，自经济转轨以来，俄罗斯工业内部结构不仅没有得到优化，反而是更加恶化。作为其产业结构优化调整的目标之一的制造业不仅没有得到较好的发展，而且原本以重工业为主导的产业也转变成了以能源和原材料工业为主导的状况。目前，能源工业在俄罗斯工业总产值中所占的比重接近一半，而轻工业所占比例却越来越小，有的经济学家甚至认为轻工业这一部门在俄罗斯已经"消灭"了。应该说，俄罗斯工业部门严重的结构比例失衡现象对其经济的发展起到了抑制的作用。

在普京执政时期，俄罗斯的加工工业和高新技术产业发展迅速，传统的能源部门的增长率有所下降。2000~2007 年，俄罗斯的加工工业年均增长率为 6.8%，某些年份甚至达到了 10%。而能源开采平均增长率只有 5.3%，而且从 2003 年的最高值 10%逐年下降，2007 年只增长了不足 2%。其中，增长最快的是电力、电子和光学仪器设备生产等行业，年均增长超过了 16%，个别年份的增长甚至达到了 43%和 35%。其次增长较快的是机器设备生产业，年均增长率为 8.1%，其中 2003 年、2004 年和 2007 年三年的增长分别达到了 19%、21%和 19.1%[②]。2007 年，俄罗斯工业总体增长为 6.3%，而加工部门增长了 9.3%，不仅超过了工业总体增速，还超过了 8.1%的国内生产总值增速；原材料部门的增长减速，矿产开采仅增长 1.9%，发电量减少 0.2%[③]。同样在 2008 年在整个工业生产（包括矿物开采、加工业生产、水电气等供应）增长中，加工工业生产做出了最大的贡献，工业生产增幅的 90.6%是由加工工业贡献的。2008 年 1~7 月采掘业的贡献仅为 0.8%，较 2007 年同期有所降低（2007 年 1~7 月贡献率为 8.4%）[④]。这种新的产业发展趋势表明，俄罗斯能源和原材料部门的增长速度和对国内生产总值的影响力正在逐渐下降，而以加工部门为主的最终产品部门的增长速度和贡献率则在逐步上升。在加工工业部门中，高新技术产业的贡献率有所增加，传统产业的贡献率有所下降。这些也从侧面反映出俄罗斯国内资源型的经济结构有逐步改善的趋势。

3.2.3 第三产业发展状况

苏联时期，第三产业发展缓慢，长期处于落后状态，不仅妨碍了国民经济的发展，而且造成了巨大的经济损失。近年来，俄罗斯的第三产业服务部门发展极

---

① 郭晓琼. 叶利钦时期俄罗斯产业结构研究以经济转型为视角. 俄罗斯中亚东欧研究，2011，（4）：37.
② 李新. 2000 年以来俄罗斯经济结构的变化及其发展趋势. 俄罗斯研究，2009，（2）：30.
③ 程伟，殷红. 俄罗斯产业结构演变研究. 俄罗斯中亚东欧研究，2009，（1）：39.
④ 米军，刘坤. 2009 年世界经济形势分析与预测. 北京；社会科学文献出版社，2011：58.

为迅速。2002~2006 年，第三产业创造的增加值增加了 1.2 倍。2004 年，该部门的生产总值占国内生产总值的比重达到 59%，超过发达国家 45%~50%的平均水平。到 2013 年，俄罗斯第三产业产值在国内生产总值中所占的比重上升到 60.4%。尽管如此，但从第三产业内部来看，却存在着严重的结构失衡现象。批发和零售贸易所占比重最大，2013 年占国内生产总值的 18.3%，其次是房地产、租赁和商业活动，占 12.1%，交通和通信占 8.6%，国家公共服务占 6.9%，金融占 5.0%，教育占 3.0%，卫生和社会服务占 3.8%，住宿和餐饮只占 1.0%[①]。大体而言，在第三产业内部，出现了良性的发展态势。尽管传统的劳动密集型行业所占的份额仍然最大，但总体趋势是下降的。俄罗斯商业、贸易服务、金融信贷服务、咨询审计服务等为市场服务的综合体发展较快，而交通运输业、对后工业社会发展极为重要的教育、科学、文化和卫生等行业所占比重却在逐年减少。

3.2.4 劳动力在三次产业间的分布情况

与苏联时期相比，俄罗斯自转轨以来三次产业的劳动力分布情况发生了变化。总体来看，除了第一产业劳动力在总劳动力中所占的比重继续下降外，第二产业中就业人数也呈现出了下降的趋势，只有第三产业劳动力比重依然显现出逐年上升的态势。1991 年，第一产业劳动力就业人数所占比重为 13.5%，此后略有所上升，但上升幅度不是很大，到 1994 年上升为 14.1%，此后基本呈下降态势，由 2005 年为 11.3%下降到 2011 年的 9.9%；与第一产业相比，第二产业劳动力比重不仅持续下降，且下降幅度较大，由 1991 年的 41.9%降至 2011 年的 27.7%，下降了 10 多百分点；而与第一产业、第二产业截然相反的是，第三产业劳动力所占比重却在逐年上升，由 1991 年的 44.6%上升到 2011 年的 63.8%，上升了近 20 百分点（表 3-7）。

表 3-7　苏联解体后俄罗斯三次产业就业人口结构（单位：%）

年份	第一产业	第二产业	第三产业
1991	13.5	41.9	44.6
1992	14.3	40.6	45.1
1993	14.6	39.5	45.9
1994	15.4	37.0	47.6
1995	15.1	35.2	49.7
1996	14.4	33.7	51.9
1997	13.7	31.7	54.6

---

① http://newsruss.ru/doc/index.php/ВВП_России.

年份	第一产业	第二产业	第三产业
1998	14.1	30.1	55.8
1999	13.7	30.3	56.0
2000	13.4	30.4	56.2
2001	12.7	30.5	56.8
2002	12.2	29.8	58.0
2003	11.4	29.6	59.0
2004	11.4	29.3	59.3
2005	11.3	29.1	59.6
2006	10.8	29.0	60.2
2007	10.4	28.8	60.8
2008	10.0	28.6	61.4
2009	10.0	27.5	62.5
2010	10.0	27.7	62.3
2011	9.9	27.7	62.4

资料来源：由俄罗斯联邦统计局数据计算得出

由表 3-7 可知，俄罗斯的就业结构发生了积极的改变，国内劳动力逐渐出现了由第一产业和第二产业向第三产业转移的趋势，理论上讲这种趋势应该是俄罗斯三次产业结构逐渐合理化、高级化的表现，是产业结构升级的积极态势。这是因为产业结构升级会使第一产业、第二产业的劳动力出现向第三产业转移的趋势。然而，对于俄罗斯来说，这种情况却并不能代表产业结构实现了真正的升级，这是因为俄罗斯就业人口在三次产业间的转移并不是由于在第一产业、第二产业中以资本或技术要素代替了劳动力要素，从而使生产率得以提高，进而使第一产业、第二产业中的富余劳动力流向了第三产业。相反，在俄罗斯出现上述劳动力结构变化时，其国内的生产率不但没有提高，反而是有所下降的。转轨以来，俄罗斯国内工农业生产出现萎缩，致使大量产业工人失业，因而这些失业的产业工人流向了低端的服务行业，以至于出现了就业人口向第三产业转移的趋势。

3.3　俄罗斯产业结构中存在的问题

如前所述，转轨以来，俄罗斯产业结构已经发生了一定的转变，与苏联时期相比，各产业间的关系已向合理方向发展，产业结构基本上向一个不断合理化的过程演变。然而，这只是表面上的合理化趋势。当前，在俄罗斯，三次产业间关系依旧不合理，农、轻、重比例仍严重失调，第一产业基础薄弱，第二产业中军事工业、能源材料工业比重过高等一系列问题仍然存在。而从轻工业、加工业在工业中所占比例结构、第二产业内部重轻工业所占比重来看，尚未取得实质性进展，轻工业和加工业发展仍较为落后，且仍存在着重"重"轻"轻"的状况。这些均对俄罗斯经济的发展起到严重的制约作用。目前，俄罗斯还谈不上具有主动、有效、良性的结构调整，产业结构中主要存在以下一些问题。

3.3.1　第一产业中存在的问题

俄罗斯地跨欧亚两洲，是世界上领土面积最大的国家，土地资源十分丰富，农业土地约 2.205 亿公顷，其中耕地面积为 1.275 亿公顷，具有丰富的农业生产资源。尽管如此，但长久以来由于种种因素的影响，俄罗斯的农业一直处于弱势的状态，存在工农业产品价格剪刀差较大、农业技术设备严重短缺及农业市场基础设施建设滞后等一系列问题。

第一，从自然条件来看，俄罗斯农业易受地理和气候条件影响较大而出现产量起伏不稳的局面。总体而言，俄罗斯的农业发展一直面临昼夜温差大、热量不足、降水量少、作物生长期短等因素的影响，许多可耕地位于年降雨量不到 400 毫米、且易发生旱灾的干旱地区，有些可耕地位于平均气温低于 5℃的地区。俄罗斯北部许多地区由于气候较为寒冷、气温较低而没有农业，尤其是西伯利亚北部地区全是人烟稀少、人迹罕见的荒原及长年冻土的不毛之地。从产粮区来看，南部产粮区比北部地区条件好些，热量较为充足，北部地区尽管土壤水分较为充足，但热量不足，春夏季容易发生低温和干旱。农业是国民经济的基础，不仅可以为人们提供必要的生活必需品，而且也可以为其他产业的产品提供广阔的农村市场。可以说，没有农业的健康稳定发展，就没有工业及服务业的持续发展。一直以来，俄罗斯农业基础薄弱，农田基本建设差，基本上依然处于靠天吃饭的状况。正因如此，俄罗斯的农业产值始终较低，无法满足国内生产、生活的消费需求，导致国内消费严重依赖进口的局面。

由于俄罗斯农业受自然条件影响较大，因而粮食产量随之发生大幅波动的现象。据统计，1946~1979 年，与上一年相比，共有 15 年粮食产量出现了减产现象，一般减幅介于 10%~20%，最高可达 1/3 以上。1978 年，苏联粮食产量曾达创记录的 2.37 亿吨，而 20 年后的 1998 年却只有 4 780 万吨，不到 1978 年的 40%。2000年，俄罗斯的粮食产量为 6 550 万吨，2001 年上升到 8 520 万吨，而 2003 年又下降到 6 720 万吨，2007 年为 8 150 万吨，2008 年粮食取得了大丰收，达到 1.08 亿吨，比 2007 年增长了 32.7%，超过了 1986~1990 年平均 1.043 亿吨的平均水平。粮食产量不稳，通常会对畜牧业的发展造成影响，这是因为粮食产量的下降会导致牲畜饲料的供应不足，从而影响到畜产品的产量。例如，由于 1979 和 1980 年连续的粮食歉收，1980 年苏联的肉类产量退回到了 1975 年的水平，倒退了 5 年[①]。2010 年，俄罗斯全境因遭遇近 40 年罕见持续高温干旱天气的袭击，给农业发展带来了深重影响，俄罗斯东部和中央区东南部有 9 500 万公顷的农作物因枯死而颗粒无收，导致粮食产量与 2009 年相比下降 1/4 左右。

第二，在农业内部，种植业与畜牧业两大生产部门在农业产值中所占的比重变化不大。十月革命前，俄国的种植业和畜牧业地位相当。十月革命后，为了满足居民对肉类及肉制品的需要，苏联政府对畜牧业进行了大量投资，采取进口饲料及加强管理等措施，使畜牧业得到了快速发展。到了 20 世纪 60 年代，畜牧业产值一度超过种植业。1992 年种植业占农业总产值的 48.1%，畜牧业占 51.9%，种植业产值小于畜牧业产值；20 世纪 90 年代中后期，情况发生了改变，种植业产值超过畜牧业产值，1995 年种植业与畜牧业产值比为 53：47。普京执政以后，尽管农业基本保持增长态势，但由于在叶利钦时期农业持续的大幅下降，农业基础已经相当薄弱，因而 2007 年的农业产值按照可比价格计算仅恢复到 1990 年 78% 的水平[②]。

按照一般规律，随着经济的发展，农业内部种植业所占比重会逐渐下降，畜牧业所占比重逐渐提高。然而，从总体上看，2000~2011 年，俄罗斯农业部门中种植业和养殖业所占的比重基本没有明显的变化。2000~2008 年，种植业产值大于畜牧业产值，此后两年畜牧业产值大于种植业，2009 年畜牧业产值为 12 770 亿卢布，种植业产值为 12 389 亿卢布，2010 年畜牧业产值 14 387 亿卢布，种植业产值为 11 798 亿卢布；2011 年，种植业产值大于畜牧业值，二者之比为 54：46（表 3-8），种植业发展势头再次超过畜牧业。由此可见，尽管种植业及畜牧业两者在农业总产值中所占比例变化较为频繁，但大体上仍以种植业为主。换句话说，转轨以来农业部门结构并没有在经济增长中得到发展与改善。

表 3-8　俄罗斯种植业和畜牧业在农业总产出中的比重（单位：%）

年份	种植业	养殖业
1995	53	47
2000	55	45
2001	53	47
2002	53	47
2003	55	45
2004	55	45
2005	53	47
2006	53	47

① 冯春萍. 俄罗斯农业的近今发展. 世界地理研究，2010，（4）：35.
② 郭晓琼. 俄罗斯产业结构研究. 北京：知识产权出版社，2011：169.

续表

年份	种植业	养殖业
2007	55	45
2008	53	47
2009	49	51
2010	45	55
2011	54	46

资料来源：根据俄罗斯联邦统计局数据整理得出

第三，农业保护程度有待提高。农业是需要国家大力扶持的基础产业之一，通常各国政府都在信贷、投资及税收等方面为农业提供一些优惠政策。目前，与主要的贸易伙伴国相比，俄罗斯的农业保护政策还处于一个相当低的水平，这是俄罗斯农业政策的特点之一。俄罗斯对农业的支持水平大大低于美国、欧盟和其他一些主要的东欧国家；俄罗斯农产品的加权平均进口税率低于世界上大多数国家。农业政策的另一个特点是在农工综合体的支持方面地区预算所占比重很大，约占农业预算的 70% 左右。而在美国及德国这些联邦国家中，地区预算的比重只占 10%。在加拿大，国家和地区用于农业和农业发展的费用基本持平。近几年，在俄罗斯代表农工综合体各集团利益的院外势力也较为活跃。这些势力集团开始对国家的农业政策产生影响，成为农业政策保持平衡与稳定的一个保障因素。农业部门大投资者希望通过参与这场利益之争来获取他们的农业利益。这将成为贸易保护主义继续盛行的一个因素。

第四，俄罗斯农业资金投入低。俄罗斯的农业发展一直是靠国家投入较高资金来保证的。长期以来，苏联政府通过预算拨款、农业投资和价格补贴等途径对农业进行投资。经济改革初期，由于对苏联农业投入与产出不成正比的粗放式经营不满，再加上出于紧缩银根、减少财政支出的需要，国家对农业的支持力度骤减，国家预算用于农业支出的比重不断降低，由 1991 年的 19.8% 下降为 1999 年的 1.5%，这对于农业来说几乎相当于"断奶"，致使农业陷入了资金极为困乏的境地。在农业补贴方面，从赫鲁晓夫时期起，苏联农业就一直享受国家的巨额补贴。20 世纪 80 年代中期，苏联每年的农产品价格补贴为 600 亿美元。改革后，国家对农业商品生产者的价格补贴因赶不上恶性通货膨胀的速度而实际上处于不断减少的境地。1992 年，俄罗斯对农村的价格补贴总额为 2 331 亿卢布，1995 年为 4.12 万亿卢布，增长了 17 倍，但同期的通货膨胀率却增长了 1 787 倍，且规定的补贴往往还不能到位[①]。这种情况对农业生产造成较大的影响。

第五，农业技术装备和机械化水平有待提高。俄罗斯农业政策与预算进程相脱

---

① 许新. 叶利钦时代的俄罗斯·经济卷. 北京：人民出版社，2001：176.

离，这是农业政策中存在的一个问题。尽管自 20 世纪 90 年代以来俄罗斯出台了对农工综合体进行调整的方案，但农业预算结构并没有发生实质性的变化，农业补贴仍优先用于矿物肥料、良种繁育、亚麻与大麻的生产等方面。20 世纪 90 年代以来，随着农业投入和国家预算拨款的急剧减少，购买的农业技术设备也越来越少，导致农业的技术装备程度回到了 60 年代的水平。1999 年年初，俄罗斯农业中的技术设备保证率只有标准的 55%，使俄罗斯的农业现代化出现了严重倒退，农业发展的物质技术基础不断削弱，农业企业每年得到的农机具只有 1986~1990 年年均水平的 5%~18%。导致俄罗斯农机市场总体需求不旺的原因主要如下：一是受所有制改革的影响，农业生产经营规模有所减小，许多农民（包括部分农场主）购买能力下降，从而使农业机械生产和销售量出现了大幅下滑的现象。例如，罗斯托夫联合收割机厂以前每年可生产约 6 万台联合收割机，而后来却只生产 1.4 万台；圣彼得堡基洛夫工厂过去大马力拖拉机年产量曾达 1.1 万台，而 2002 年只生产 1 000 多台，仅相当于原来的 1/10。二是有些集体农庄、农民和农场主不愿意购置本国的产品，但又难以承受进口高档农机产品的价格，这也使得购买量有所下降①。从农业企业使用农机数量来看，近些年来俄罗斯的农机使用量逐年下降，1992~2010 年，拖拉机的使用量从 129 万多台减少到 31 万台，各种收割机的使用量降幅也较大。截至 2009 年 2 月，俄罗斯共有 52.15 万台拖拉机、16.1 万台耕犁、19.6 万台中耕机、223.6 万台播种机，按种植业实际播种面积计算，平均 149 公顷土地使用一台拖拉机，483 公顷土地一台耕犁，395 公顷土地一台中耕机，35 公顷土地一台播种机②，这种状况对农业的发展产生了不利的影响，这不仅表明俄罗斯机器设备不足的实际情况，同时也表明农业机械化总体水平有待提高的状况。

　　第六，从劳动力方面看，近年来俄罗斯尤其是农村人口逐年下降，这对农业的发展产生了很大的影响。造成农村人口减少的主要原因是农村社会基础设施较为落后，住宅、医疗保健、教育及生活服务等各项事业都无法适应农业发展的需要，再加上转轨以来大量农村人口向城市涌入。此外，由于农民的收入较低，一些农民为寻求更好的生存条件而转向其他产业。农业人口的减少造成劳动力的极度匮乏，使农业生产受到了较为严重的影响，不得不引进外国的劳动力。此外，俄罗斯农村人口老龄化趋势较为严峻。在俄罗斯，农民约占全国人口总数的 27%，近些年这一比重并没有发生太大的变化。20 世纪 90 年代初，农业人口的绝对数量和相对数量均出现过上升的势头，但此后这一趋势却消失了。目前，俄罗斯农村人口的老龄化趋势较为严峻。首先，农村人口的出生率比城市下降更快。这是社会发展进程导致的结果。在所有的发达国家中，人口出生率都呈现出不断下降的趋势。其次，自 20

① 张辉. 俄罗斯农机化现状及中俄合作前景. 农机质量与监督, 2003, (4): 42.
② 高际香. 俄罗斯农业发展与战略政策选择. 俄罗斯中亚东欧研究, 2011, (4): 45.

世纪 60 年代以来，农村的死亡率一直居高不下。农村人口的死亡在很大程度上是
与外伤、意外事故、中毒等有关，也就是说与社会总体状况不良有关。再次，农村
人口不断流向城市，根据调查显示，20 世纪 90 年代农村人口移民数量高达 40%，
而且移民主要是 30 岁以下的年轻人。这些因素导致俄罗斯农村人口老龄化趋势不
断加重。俄罗斯农村老龄人口的比重高于 23%（1989 年为 22%），而城市老龄人口
比重仅为 20%左右。可以说，农村人口老龄化趋势成为农业改革的一个人口背景。

　　第七，有劳动技能的工人数量有所下降。目前，俄罗斯有专业劳动技能的工
人数量有所下降，这是改革的一个后果。近年来，在俄罗斯失业严重的同时，一
些劳动岗位却出现了空岗的情况，且呈上升的趋势。在农业相对工资急剧下降的
条件下，这种趋势特别明显。在国民经济各部门中，农业中有高等教育的就业人
员比重最低，而拥有的基础教育或者没受这种教育的人员比重最高。如果说 1987
年 99%的农业领导人都具有高等或中等专业教育的话，那么目前大部分领导人已
经没有这种文凭。研究表明，农业企业和农场主要需求的是低技能的劳动力。在
当前这种复杂的条件下，大部分农业生产者并未表现出对受教育的人的需求。

　　第八，从价格政策方面来看，俄罗斯一直存在农产品价格与农用工业品价格和
服务费剪刀差的问题，且二者差距不断拉大也是导致农业持续危机的重要因素之
一。自 1992 年开始，俄罗斯实行价格体系改革，放开了近 80%的生产资料价格和
约 90%的消费品价格。对农产品也实行自由价格，但实际上国家对本已很低的农产
品价格仍实行控制。销售价格较低，农业企业农产品销售收入大幅减少，这使工农
业产品价格剪刀差大幅度扩大，最终导致农业企业的经营严重亏本，农业企业陷入
负债累累的状态，财务状况极为困难，丧失了再生产和扩大再生产能力。有资料表
明，1991~1997 年，农业企业购买的工业品的价格上涨了 8 847 倍，而农产品的销
售价格仅上涨了 2 002 倍，二者之间相差 4 倍。工业品和能源价格的飞速上涨使本
来就缺少资金的农业生产者无力购买农机设备、燃料和化肥等[①]。尽管 2002 年以来，
农业企业的盈利面和资产利润率都在上升，但农业生产资料价格却因与国际接轨而
快速上涨，而农业机械对进口依赖严重且不具有定价权。有资料表明，近年来俄罗
斯农产品价格的上涨速度只有 10%，而农业生产资料所需各种工业品的价格上涨速
度却高达 21%，后者远远高于前者[②]。因而，国家应当采取有效措施，尽力缩小工
农业产品价格剪刀差，以使农业生产者降低产品成本，获得盈利。

3.3.2　第二产业中存在的问题

　　一是能源工业发展过快，产业结构原料化和能源化趋势不断加强，面临"荷

① 刁秀华. 转轨以来俄罗斯农业发展状况及前景. 西伯利亚研究，2006，(6)：5-7.
② 郭晓琼. 俄罗斯产业结构研究. 北京：知识产权出版社，2011：183.

兰病"的威胁。能源工业是俄罗斯第二产业中具有举足轻重的部门。俄罗斯是世界上自然资源禀赋最多的国家之一，油气储量极其丰富，是世界上能源生产和出口大国，石油开采和出口量连续多年位居世界前列。转轨以来，随着国际油价的上升，俄罗斯大量开采石油，出售石油带来的巨额外汇不仅使俄罗斯提前偿还了外债，而且拉动了经济的发展。

近年来，俄罗斯每年出口的石油高达 2 亿多吨，勘称世界第一大能源出口国。能源出口占国内生产总值的 20%以上，占外汇收入的 50%~60%[1]。1998 年，俄罗斯石油、石油产品和天然气的出口收入为 280.32 亿美元，1999 年增加 21.21 亿美元，达到 301.53 亿美元。2003 年，俄罗斯石油和石油产品出口额达 538 亿美元，比 2002 年增加 135 亿美元，其中石油产品的出口额为 141 亿美元[2]。2004 年，俄罗斯的原油出口创汇达 485 亿美元，同比增长 26%。据俄罗斯联邦海关的统计数据，2006 年俄罗斯原油出口创汇约 991 亿美元，到 2012 年俄罗斯原油出口值上涨到 1 882 亿美元。可见，石油天然气工业已成为俄罗斯经济的主导部门和出口创汇的重要基础。自 1999 年以来，俄罗斯油气工业积极利用世界原油价格上涨的有利时机，增加石油出口创汇，为其带来了滚滚的"石油美元"，因而石油工业成为拉动经济增长的火车头，并曾使俄罗斯有能力提前偿还大量外债（2005 年提前还债 183 亿美元）。

然而，尽管丰富的油气资源给俄罗斯带来了巨大的收益，但其潜在的危害也不容小觑。由于经济过度依赖石油出口，易受到油价下跌产生的冲击。有资料表明，当原油价格维持在 104 美元/桶时，俄罗斯才能维持收支平衡，而在 110 美元/桶以上才能为俄罗斯国内生产总值做出贡献。俄罗斯财政部此前曾做过预测：国际油价每下跌 1 美元，俄罗斯的财政收入就会减少 700 亿卢布（约合 15 亿美元）[3]。可见，当国际能源市场和金融市场出现波动的时候，就会对俄罗斯的预算收入产生巨大的影响与冲击。例如，2008 年，美国次贷危机引发的国际金融危机波及世界各地，俄罗斯同样未能幸免。2009 年，由于国际金融危机导致的石油、天然气等能源价格的狂跌，俄罗斯经济在当年第二季度和第三季度分别下滑了 7.7%和 10.8%，而2010 年第四季度由于石油、天然气等能源产品价格的回升，俄罗斯经济又立即实现了 3.8%的正增长。而在 2014 年下半年国际原油价格剧烈下跌之前，能源出口额在俄罗斯出口总额中所占的比重已达 60%，在国内生产总值中所占的比重为 1/3。

① Основные положения энергетической стратегии России на период до 2020 года. http：//www. mte. gov.ru/oflcial/ strateg-energ.htm, 2002-08-24.

② Кривощекова Е. Окунева Е. Система регулирования нефтяного комплекса России//Вопросы Экономики. 2004,（7）：80.

③ 国际油价下跌对俄罗斯伤害有多重？ 新华网. http：//news.xinhuanet.com/world/2014-11/25/c_127246237.htm, 2014-11-25.

2014 年以来国际油价的下跌对于严重依赖原料出口的俄罗斯来说可谓是雪上加霜。受油价暴跌的影响，俄罗斯国内生产总值下降幅度较大。俄罗斯发布的数据显示，2015 年第二季度国内生产总值同比下降了 4.6%[①]。国际油价的下跌直接削减了俄罗斯预算收入，增加了预算赤字，加剧了经济的下行压力，甚至会使俄罗斯经济陷入持续的滞涨状态。通过以上论述可以看出，能源对俄罗斯经济的影响程度之大。从税收角度来看，标准普尔信用分析师 Kai Stukenbrock 认为，油价下滑 10 美元将直接或间接导致国内生产总值中政府税收减少 1.4%。由此可见，俄罗斯经济增长所面临的风险程度之大。莫斯科物理技术大学创新研究所科研负责人尤里·阿莫索夫认为，丰富的油气资源和能源价格保持高位固然使俄罗斯赚取了大量美元，但也在客观上抑制了企业特别是能源企业的创新动力[②]。

从以上表述不难发现，苏联解体后，为了促进经济的恢复和发展，俄罗斯一直致力于发展能源和原材料工业，力图出口这些产品来换取经济发展所需的外汇，从而造成了俄罗斯工业的能源化、原材料化趋势不断加强的局面。普京执政以后，尽管认识到这种畸形的工业结构不利于俄罗斯经济的长远发展，而且也制定并出台了一系列政策措施，以缓解或扭转这种情况，但遗憾的是，这种趋势非但未得到根本性的改变，反而呈现出日益加强的趋势。从表 3-9 可知，2000~2007 年，俄罗斯工业部门中能源、原材料工业所占比重一直呈上升态势。梅德韦杰夫在 2009 年 11 月 12 日发表的总统咨文中曾指出："必须承认，俄罗斯并没有很好地解决从苏联继承下来的问题，没有逃脱其固有的经济结构和对原材料的依赖。"普京在 2012 年 12 月 12 日发表的国情咨文中也指出，当前俄罗斯所依赖的原料增长模式的潜力已经耗尽。因此，必须加快技术创新，摆脱对原材料出口的过度依赖，发展高效和低能耗的创新型经济，实现经济多元化发展，这成为当前及今后一段时期俄罗斯经济政策的主要方向。

表 3-9 俄罗斯工业内部结构（单位：%）

年份	2000	2001	2002	2003	2004	2005	2006	2007
能源、原材料工业（燃料、店里、黑色、有色、造纸和建材）	48.26	45.85	47.57	47.72	50.62	52.4	52.8	52.8
重型制造业（机器制造和化工）	21.90	22.52	22.18	22.23	20.99	20.2	20.2	21.0
轻型制造业（轻工业和食品工业）	12.43	13.06	13.35	12.89	11.87	12.6	12.0	12.2

资料来源：郭晓琼. 俄罗斯产业结构研究. 北京：知识产权出版社，2011：119

---

① 油价爆跌俄罗斯 GDP 下降近 5%. 环球网. http://finance.huanqiu.com/roll/2015-08/7241617.html，2015-08-11.
② 刘恺. 俄罗斯：创新经济在坎坷中前行. 经济参考报，2013-06-25.

二是重轻工业比例失调状况持续加剧。如前所述，轻工业在工业产值中所占比重过低一直是苏联时期和俄罗斯工业中存在的问题，尽管国家曾多次试图对其加以解决，但直到目前为止，该问题不但没有解决，反而呈现出越来越严重的态势。

长期以来，东部地区作为俄罗斯的物资供应地和军事战略基地，形成了以重工业为主、轻工业为辅的经济体系。从经济结构方面看，俄罗斯东部地区经济结构严重畸形，且结构性调整举步维艰，主要经济部门发展失衡。早在苏联解体前，东部地区经济就一直以自然资源开采、粗加工业及军工为主，而农业和以农业为主的食品工业和轻工业则明显落后。苏联解体后，俄罗斯从苏联继承下来的畸形的经济结构，主要表现为国民经济军事化及农轻重比例关系严重失调。苏联时期近80%的工业与军事生产有关，重工业过重，农业、轻工业落后，产业结构比例严重失调。

当前，在俄罗斯工业部门中，服装、家电、通信、汽车等轻工业极其薄弱，而电力、燃料、有色及黑色金属和森林、木材等能源和原材料部门仍然居于主导地位，可以说占据了工业总产值的半壁江山。在俄罗斯工业结构中，采矿业所占比重持续上升，2005年占34.1%，此后不断下降，到2009年下降到31.1%，自2010年有所上升，到2011年上升到35.0%；2005年制造业在工业中所占比重为55.9%，到2011年下降到52.5%；2005年电力、天然气和水生产在工业中所占比重为10.0%，2007年下降为9.8%，此后不断上升，2009年上升到15.0%，2011年又下降到12.5%。在矿产开采中，燃料动力矿产的开采所占比重最大，2005年为87.7%，2009年一度上升为89.1%，此后有所回落，2011年降到87.7%[①]。总体来看，转轨以来，俄罗斯的基础工业部门经济增长速度明显快于加工工业部门。

3.3.3　第三产业中存在的问题

一是服务业内部结构比例失衡。转轨以来，俄罗斯的服务业增长较快，1990年第三产业在国内生产总值中所占的比重为34.8%，2000年上升为55%，此后几年略有下降，2004年降为51.9%，自2005年开始逐年上升，2012年升至60.0%，已超过发达国家45%~50%的平均水平。但从服务业内部结构来看，其发展却表现得很不平衡，教育、科学、卫生和文化等领域发展较为缓慢，尽管这些领域对后工业社会发展极为重要，而那些可为市场提供服务的综合体，如金融信贷、贸易服务、咨询审计服务等领域则上涨速度较快。据统计，1990年教育、科学、卫生和文化等产业占国内生产总值的比重为11%，到2004年下降到6%，2013年教育占3.0%，住宿和餐饮占1.0%。

二是第三产业缺乏可持续发展动力。虽然俄罗斯第三产业近年来发展势头良

---

① Федеральная служба государственной статистики. Промышленность России 2012. Москва. С.30, 23 .

好，在国内生产总值中所占比重不断上升，且从就业人口在三次产业中的分布情况来看，第三产业的就业人口在总就业人口中的比重也在不断提高，由 1991 年的 44.6%上升为 2011 年的 63.8%。但是，从现实情况来看，俄罗斯第三产业缺乏持久发展的动力来源。这是因为，第三产业主要是提供生产性服务及消费性服务的产业，其中生产性服务主要是给第一产业、第二产业中的交通运输、现代物流、金融服务、信息服务、高技术服务业和商务服务业等提供配套服务的。这就需要俄罗斯及时解决第一产业、第二产业中存在的问题，否则第三产业就会缺乏服务的对象，长久发展下去则会导致服务的空洞化现象。而从人数上看，在第三产业中就业的人数已占俄罗斯总就业人数的一半以上，一旦第三产业出现空洞化，必然会使俄罗斯面临就业危机的局势。

三是存在资金不足的问题。自苏联解体后，俄罗斯信息产业中的资金问题就已出现。以被称做"俄罗斯的英特尔"的 Elbrus 公司为例，由于存在资金短缺的问题，公司近 600 名研发人员加入了全球最大的芯片制造商因特尔公司，因此英特尔公司在俄罗斯境内的研发机构规模扩大一倍。Elbrus 公司自 1992 年成立以来，已由最初克隆太阳微系统公司的芯片技术转向自主研发之路。目前，公司已经成为俄罗斯计算机研究中心。近年来，公司的许多成就受到西方世界的瞩目，"EZK"项目便是其中的佼佼者。公司中许多专家来自俄罗斯科学院，许多人都曾是前苏联超级计算机研发项目组的骨干成员，他们当中不乏"世界一流"的杰出人才。然而，庞大的研发队伍让资金十分匮乏的 Elbrus 公司难以为继，该公司的知名度与英特尔相比则显得相对较弱，这也导致出现了大批的高级科研人员为美国公司打工的现象。

四是教育中存在的问题。第一，在办学机制上过于单一而保守，与市场经济的运行机制相悖。第二，教育投资不到位，教师待遇低，师资力量流失严重。此外，优秀毕业生流失较多，据统计 20 世纪 90 年代初，有近 1/4 的优秀大学毕业生到国外去工作。第三，俄罗斯政策的不稳定性在一定程度上束缚了高等教育的顺利发展。例如，2006 年高校税收优惠政策被取消，要求教育机构必须支付财产税和土地税，导致学校财政预算受到很大影响，各高校不得不依靠提高培训费来弥补这些损失。第四，现行教育制度与原有教育制度的矛盾影响了高等教育的发展。现行的高等教育体系中存在的突出问题就是教育收费问题。苏联解体前，免费教育曾是教育的强项，独立后的经济混乱使教育领域开始部分收费，目前只有部分学生享受免费教育。

3.3.4   三次产业间存在的问题

首先，从产业结构优化角度来看，俄罗斯三次产业结构高级化存在着虚高的成分。经济发展是产业结构优化的基本前提，随着经济的发展和劳动生产率的提高，第一产业、第二产业在国内生产总值中所占比重不断下降，而第三产业所占比重不断上升。这是因为随着经济的增长和收入的增加，社会对服务业的需求会不断扩大，而随着劳动生产率提高，大量的就业人员可从第一和第二产业中释放出来，可为第三产业的扩张提供必要的劳动力支持，从而能够促进服务业的发展。然而，俄罗斯的情况却与此有所不同。从农业来看，无论是在耕地面积，还是在农业产量和产值方面都有待提高和发展。从工业来看，能源、化工材料行业发展迅速，而技术密集型的重工业发展缓慢，而有关民生的民用工业发展极为滞后，工业发展缺乏动力。可见，俄罗斯第三产业的发展并非是以第一产业和第二产业为前提的，第三产业中就业人数的上升也不是因劳动生产率提高后第一产业和第二产业中所释放出的大量从业人员引起的。

其次，从资源分配角度看，俄罗斯三次产业发展的不均衡导致资源分配的不均，如能源、原材料等行业因高额利润而吸引了大量的资金和技术，从而挤占了大量的经济资源，不仅影响到其他产业部门（教育、科学、卫生等）的发展，甚至还能阻碍某些部门的发展，这不仅影响了经济的增长率，也不利于产业结构的加速转变。

最后，各产业间存在着需要进一步协调发展的问题。国际经验表明，对一个国家尤其是大国而言，第三产业的发展必须以第一产业和第二产业的发展为前提和基础，脱离这两个产业的发展而只是一味地发展第三产业，只会取得短期的经济增长。而在俄罗斯，当前各产业间的良性循环尚未建立起来，第三产业的发展并不是以第一产业和第二产业的发展为前提的。此外，国内薄弱的轻工业、农业很难为重工业的持续发展提供支持，而重工业也很难对轻工业和农业的发展起到推动的作用。

第4章 影响俄罗斯产业结构的因素分析

在苏联解体以来的二十多年的经济转轨过程中，俄罗斯在进行体制改革的同时，不断对产业结构进行调整，但由于存在着影响产业结构调整的各种因素，其演变进程存在着明显的非均衡性，因而尚未达到预定目标。影响俄罗斯产业结构调整的因素包括经济政策的影响、需求因素、供给因素、国际贸易结构和国际投资结构等决定产业结构变动的基本因素，但科学技术创新是起核心作用的因素之一。

4.1 经济政策的影响

4.1.1 苏联时期的经济政策

1. 产业结构政策不合理

苏联时期的产业政策是一种畸形发展的政策，当时为了军备竞赛所需，不惜牺牲农业利益一味追求工业的发展，尤其是片面发展重工业，轻视第三产业的发展。20 世纪 20 年中期至 50 年代中期，苏联实行的是优先发展重工业的产业政策。虽然此后这一政策有所松动，但是基本上没有发生大的变动，因而导致苏联出现重工业发达、轻工业发展严重滞后、农业发展缓慢的局面。

苏联时期的产业结构政策严重违背了"产业结构合理化"的基本要求，造成产业结构的畸形发展。苏联时期，政府未对农业、农业技术和农村制度进行及时而有效的改造，致使农业的生产技术管理和制度不能通过工业化得到改造，产业结构在物质基础上十分薄弱，不仅农业机械设备拥有量大大减少，而且设备陈旧老化，生产率低下，最终使农业与其他产业出现了脱节的现象。

苏联解体后，尽管俄罗斯政府出台了一系列的产业政策来改变这个状况，但因积重难返，没有取得明显的成效，产业结构仍处于畸形发展状态，经济结构和产业结构的调整带有明显的消极性和被动性特点，产业中轻重结构比例更加畸形，原材料化趋势更加明显，出现了自发性和退化性的反工业化趋势。到目前为止，俄罗斯经济中各种问题的解决始终受到其继承的产业结构的影响和制约。

2. 第一产业政策

第二次世界大战给苏联的农业带来了很大的打击。为了恢复在第二次世界大战中受到破坏的农业，自斯大林执政开始，苏联开始重视农业政策，并采取了一系列推动农业发展的措施。斯大林时期采取了整顿集体农庄，恢复和兴建国营农场与农机制造工业，扩大农业教育机构，培训农业干部，发展个人副业等举措，使农业得到了恢复并于 1952 年超过了战前水平。但总体来看，当时国家的政策是为追求高速的工业化而片面地强调重工业的发展，忽视农业的发展，用高积累与剥夺农民的办法保证工业化所需的资金。这一时期，农民不仅要通过税收形式直接把一部分收入上交国家，还要通过低价销售农产品和高价购买工业品的形式间接地为国家的发展提供积累，斯大林用强制的办法，使农民的一半收入交给国家。据统计，"一五"时期，从农业中吸收的资金约占工业发展所需资金的 1/3 以上。对此，戈尔巴乔夫曾说："在斯大林时期，工业化……是靠农业的破产来实现的。"[①]正因如此，苏联农业的恢复速度落后于工业的恢复速度（1948 年工业便恢复到第二次世界大战战前水平）。

赫鲁晓夫时期，对农业主要采取的是扩大播种面积的粗放式经营方式来发展的，这一时期缺乏稳定性成为苏联农业发展的特点[②]。在赫鲁晓夫执政的1953~1964 年，农业发展不稳定。1954~1962 年苏联投入了 500 亿卢布的资金用于大规模开垦生荒地和熟荒地，共开垦了 4 200 万公顷荒地，使全苏联播种面积扩大了 30%，谷物播种面积扩大了 69%。起初因开垦的荒地获得大丰收，使1953~1958 年农业总产值增长了 50% 以上，但是好景不长，从 1959 年开始，新开垦的荒地肥力逐渐减弱，且当时政府并没有采取补救措施，从而导致了严重的风蚀和沙暴，致使农业产量停滞不前，到 1963 年发生了灾难性的大减产。此外，赫鲁晓夫执政时期的农业发展没有延续性，在他执政后期农业让位于重工业的发展，不仅取消了个人副业，而且加大了工农业产品的价格剪刀差并提高了农业的征购定额，给农业带来了严重的打击。

勃列日涅夫时期，吸取了赫鲁晓夫的教训，为了稳步地发展农业，采用科学的方法来促进农业的集约化发展，实施了一系列促进农业发展的措施，主要如下：一是将农业发展提到战略高度，加大对农业的投资力度，"八五"时期对农业的投资在国民经济投资总额中所占的比重为 31.6%，"九五"时期这一指标增加到35.5%；二是投资主要是用来加快农业的技术改造，推进农业机械化，从而提高农业生产的集约化程度；三是促进农业科学研究，培养专业的农业人才；四是为调动农民生产的积极性而提高农产品收购价格；五是为了促进现代化发展，推动

---

① 陆南泉. 苏联的强国进程及其解体对中国和平崛起的启示. 中国特色社会主义研究, 2005,（3）: 45.
② 金挥，陆南泉. 战后苏联经济. 北京: 时事出版社, 1985: 291.

农业专业化和集中化生产，大力发展跨单位协作企业、农工综合体及联合公司；六是重新对个人副业进行扶持；等等。这些举措的实行有效刺激了苏联的农业生产，1965 年苏联的粮食产量为 1.21 亿吨，农业产值为 883 亿卢布，到 1978 年这两项指标分别增加到 2.37 亿吨和 1 292 亿卢布，粮食产量增长了将近一倍，而农业产值大约增长了 50%。

此后，在安德罗波夫执政时期，继续推进农业的集约化和科技化发展，为提高农业生产效率采取了扩大集体农庄和国营农场生产经营自主权等措施，但成效不大。到了苏联末期，由于依靠工业尤其是机器制造业的"加速发展战略"的提出，农业政策的地位再次下降①。总之，苏联时期实行的是高度集权的中央管理体制，对工业政策的高度重视，致使农业政策处于不利地位，再加上农业政策缺乏连续性，导致农业政策的成效不高，农民生产积极性较低，整个农业生产效率低下。

3. 第二产业政策

苏联时期制定了赶超战略，为了实现这个战略制定了工业化的方针与政策，实际上，赶超战略的重点是发展与军工密切相关的重工业，因而苏联时期，在工业中一直执行的政策导向便是以重工业发展为主，这就使重工业一直处于优先发展的地位。

斯大林统治时期，把钢铁工业视为工业的骨骼，把机器制造业视为工业的心脏，把电力工业作为工业的神经，强调集中一切力量来发展重工业，为此把基本建设投资主要用于工业尤其是重工业的发展方面。"一五"计划期间，重工业在整个国民经济投资中所占比重为 32%，并且在整个工业化时期这一比重均在 30%左右，有时甚至高达 40%。而在工业投资中，重工业投资所占比重极高，"一五"计划期间高达 86%②。

赫鲁晓夫时期，为了实现赶超战略，仍主要强调重工业的发展，这一时期苏联十分重视发展国内的化学工业并将其列为优先发展方向。勃列日涅夫统治时期，为了增强苏联的经济实力和军事实力，同样采取优先发展重工业的策略，主要强调发展促进科技进步的机器制造业、能源及金属材料部门。到了戈尔巴乔夫统治时期，实行"加速战略"，尽管强调了对经济结构进行调整，希望加大对社会政策与社会关系方面的改革，但优先发展机器制造业仍然是其当政时期工业政策主要的重点②。由此可见，整体而言，在整个苏联时期，由于一直执行的是优先发展重工业的政策，机器制造业、化学和石化工业及电力工业的发展成为国家的支柱性产业。

从工业政策持续性来看，苏联时期，发展甲乙两类工业的政策不协调、不稳定，致使甲乙两类工业发展严重失衡。斯大林时期，为满足军备竞赛之需，优先

① 郭晓琼. 俄罗斯产业结构研究. 北京：知识产权出版社，2011：55-58.
② 陆南泉. 苏联的强国进程及其解体对中国和平崛起的启示. 中国特色社会主义研究，2005，（3）：45-46.

发展甲类工业，乙类工业发展缓慢。为了满足居民不断增加的物质需求，马林科夫时期主张大力发展乙类工业。赫鲁晓夫上台后，又以发展甲类工业为主。勃列日涅夫时期，又着重发展乙类工业，使甲类工业和乙类工业出现了平衡发展的情况。此后，出于提升军事实力的考虑，为了保证甲类工业的发展，又将乙类工业放在次要地位，重新重点发展甲类工业。可见，苏联时期的工业政策是不稳定的，从苏联时期的实际情况可以看出，乙类工业的发展几乎一直让位于甲类工业的发展，即使偶有重点发展的时期，时间也极为短暂，且一旦有政治需要乙类工业的发展就要让位于甲类工业，这就使乙类工业的发展一直处于弱势地位。

苏联时期，一直强调发展机器制造业，从其自身方面看，一是当时苏联急切需要提高劳动生产率，而机器制造业是生产生产资料的行业，其发展可以推动其他产业部门的发展和改造；二是当时苏联劳动力短缺，机械化是其经济得以发展的迫切需要。从国际方面看，这种发展模式与当时的世界政治经济局势是分不开的。冷战时期，美苏军备竞赛不断升级，出于加强军事实力的考虑，苏联需要加强对机器制造业的推进。而化学工业部门是苏联适应现代科技进步的重要方面，这一部门可以广泛地吸收先进的科技成果，其发展主要是由于赫鲁晓夫的大力倡导，但是与美国相比，苏联的先进化学产品生产却很落后，如 1977 年苏联工业产值为美国的 80% 左右，但化学纤维和塑料合成树脂的产量仅占美国的 30.2% 和 29.5%。在电力方面，苏联"十五"计划时期对该行业的发展极其重视，对电力工业采取了增加投资、重点发展核电站、兴建大型电站、对电力进行集中生产和集中供应等一系列措施。在此期间，对电力工业的投资增长了 80%，而当时工业投资的上涨幅度为 38.2%，前者大大超过后者，尽管如此，由于电力项目的建设期较长，资金产值率低等因素，发电量的增长（29%~37%）低于整个工业的投资增长率[①]。

4. 第三产业政策

苏联时期，第三产业的发展一直比较落后，这主要是因为当时实行的高度集权的中央体制一直将重工业放在优先发展的地位，而对第三产业的发展重视不够，加上计划经济时期国家对经济的限制较多，市场又不能充分发挥自由配置资源的功能，因而致使第三产业的发展落后于第一和第二产业，尤其是大大落后于第二产业的发展。随着经济社会的发展，苏联开始认识到因第三产业的落后不利于提高居民生活水平的问题，于是在商业、交通运输业和居民生活服务业等方面采取了一些政策来促进第三产业的发展，以进一步调整畸形的产业结构。具体来说，在商业方面的政策如下：调整国营商业和集体农庄商业的比例以进一步发挥后者的作用，加强商业的物质技术基础，筹建现代化的百货商店、自动售货商店和大型商业中心，改革商业管理体制，采用先进的商品运输、贮存和销售方法等。在交通运输业方面的

① 郭晓琼. 俄罗斯产业结构研究. 北京：知识产权出版社，2011：60-61.

政策如下:"一五"计划中期之前,苏联着重发展铁路运输,当时 70%的运输业投资都投向了铁路。此后直到 20 世纪 50 年代末,尽管仍以铁路为主,但其他运输方式均得到了发展。60 年代起,苏联开始实行全方位的交通发展政策,不仅提高了交通行业的机械化和自动化管理水平,而且新增了一系列运输干线,提高了运输业物质技术基础、培养专业人才、加强激励措施、在行业内推广先进经验等,通过这一系列政策措施的实施,苏联建立起了包括铁路、公路、航空、管道、海洋、内河等在内的综合运输系统。在居民服务业方面,尽管相对而言该行业很不发达,但为了满足居民的物质文化需求,提高人民的生活水平,苏联时期对该行业不断进行调整,力争扩大居民生活服务企业网、扩大服务范围、改进服务质量、提高服务水平,采取降低税收起征点和所得税税率等措施来恢复和发展传统手工业。

4.1.2 俄罗斯实行的经济政策

苏联解体以后,俄罗斯进行了由计划经济向市场经济的改革,经过二十多年的经济转轨,如今市场经济的基本框架已经确立,相关的法律法规也已基本完善,但市场经济的运行能力还没有完全培育起来,即市场经济的"制度质量"仍处于很低的水平,严重地制约着经济的发展。

1. 转轨之初实行的激进经济改革——休克疗法

1991 年苏联解体后,作为继承国,俄罗斯所面对的是苏联遗留下来的已经走到了死胡同的高度集权的政治体制与计划经济体制。当时,俄罗斯面临着重重难题,如苏联遗留下来的国家经济破产的难题,在中央计划体制上建立市场经济的难题,以及如何进行广泛的结构调整以改变之前的计划经济体制下居民消费需求被压抑的难题。可以说,如何尽快而又彻底地摧毁苏联遗留的中央计划经济体制成为俄罗斯政府关注的焦点问题。在这种背景下,独立后的俄罗斯选择了一条与苏联计划经济体制截然相反的道路——市场经济体制,利用激进的休克疗法进行了一场艰难的体制转轨。在经济转轨、经济发展和结构调整中,制度变革成为俄罗斯政府的工作重点。

为了迅速地向市场经济过渡,建立起市场经济体制,以叶利钦为首的民主派主张通过激进的改革方式来尽快地摧毁传统计划经济体制,希望以一步到位的方式使国内的经济从计划经济迈向自由的资本主义市场经济。于是,叶利钦政府采用了美国经济学家杰佛里·萨克斯的休克疗法方式对经济进行变革,以实现宏观经济的稳定。然而,这一激进的改革方式却使俄罗斯经历了巨大的变动和危机。在这场狂风骤雨般的改革中,俄罗斯陷入了激烈的政治冲突与深刻的经济危机当中,最终导致国力减弱、国家衰弱和居民生活水平普遍下降,这一时期的俄罗斯被西方称做产量下降的年代。可以说,为了建立市场经济制度,俄罗斯所进行的这场改革比历史上的任何一场变革所付出的代价都大。

　　俄罗斯的休克疗法包括以下几个方面，一是实行经济自由化，主要包括三项措施：第一，放开物价。在最短的时间内全面放开价格，1991 年 12 月 19 日，俄罗斯政府发布《俄罗斯联邦放开物价措施的决定》，规定从 1992 年 1 月 2 日起，俄罗斯境内所有企业、组织和其他法人除特殊情况外对商品价格一次性放开，商品价格由市场供求来决定。这一规定使大约 90% 的消费品和 80% 的生产用品的价格完全被放开，国家仅对极少数商品的价格保留控制。1992 年 6 月，在政府颁布的《深化经济改革纲领》中规定，1993 年继续放开石油、天然气、煤炭和粮食等商品的价格，到 1993 年年底基本完成价格改革任务[①]。政府废除了一切指令性计划和指导性计划，取消了一度实行的国家订货制度。与此同时，取消了对收入增长的限制，公职人员工资提高 90%，退休人员补助金提高到每月 900 卢布，家庭补助、失业救济金也随之提高[②]。

　　物价放开之初，商品丰富，这让那些一直凭票且需要排长队才能得到供应的俄罗斯人看到了改革的益处。但是这种情况并未持续多久，当商品供应开始出现不足，那些因出售了私有化债券而得到大量现金的民众无处消费时，俄罗斯的物价开始出现急速上升的态势。到 1992 年 4 月，俄罗斯消费品价格比 1991 年 12 月上涨了 65 倍。政府原想通过国营商店平抑物价，但黑市商贩与国营商店职工合伙串通将商品转手倒卖，从中牟取暴利，使政府计划落空，市场秩序出现混乱。对于企业来说，由于燃料和原料价格过早放开，企业的生产成本骤增，到 1992 年 6 月，俄罗斯工业品的批发价格上涨了 14 倍，这样的高价让企业无力购买，消费市场持续呈现出低迷走势，而需求不旺又抑制了市场的供给，于是企业纷纷压缩生产，造成市场供求关系进入了恶性循环之中[③]。可见，俄罗斯的经济转型不是制度的变迁而是制度突变，由于消费品的生产不足不能马上适应突然放开的经济，所以引发了供需的严重失衡和物价飞涨，引发了严重的通货膨胀。换句话说，俄罗斯激进的改革不仅导致价格失真，而且最终导致了恶性的通货膨胀。据统计，1992~1999 年，俄罗斯的通胀率最低为 11%，最高达到 2 510%（表 4-1）。

表 4-1　1992~1999 年俄罗斯通货膨胀率（单位：%）

年份	1992	1993	1994	1995	1996	1997	1998	1999
通货膨胀率	2 510	840	220	131	22	11	84.4	36.5

　　资料来源：许新. 重塑超级大国——俄罗斯经济改革和发展道路. 苏州：江苏人民出版社，2004：235

---

　　① 张玉宽. 俄罗斯休克疗法评述. 世界经济，1993，（9）：53.

　　② 张捷. 私有化是怎样洗劫国家和国民的. 新浪财经. http://finance.sina.com.cn/review/hgds/20110304/ 17109 474108.shtml，2011-03-04.

　　③ 翰啸. 俄罗斯的经济转型败局. 凤凰网财经. http://finance.ifeng.com/opinion/xzsuibi/20110125/32940 57. shtml，2011-01-25.

第二，对外经济活动全面放开。在苏联时期，俄罗斯对外贸易很少，以与华沙条约组织[①]的成员国之间开展贸易活动为主，在经济转型时期，全面放开了对外贸易。1991 年 11 月 15 日，叶利钦签署了《关于在俄境内对外经济活动自由化的法令》，规定任何企业不论国营还是私营都可以自由从事对外贸易活动，同时为保证对外经济贸易活动的必要调节，对某些产品的进出口实行限额制和许可证制度。但在此后的《深化经济改革纲领》中规定，将逐步减少实行限额制的产品种类，到 1994 年彻底消除限额。

第三，放开汇率。为了加速形成外汇市场，1992 年 7 月 1 日，俄罗斯开始实行经常项目下的统一浮动汇率，这一汇率可以自由浮动，汇率基本由外汇市场供求状况决定。当时，卢布对美元的汇率一再下跌，由最初 1 美元兑换 125 卢布下降到同年 9 月的 1 美元兑换 211 卢布，同年 12 月下跌为 1 美元兑换 470 卢布，到 1994 年年底更是跌至 1 美元兑换 3 550 卢布[②]。

二是实行紧缩的财政和货币政策。在财政政策方面，主要是开源节流、增收节支，实施的紧缩财政政策包括取消所有的税收优惠，所有的商品都需缴纳 28%的增值税，同时对进口商品加征消费税，削减公共投资、军费和办公费用，将预算外基金纳入联邦预算，限制地方政府用银行贷款弥补赤字。在货币政策方面，实行的紧缩的货币政策主要包括提高央行贷款利率，建立存款准备金制，实行贷款限额管理，以此来控制货币流量，从源头上抑制通货膨胀。但是由于居民的需求具有较强的刚性，因而高昂的税收最终被转嫁给了广大民众，造成了物价的又一次上涨。而对企业来说，税负过重，造成生产萎缩，失业人数增加，政府不得不加大救济补贴和直接投资，这又使财政赤字出现不降反升的态势。在这种情况下，政府被迫放松银根，于 1992 年增发了 18 万亿卢布的货币，为 1991 年发行量的 20 倍[③]，而这种情况又进一步加剧了恶性通货膨胀，使居民的收入被恶性通货膨胀掠夺一空。

三是进行大规模的私有化。私有化是俄罗斯经济转轨的重要内容，被看做构造市场经济基础的重要先行步骤和摆脱经济危机的重要出路。俄罗斯实行私有化改革的目的是使所有制结构符合市场经济的要求，使企业不再受政府的直接控制，摆脱亏损的国有企业，减少企业的财政补贴，回收资金以弥补财政赤字，提高企业的经营效益，为整个国家经济注入活力，从而建立起市场经济体制。但结果却是私有化

---

① 华沙条约组织（英语：Warsaw Treaty Organization；俄语：Организация Варшавского Договора；简称 WTO、华约组织或华约）是东欧社会主义阵营为对抗北大西洋公约组织而成立的政治军事同盟。成员国包括阿尔巴尼亚人民共和国、保加利亚人民共和国、匈牙利人民共和国、德意志民主共和国、波兰人民共和国、罗马尼亚人民共和国、苏维埃社会主义共和国联盟、捷克斯洛伐克共和国。东欧社会主义国家除南斯拉夫以外，全部加入华约组织，1991 年 7 月 1 日，华沙条约组织正式解散。

② 郭晓琼. 俄罗斯产业结构研究. 北京：知识产权出版社，2011：87.

③ 翰啸. 俄罗斯的经济转型败局. 凤凰网财经，http：//finance.ifeng.com/opinion/xzsuibi/20110125/32940 57. shtml，2011-01-25.

为原领导人和投机者侵吞国有资产大开方便之门，在整个私有化过程中伴随的是国有资产的大量流失，以及贪污腐败现象的盛行。同时也产生了其他的社会问题，如失业人数增加，对整个社会经济犯罪起着推波助澜的作用，加速了社会的两极分化，一方面出现了暴富的"新俄罗斯人"；另一方面出现了大量生活在贫困线以下的广大居民阶层[①]，这必然导致社会大多数人的不满，使社会处于紧张状态。

随着俄罗斯经济的每况愈下，人民对政府的改革怨声载道，在这种情形之下，1994年2月24日叶利钦总统发表国情咨文，提出对经济政策进行重大调整[②]。1994年，切尔诺梅尔金当选总理后宣布放弃休克疗法，转而以较为温和的方式向市场经济过渡。但这种调整并没有改变俄罗斯经济萧条的状况，1992~1999年，俄罗斯经济经历了持续的严重衰退，俄罗斯国内生产总值除了1997年和1999年分别增长1.4%和6.4%外，其他6年均为负增长，分别为1992年的-14.5%，1993年的-8.7%，1994年的-12.6%，1995年的-4.1%，1996年的-3.6%，1998年的-5.3%，转轨以来至此俄罗斯国内生产总值累计下降了40%以上（表4-2）。与此同时，改革导致俄罗斯居民生活水平的直线下降，国家实力严重衰退。总体看来，休克疗法的采用并没有使俄罗斯按此前的预想那样建立起充满活力和竞争的市场经济，反而使俄罗斯加速转向了一场转型危机。当然，俄罗斯陷入危机并不能完全归咎于休克疗法，还与其所具有的苏联式的畸形经济结构是分不开的。

表4-2 1991年以来俄罗斯国内生产总值增长率（单位：%）

年份	国内生产总值增长率（按2003年价格）	年份	国内生产总值增长率（按2003年价格）
1990	-3.0	2003	7.3
1991	-5.0	2004	7.2
1992	-14.5	2005	6.4
1993	-8.7	2006	8.2
1994	-12.6	2007	8.5
1995	-4.1	2008	5.2
1996	-3.6	2009	-7.8
1997	1.4	2010	4.5
1998	-5.3	2011	4.3
1999	6.4	2012	3.4
2000	10.0	2013	1.3
2001	5.1	2014	0.6
2002	4.7	2015	-3.9

资料来源：俄罗斯联邦统计局. 俄罗斯统计年鉴2015. 莫斯科：俄罗斯统计出版社，2015

---

① 陆南泉. 俄罗斯私有化的失误及警示. 人民论坛-双周刊，2008，（1）：23.
② 邹铁力. 俄罗斯经济转轨危机之我见. 当代经济研究，2002，（6）：49.

2. 农业改革

俄罗斯开始经济转轨进程之初，在农业方面开展了以农业私有化为核心的大规模农业改革，主要包括对土地进行私有化改革、放开农产品价格、取消和改组集体农庄与国营农场、大规模建立个体农庄，以及推进农业的市场化进程等内容。

在土地私有化改革方面，制定并颁布了新的土地法典。苏联时期，一直实行单一的土地国有制，这种土地制度因缺乏利益诱导而使农民缺乏生产积极性。为了提高农民的积极性，俄罗斯颁布了新的立法，以改变单一的土地国有制。1991年4月25日，俄罗斯通过了《俄罗斯联邦土地法典》，确定了多种土地所有制形式，取消了原有的土地所有制的单一形式。《俄罗斯联邦土地法典》的出台为其从根本上改变联邦土地关系、保护土地所有者、土地占有者和土地使用者的权利，组织合理使用土地资源提供了法律保障。同时，《俄罗斯联邦土地法典》还首次提出了允许土地抵押和有条件的土地买卖的内容。此后，又陆续颁布了一些其他政策法规，如1991年12月27日俄罗斯出台的《关于俄罗斯联邦实现土地改革的紧急措施》总统令；同年12月29日通过的《关于改组集体农庄和国营农场办法的决定》；1993年10月27日出台的《关于调节土地关系和发展土地改革的命令》，以及1996年3月7日发布的《关于实现公民的宪法土地权利的命令》。《关于俄罗斯联邦实现土地改革的紧急措施》标志着俄罗斯土地私有化改革的全面推行。2001年，对《俄罗斯联邦土地法典》进行修订，确认了俄罗斯公民和法人的私人土地所有权，并要求改革初期所形成的土地长期使用权及可继承终身占有制度迅速转化为土地所有权，从而彻底实现土地的私有化。2002年夏，俄罗斯实施了允许买卖农用土地的《农用土地流通法》。《农用土地流通法》的实施结束了围绕农用土地所进行的多年争论。《农用土地流通法》规定，外国公民、无国籍的人、法人资本达50%以上的在俄罗斯常住的外国人只能租赁农用土地（期限为49年）。这给俄罗斯国内那些担心外国人会购买俄罗斯土地的人吃了一颗定心丸。根据《俄罗斯土地法》和《农用土地流通法》的规定，在俄罗斯注册的常住外国人只能在城市和工业地区拥有土地。《农用土地流通法》的实施首先给社会带来了一个明确的信息，即农业土地私人所有制发展战略将是一项长期的战略，也为土地流通建立了法律基础。

改革之初，为了与土地私有化改革相适应，俄罗斯按照西方模式对国营农场、集体农庄以及国营农业企业的经营形式进行改革与产权改造。按照《关于改组集体农庄和国营农场的办法》的命令，一方面重新登记国营农场和集体农庄，另一方面取消或改组无力支付劳动报酬和偿还贷款债务的国营农场和集体农庄。通过改组和重新登记，除了一小部分国营农场和集体农庄保留了自己原有的组织形式外，大部分被改组成了集体企业、合作社企业、股份制企业和私有农用企业。1992年9月，俄罗斯政府开始对国营农场和集体农庄进行改组，到1993年年底，俄罗斯已有 24 万个农庄、农场进行了改组与重新登记，占农场、农庄总数的 95%，其中 1/3 农场和农庄保留了原来的经营形式，其余的则被改组为 1.15 万个合伙公司、300 个股份公司、2 000 个农业合作社和 3 000 个其他新的经营形式，其成员成为拥有自己份地和股份的商品生产者[①]。通过在农业中实施的这项改革，俄罗斯形成了新的农业经营组织结构。

对农户经济（私人家庭农场）发展的重视，再加上 2001 年新修订的《俄罗斯联邦土地法典》和《农用土地流通法》为农用土地流通提供了明确而稳定的制度保障，使得俄罗斯的农户经济在土地自由流通体制中获得了扩大生产的机会，到 1994 年俄罗斯的家庭农场已经达 27 万个，拥有土地 1 130 万公顷[②]。此后的一段时期，由于国家对农户经济扶持力度不够，许多农户（农场）经济的资金和技术设备极其短缺，有些甚至无法维持生存，因而数量有所减，但其占有的土地面积却呈现出上升的势头，有资料表明，2000~2006 年这一数值增加了约 1 000 万公顷[③]。

总体而言，俄罗斯的农业改革并不成功，尽管大部分公民成了土地所有者，但很多农业生产者并没有感受到自己的所有权，绝大部分农业工作者没有得到按股份分配的红利，建立在土地私有制基础上的家庭农场由于资金和技术设备短缺，并没有创造出良好的经济效益，更没有成为农业生产的主力军，没有发挥预期的作用。造成这种情况的主要原因包括：俄国农业历史上的村社传统不利于农场主的成长；重型机械化形成的一整套装备体系与技术流程，难以"化大为小"；集体农庄的工资和多种福利制度，使农民不愿意走自担风险的家庭承包经营之路；"休克疗法"的实行使国家财政收入紧缩，对农业的投入急剧下降，这对资金匮乏的农民来说增加了务农的难度；社会化服务体系严重滞后，没有完善的服务系统，农产品的加工、销售配送等难以有效实行；政府的政策多变，使农业生产者无法做长期打算；形式主义作风使生产关系没有发生实质的改变。由于自上而下的强迫方法和压力，许多地方不得不大搞形式主义，不愿下功夫去改变内部的组织结构和经济关系，没有真正赋予农民独立自主的地位，也没有为其创造独立经营的有利条件，因此未能激发农民的生产积极性[④]。这些均是造成俄罗斯农业结构调整困难的原因。

3. 工业政策

苏联解体之初俄罗斯推行的"休克疗法"使许多大型国企被私有化，巨额的国家财产被少数寡头瓜分，造成大量国有资产流失，民众大量失业，陷入极度贫困之中。自 2000 年普京执政以来，面对国际和国内的新环境与新形势，以及叶利

---

① 丁超. 浅析俄罗斯的农业改革. 西伯利亚研究, 2013, （2）: 15.

② 娄芳. 论俄罗斯农业转轨与贫困问题. 俄罗斯研究, 2003, （4）: 50.

③ 江宏伟. 俄罗斯农业改革绩效的宏观分析. 俄罗斯研究, 2010, （2）: 98.

④ 申玉华. 简析叶利钦时期的俄罗斯农业改革. 民族论坛, 2006, （12）: 25-27.

钦时期留下来的萎缩经济,俄罗斯政府开始对经济发展战略做出新的调整,选择走"第三条道路"。普京指出,在未来的经济体制改革中,应该结合俄罗斯的自身情况,走适合俄罗斯发展的道路。既不能回到苏联式的完全计划经济体制中,也不能全然照搬西方激进的经济改革模式。具体来说,在宏观体制方面,他主张建立有一定国家干预的市场经济,既肯定了市场经济,又否定了对市场经济完全放任自流;在微观体制方面,他主张在现有私有化的基础上,转变企业经营机制,提高私有企业的生产效率和经济效益,对垄断企业保持国家控制和管理。普京上台后,先将重要企业收归国有,后又推动大型国有战略型企业走向市场化。通过司法或市场手段,将战略行业特别是能源领域的大型企业重新收归国有,2004年将涉及国防、石油、天然气、运输、电力、对外贸易、银行、渔业、钢铁制造业等领域的1 063个俄罗斯大中型企业作为国有战略企业[1],加强对国有战略企业的监管。通过这些举措,俄罗斯国家牢牢地掌握了拉动经济增长的重要产业,使其成为国家财政收入的主要来源。

然而,在经济发展到一定阶段后,上述这种方式便会对企业生产和经营效率的提高产生制约作用,于是在2009年金融危机之后,俄罗斯政府指出当前最重要的任务是大力提高企业的经营效率,制订和实施企业的现代化发展计划,组织生产具有竞争力的产品,提高能源利用率和劳动生产率。为实现这一任务,2010年俄罗斯政府将原有的部分企业从国家战略性企业名单中剔除,这种做法有利于这些企业就自身发展问题实施更加有效的决策(如吸引外资、加入其他控股行业集团、向各联邦主体投入资产等),有利于这些企业进一步走向市场化。

在能源工业方面,由于该行业对俄罗斯经济增长具有的作用极其重大而对其采取支持的政策。2005年12月,在俄罗斯国家安全委员会例会上,普京首次明确表示:从中期前景看,俄罗斯应力争成为世界的能源强国,能源产业应成为俄经济发展的火车头。并为保证俄罗斯能源行业的稳定增长,提出了以下几点具体建议:私营企业和国有企业共同参与能源项目;改善行业内部的投资环境;加大行业内的科技创新投资;加大对地质勘探的投入。俄罗斯政府还着力拓宽油气出口渠道,2005年开始对重大油气工程积极运作:一是北欧天然气输气管道的破土动工;二是东西伯利亚至太平洋石油管道的启动。此外,为提高企业开发全新油田和原有的将要报废油田的积极性,俄罗斯政府针对不同质量的油田征收不同的石油开采税,采取油田开发级差地租的方案,即对于开采率不足20%的新油田给予不超过7年的免税期,如油田开发已超过80%则相应下调税费标准[2]。

俄罗斯经济发展过度依赖于能源原材料工业,投资也向能源原材料工业倾斜,

---

① 林治波. 普京的十大强国战略. 学习月刊, 2008,(6): 41.

② 莫言. 普京调整产业政策——油气成为俄罗斯的香饽饽. 雅虎财经. http://biz.cn.yahoo.com/060208/2/fr7n.html, 2006-02-08.

从而加剧了工业内部结构的不合理情况。近年来，针对经济增长主要依赖于原材料和能源工业，机械制造业和高科技产业发展持续低迷的情况，俄罗斯政府高层及专家学者都强烈呼吁必须扭转这一倾向。为此，俄罗斯对能源行业采取了一定的调整政策，政府通过减少投资及增加税负的方式来抑制能源工业的过快发展。例如，开征石油税，2000 年时每开采一吨石油需缴纳 46.5 美元，2003~2005 年则分别上升至 69 美元、106.4 美元与 188.5 美元；2000 年石油纯收入税率为 57%，2003~2005 年分别上升到 80%、81% 和 91%[①]。此外，政府通过税收等措施，使最终产品部门的投资占固定资产投资的比重从 2003 年的 7.4% 上升到 2007 年的 8.3%，原材料部门的投资比重从 8.9% 上升至 9.6%，而燃料动力综合体的投资比重相应从 26.0% 降至 22.5%。最终产品部门的增长速度从 2003 年的 7.1% 升至 2007 年的 9.0%，而燃料动力综合体的增长速度相应从 6.8% 降至 2.2%，原材料部门的增长速度从 6.1% 降至 4.6%[②]。

　　在此值得一提的是，在发展新能源、走低碳化经济发展之路已经成为国际共识的背景下，开发利用可再生能源已成为发展战略性新兴产业、推动经济发展方式转变的重要选择。今后一段时期，可再生能源将处于快速发展阶段，特别是全球范围内可再生能源在能源利用中的比重将会快速提高，从化石能源的开发利用逐步向可再生能源转变是世界能源发展的大势所趋。面对全球日益严峻的能源和环境问题，开发利用可再生能源已成为世界各国保障能源安全、应对气候变化、实现可持续发展的共同选择，该课题越来越引起各国领导及国际组强的关注，其发展水平将成为衡量各国未来发展竞争力的一个新标志。因此，许多国家将开发利用可再生能源作为能源战略的重要组成部分，俄罗斯政府及企业界也开始对此加以关注。

　　如前所述，俄罗斯在可再生能源方面有很大的发展潜力。随着国内近年"有必要逐步转向可再生能源"呼声的出现，俄罗斯不断建立并完善相关的法律法规。为了推动可再生能源的发展，俄罗斯政府已开始制定一系列措施，并加快建立健全相关法律法规，该领域技术发展将成为俄罗斯科技与能源领域创新发展的一个主要方向。2008 年 6 月 3 日，俄罗斯出台了《俄联邦可再生能源生产项目运作资格规则的政府决议》。同年 6 月 4 日，俄罗斯出台了《关于提高俄罗斯经济能源与环保效率的措施》总统令，规定政府对可再生能源及生态清洁的工艺技术项目提供经费支持，要求这些项目必须具有可推广性。此后，又通过了一系列具体的文件。

　　2009 年 1 月 20 日，俄罗斯政府总理普京批准了《2020 年前利用可再生能源提高电力效率国家政策重点方向》，确立可再生能源利用的宗旨和原则，规定可再

---

① 陆南泉. 俄罗斯经济结构调整趋势与制约因素. 俄罗斯中亚东欧研究，2009，（1）：45.
② 许新. 论俄罗斯的发展战略. 中国社会科学网，http://www.cssn.cn/news/155204.htm，2011-03-05.

生能源发电、用电规模指标及其落实相关措施，扩大可再生能源的利用比重，使其（不含装机容量超过 25 兆瓦水电站）由 2008 年占全国发电量的 0.9%提高到 2010 年的 1.5%，2015 年占 2.5%，2020 年占 4.5%；利用可再生能源生产的电能由当前的 85 亿千瓦时扩大到 2020 年的 800 亿千瓦时；利用可再生能源生产的热能从 2010 年的 6.3 亿卡增加到 2020 年的 12.1 亿卡[①]。生物质能、小水电、潮汐发电和风能是优先发展的方向。2009 年 11 月 13 日，俄罗斯联邦政府批准《俄罗斯 2030 年前能源战略》，提出要发展非燃料能源、核能、可再生能源，实现对传统能源的高效利用，并为向新能源过渡创造条件，增加核能、水电和其他可再生能源在国家能源结构中所占的比重。2009 年 11 月 23 日，俄罗斯罗斯通过了《关于节能增效和修改联邦部分法规条文的法律》。2010 年 12 月 28 号，俄罗斯联邦通过了《电力法》修正案，为可再生能源的发展奠定了法律框架基础。根据俄罗斯联邦政府的委托，俄罗斯能源部和俄罗斯地区发展部制定了一系列到 2020 年依靠可再生能源提高能源效率的国家措施，目前该方案正在相关联邦机构进行协商。加快可再生能源的发展被视为实现俄罗斯经济现代化的一个重要因素，它与创新生产发展、研制新的创新工艺、中小企业发展、创造新的就业机会、改善社会条件、改善生态等息息相关。而为了完善可再生能源的法律基础，俄罗斯将制定一系列措施，以促进那些利用可再生能源在电能服务市场发挥功能的小企业的发展。

在轻工业方面，加大扶持力度，由于苏联时期过度强调重工业的发展，俄罗斯工业内部结构畸形，为了调整畸形发展的产业结构，普京上任后积极扶植轻工业的发展，制定了一系列方针和措施，如《2006—2008 年轻工业发展计划和措施》，规定每年从联邦政府预算中拨款不少于 1.5 亿卢布，补偿轻工业企业购买机器、设备和配件的贷款利息。在《2009—2011 年轻工业发展计划与措施草案》中，将轻工业企业购买原料、材料和技术设备的贷款获得的利息补贴从预算拨款的 1/2 提高到 2/3[②]。

在国防工业方面，俄罗斯政府不断加快国防工业技术向民用工业部门转移的速度，并继续扩大军工产品的出口。普京政府上台后，高度重视军工生产和武器出口，全力争夺世界军品市场份额，力图以对外军售为契机，增加财政收入，提高国际地位。到 2006 年，俄罗斯军品的国外订货高达 300 亿美元，其中俄罗斯国防出口公司为 200 亿美元[③]。近年来，俄罗斯政府注重发挥国防企业在航空航天、核能、造船、光学仪器、电子产品等领域的传统技术优势，鼓励军民两用技术的研发，并将高科技两用技术应用于民品生产，增强国防工业企业产品的竞争力。

---

① Политика и нормативно-правовая база. http：//minenergo.gov.ru/activity/vie/policy_and_legal_framework/，2012-06-15.

② 郭晓琼. 俄罗斯产业结构研究. 北京：知识产权出版社，2011：333.

③ 高际香. 俄罗斯的军品出口. 中国社会科学网. http：//www.cssn.cn/news/154725.htm，2011-03-10.

与此同时，俄罗斯不断强调进口替代，保护并发展民族工业。由于多年来重视重工业发展，忽视轻工业发展，俄罗斯经济结构发展不平衡，轻工业发展落后，每年都需要进口大量消费品，这种对国外市场过分依赖的状况，对俄罗斯经济的稳定增长及国内生产的发展都是不利的。为此，普京主张进口替代，对民族工业和国内市场进行一定形式的保护和扶植。一方面，要减少进口，鼓励国内企业进行生产；另一方面，要从以进口食品和消费品为主转为以进口投资品为主，进口发达国家的先进技术设备以促进本国技术水平的提高。

在高新技术产业方面，不断鼓励创新，推动高科技产业的发展。俄罗斯政府为优化工业内结构，制定了一系列政策以控制对能源工业的过度依赖而大力推动高新技术产业的发展。普京在《千年之交的俄罗斯》一文中提到："国家的未来和21 世纪俄罗斯经济的发展水平都将首先取决于那些立足于高科技、生产科学密集型的部门的进步，因为在当今世界，90%的经济增长靠的是新知识和新技术的推广应用，政府准备推行的工业政策将优先发展在科技进步领域处于领先地位的那些部门。"为了扭转能源输出的经济发展路径，2003 年 10 月，俄罗斯政府批准了《俄联邦社会经济发展中期纲要》，把加快发展"新经济"、"提高产品的高科技含量"和"提升俄罗斯经济的国际竞争力"作为其经济强国的一项重大战略任务。特别是 2003 年普京在国家杜马发表关于俄罗斯经济必须实现多元化发展的讲话后，俄罗斯政府立即成立了专门的工业政策委员会，开始积极探讨发展高新技术产业的政策措施[①]。此后，俄罗斯政府在加快高科技产业发展与创新活动方面实行了一些积极的政策，如在原子能、船舶制造、能源、航空、航天、电子和信息化等高新技术领域分别建立大型国家控股集团公司，建立国家科技中心。集中资源进行大工程建设，增强俄罗斯在国际高科技市场的竞争力[②]；组织实施一些与世界科技发展潜力相适应的高水平科技与工艺研制大项目；完善拨款机制；在防止科技人才流失等方面采取鼓励性措施，如提高工资、改善住房条件、增加科研津贴等举措。

2008 年 2 月 6 日，普京在即将卸任之际发表了《俄罗斯 2020 年前的国家发展战略》的演说，主要强调了经济的创新型发展，随后俄罗斯政府根据其内容制定了具体的实施纲要（后面章节将详细阐述）。2008 年国际金融危机发生之后，高新技术产业再次成为俄罗斯联邦政府经济结构调整的重要措施。梅德韦杰夫任总统后，继承了普京关于创新经济的发展思路，他在 2009 年的国情咨文中提出，将实现现代化作为国家未来发展的目标，着力推动俄罗斯经济由资源型向创新型转变。现代化的核心内涵就是建立智慧型经济以替代原始的原料经济，这种经济

① 俄鼓励发展高新技术产业的有关政策措施. 中华人民共和国驻俄罗斯联邦大使馆经济商务参赞处网站，2005-08-08.

② 王伟. "普京计划"和俄罗斯发展战略. 俄罗斯中亚东欧研究，2008，（3）：24.

应该是一种创新型经济，培养高技能的创新人才。为此，俄罗斯决心在经济上实行创新发展战略，以使创新的速度大大提高。国家大力扶持高新技术产业，将航空航天、造船业和能源动力、信息技术、生物、医疗等领域作为着力发展的高科技技术产业。2009 年 5 月，成立了由梅德韦杰夫亲自负责的经济现代化和技术发展委员会。在其执政期间提议建立经济特区和科技园区，为发展高新技术产业搭建招商引资平台。俄罗斯政府已决定建立 13 个经济特区和若干个科技园区，包括国际科技合作园[①]。此后，俄罗斯加大了对高新技术产业的投资。2010 年，在俄罗斯党第十一次代表大会上，普京提出全面支持高新技术产业，为此拨款超过 4 000 亿卢布，涉及民用航天、核能、航空等领域，还将拨出 600 亿卢布用于支持国家高新技术出口，并为高新技术出口成立专门机构解决外贸担保问题[②]。2011 年，俄罗斯正式出台了《俄罗斯联邦 2020 年前创新发展战略》，该文件对 2020 年前俄罗斯创新战略的目标、任务、实施阶段等做了较为明确的规划，提出要建立强大的创新型经济，并借以实现俄长期经济社会发展目标，使民众享受到高水平的福利。

4.2　消费需求因素的影响

消费需求是国家经济发展的直接动力。市场的消费需求可以直接引导产业结构的发展方向，消费需求能够从消费需求总量和消费需求结构两个方面对产业结构产生影响。消费需求结构的变动，可以调整供给结构，能够促进产业结构全面调整和产业的全面升级。对企业来说，消费需求的结构升级可以促进企业的技术进步，促使企业实施创新工程，不断研发新技术和新产品，积极发展高新技术产业及其产品开发，提高产品的技术含量和附加值，加速科技成果的转化进程。而如果消费需求与企业的供给脱节，则会阻碍产业结构的调整。以俄罗斯军转民工业为例。俄罗斯转轨以后，开始对国防军工企业进行转产，力争把这些军工企业转向民用航空航天、新材料与新技术、信息与通信技术、计算机与精密仪器、消费品、食品、服装、纺织品、贸易及饮食业使用的设备、医疗设备等领域。但是，俄罗斯自实行军转民政策以来，由于资金缺乏，技术难度大，各部门意见不统一，因而军转民工作遇到重重阻力，收效甚微，其原因主要如下：一方面，军工企业缺乏对市场需求的调查，生产出的产品并不适合消费者的需要，造成大量浪费；另一方面，实行军转民后，军工企业未能改变原来的从国家获得技术、资金、资源的旧观念，不能主动适应市场，除民用航空航天外，其他军工企业转产后均不

---

① 赵传君. 俄罗斯走出经济怪圈的路径选择. 俄罗斯中亚东欧研究，2009，(6): 62.

② 俄罗斯:2010 年将全面支持高技术产业. 中华人民共和国科学技术部网站. http://www.most.gov.cn/gnwkjdt/20100 3/t20100304_76162.htm，2010-03-08.

占优势，生产出的产品没有市场。这种生产与需求的严重脱节，扭曲了资源、资金、技术等生产要素的配置，进一步加剧了产业结构的不合理。

从居民消费来看，随着经济转轨地不断深入，俄罗斯居民的实际收入出现了较大的增长，居民支付能力也在不断提高，从而引起国内消费总量的增长以及消费结构的改变。2001~2007 年，居民实际工资增长了 1.5 倍，实际可支配收入增长了 1.1 倍，实际养老金发放增长了 0.9 倍。居民收入的增加，引起了俄罗斯房地产、汽车、电信、旅游、教育等行业的快速发展。与此同时，随着居民可支配收入的增加，食品在家庭消费总支出中所占的比重不断下降，而其他服务性费用支出和非食品消费支出所占比重则不断上升。1993 年，俄罗斯居民的恩格尔系数为43.5%，1994 年和 1995 年不断上升，1995 年增加到 49.0%，1996 和 1997 年开始下降，此后两年又有所上升，到 1999 上升为 52%。1993~1999 年，服务性费用支出基本呈上升趋势，由 8.2%增加为 1999 年的 13.0%，上涨幅度较大；1993~1996年，非食品消费支出所占比重由 42.4%下降到 031.3%，1997 年增加到 36.5%，1999年增加到 30.8%[①]。

表 4-3 是对 2000 年以来俄罗斯居民消费结构和恩格尔系数所做的统计。恩格尔系数反映的是食品支出总额占家庭或者国家的消费支出总额的比重，恩格尔系数越小，表明该家庭或一国食品支出占总支出的比重越低，即说明该家庭或国家越富有；反之，恩格尔系数越大，表明食品支出占总支出的比重越高，即说明该家庭或国家越贫穷。联合国根据恩格尔系数的大小，对世界各国的生活水平做出一个划分标准，即恩格尔系数大于 60%为贫穷，50%~60%为温饱，40%~50%为小康，30%~40%为相对富裕，20%~30%为富裕，20%以下为极其富裕。由表 4-3可以看出，2000~2011 年，俄罗斯居民的消费支出结构发生了明显的变化，其中食品消费支出在总支出中所占的比重即恩格尔系数呈下降的态势，2000 年该值为47.6%，2011 年下降为 29.5%，根据联合国对恩格尔系数的划分，俄罗斯的生活水平已从小康上升为富裕；同时非食品消费支出和服务支出也有了明显增长。

表 4-3　2000~2011 年俄罗斯居民消费支出结构（单位：%）

年份	食品消费支出（恩格尔系数）	非食品消费支出	服务费支出	其他
2000	47.6	34.3	13.8	4.3
2001	45.9	34.4	14.8	4.9
2002	41.7	36.2	17.5	4.6
2003	37.7	37.3	19.8	5.2
2004	36.0	37.2	21.2	5.6

---

① 高晓慧. 消费在俄罗斯经济增长中的作用. 俄罗斯中亚东欧研究，2012，（3）：33.

续表

年份	食品消费支出 （恩格尔系数）	非食品消费支出	服务费支出	其他
2005	33.2	38.5	23.5	4.8
2006	31.6	38.8	25.2	4.4
2007	28.4	41.7	25.4	4.5
2008	29.1	40.9	25.5	4.5
2009	30.5	37.8	26.8	4.9
2010	29.5	38.8	26.7	5.0
2011	29.5	39.3	26.4	4.8

资料来源：俄罗斯联邦统计局数据

从内需和外需来看，二者比例失调。在俄罗斯当前的经济结构背景下，近年来外需增长速度较快，相对而言内需萎缩；而在内需中，又主要是依靠投资拉动，造成了消费萎缩。对于一个较大的经济体来说，这种经济发展模式不具有可持续性，当外部消费因某种国际因素发生变化时，如遇到经济危机之时便会导致对该国需求急剧下降，从而会对经济的发展产生不利的影响。在内需和外需的关系上，俄罗斯是以出口原材料尤其是出口能源为导向的经济发展模式，这种模式对外需依赖过度，这种情况对于一个大国经济而言，显然是不可持续的。如前所述，俄罗斯的经济增长主要是依靠燃料动力部门的出口，尤其是石油出口而取得的，因而俄罗斯的经济增长速度在很大程度上受国际市场行情的影响。这就要求必须要加强国内制度建设，不仅要改变当前的经济增长模式，而且要引导出口部门加快技术改造，延长产业链，加快产品技术创新能力建设，着力提高产品的技术含量和附加值，努力使生产的产品向内需方向发展。

4.3　投资结构的影响

投资结构影响着产业结构的发展与调整，一个国家或地区的产业结构往往能够反映其经济发展所处的水平及其演变的方向，产业结构是由投资结构塑造出来的，产业结构的现状既是以往投资的物化结果，又是未来进一步投资的基础。在产业结构演变的过程中，固定资产投资起着推动和促进的作用，可以说有什么样的投资结构就会有什么样的产业结构。因此，投资结构的合理与否直接影响着产业结构，优化投资结构是产业结构调整的核心。

近些年来，随着俄罗斯经济的增长，固定资产投资规模得到大幅提高。投资可以为扩大再生产提供必要的资金，催生新的生产能力甚至是新的产业，不同方向的投资可以改变一国的产业结构，获得较多投资的部门往往可以加快其增长速度。2000~2011 年，俄罗斯固定资产投资规模大幅提高，从 11 652 亿卢布增长到

107 768 亿卢布，增长了 9.25 倍。2000 年以来，第一产业投资比重呈螺旋式上升，第二产业所占比重呈下滑态势，而第三产业投资所占比重却不断增大。表 4-4 表明，尽管俄罗斯对农业和服务业投资比重有小幅的波动，但相比 2000 年均有所增加；而对工业的投资基本是呈下降趋势的，尤其是矿产开采业。投资结构的改变，为俄罗斯产业结构的调整释放了积极的信号。

表 4-4　2000 年以来俄罗斯固定资产投资结构（单位：%）

年份	2000	2005	2006	2007	2008	2009	2010	2011
固定资产投资总额/10 亿卢布（按实际价格计算）	1 165.2	3 611.1	4 730.0	6 716.2	8 781.6	7 976.0	9 152.1	10 776.8
占比/%	100	100	100	100	100	100	100	100
第一产业	3.2	4.0	4.9	5.1	4.7	4.2	3.4	3.6
农林和狩猎业	3.0	3.9	4.8	5.0	4.6	4.1	3.3	3.5
渔业和水产养殖业	0.2	0.1	0.1	0.1	0.1	0.1	0.1	0.1
第二产业	46.8	40.7	40.2	39.4	39.9	40.3	39.7	39.8
矿产开采业	18.1	13.9	14.6	13.8	13.4	13.9	13.8	14.6
制造业	16.3	16.4	15.6	14.7	14.9	14.2	13.2	13.1
电力、天然气和水的生产及供应	6.0	6.8	6.3	6.9	7.0	8.6	9.0	9.0
建筑业	6.4	3.6	3.7	4.0	4.6	3.6	3.7	3.1
第三产业	50.0	55.3	54.9	55.5	55.4	55.5	56.9	56.6
批发零售贸易；汽车、摩托和个人日用品和物品维修	2.7	3.6	3.5	4.3	3.7	3.3	3.7	3.2
酒店和餐饮	0.8	0.4	0.4	0.5	0.5	0.5	0.5	0.5
交通和通信	21.2	24.5	23.6	22.2	23.0	26.5	25.5	27.9
金融业	0.8	1.4	1.1	1.3	1.1	1.3	1.3	1.6
房地产、租赁和商务活动	15.2	16.8	17.0	18.3	18.4	15.3	17.9	15.4
公共管理和国防、社会保障	1.5	1.6	1.7	1.7	1.6	1.7	1.4	1.3
教育	1.3	1.9	2.1	2.2	1.9	1.8	1.8	1.8
医疗和社会服务	2.6	2.6	2.7	2.5	2.4	2.3	2.1	2.0
其他社会、社区和私人服务	3.9	2.5	2.8	2.5	2.8	2.8	2.7	2.9

资料来源：俄罗斯联邦统计局. 俄罗斯统计年鉴 2012. 莫斯科：俄罗斯统计出版社，2012

尽管俄罗斯在投资结构方面不断改进，但投资结构仍不均衡。从固定资产投资在产业间的分布看，2011 年，第一产业投资在固定资产投资总额中所占比重很低，只有 3.6%，第二产业和第三产业投资所占比重较高，前者占 39.8%，后者占 56.6%，投资主要分布在交通部门、房地产业、矿产开采、制造业和能源供应领域，2011 年这些部门的投资所占比重分别为 27.9%、15.4%、14.6%、13.1% 和 9.0%，合计达到 80.0%；而对国民经济起着基础作用的农业和一些对全国经济现代化具有重要意义的部门却出现投资不足，如农林狩猎业仅占 3.5%、金融业仅占 1.6%（图 4-1 和图 4-2）。如果按照这种投资结构发展，俄罗斯经济结构中所存在的问题必将长期存在，从而对经济现代化的任务产生不利影响。

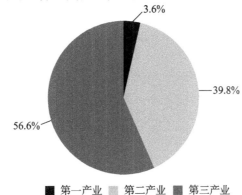

图 4-1 2011 年俄罗斯三次产业固定资产投资结构

资料来源：由俄罗斯联邦统计局数据整理得出

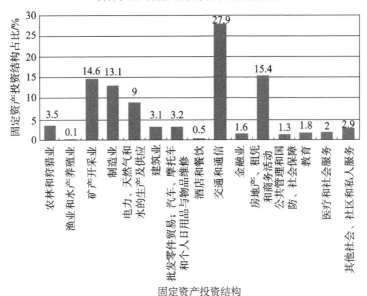

图 4-2 2011 年俄罗斯固定资产投资结构

资料来源：由俄罗斯联邦统计局数据整理得出

4.4 自然资源禀赋

俄罗斯拥有丰富的油气资源，是世界上的能源大国，石油、天然气、煤炭储量极大。俄罗斯科学院社会政治研究所 2004 年出版的《俄罗斯：复兴之路》报告显示，俄罗斯是世界上唯一一个自然资源几乎能够完全自给的国家。这里的自然资源不仅种类繁多，而且储量极其丰富，开采潜力巨大。而俄罗斯西伯利亚和远东地域广阔，是其自然资源最为丰富的地区，拥有渔业、森林、矿产、能源、水利等资源，可谓是俄罗斯的"聚宝盆"。

由于俄罗斯的能源资源大部分集中在西伯利亚和远东地区，因而那里不仅是世界上能源资源最丰富的地区，而且发展成为俄罗斯最重要的燃料动力生产基地。油气资源主要分布在西西伯利亚、萨哈林州和萨哈（雅库特）共和国。有数据表明，西伯利亚的石油储量占俄罗斯的 60%、天然气储量占俄罗斯的 90%，萨哈林的油气产量占远东地区的一半以上。据俄罗斯《专家》杂志披露，仅俄罗斯东西伯利亚地区的石油储量就高达 175 亿吨，按当前价格计算，未来 25 年，仅该地区的油气资源就能给俄罗斯带来 7 000 亿~8 000 亿美元的外汇收入，天然气储量占俄罗斯的 90%，石油和煤炭占俄罗斯的 70%，仅秋明州的油气资源就超过美国的全部储量。煤炭主要分布在西伯利亚地区的克麦罗沃州、克拉斯诺亚尔斯克边疆区、伊尔库茨克州和俄远东地区，形成了库兹巴斯煤田、南雅库特煤田、连斯克和济良诺夫斯克煤田、坎戈拉斯克褐煤矿等较大的煤田，其中库兹巴斯是最具俄罗斯意义的煤田，其地质储量高达 9 000 多亿吨，探明储量为 1 170 亿吨[①]。

渔业资源主要分布在贝加尔湖和俄远东地区的沿海地区，主要渔业品种有大马哈鱼、鲑鱼、鲱鱼、远东沙瑙鱼、比目鱼、竹刀鱼、明太鱼、鳕鱼、宽突鳕等。贝加尔湖是俄罗斯最大的淡水湖产区。目前，俄罗斯远东地区形成了符拉迪沃斯托克、苏维埃港、马加丹、南萨哈林斯克、科尔萨科夫、霍尔姆斯克等著名渔港。

森林资源主要分布在东西伯利亚和俄罗斯远东地区，森林面积达 6.15 亿公顷，占全国森林资源的 65%，木材总蓄积量达 503.1 亿立方米[②]，主要树种有落叶松、落叶松、雪松、云杉、冷杉等，俄罗斯远东地区还分布在大量的名贵树种，如刺楸、远东桦、胡桃楸等。

矿产资源主要包括黄金、白银、铁、铝、锌、铅、锡、银、铜、镉、硼砂、水镁石、石墨、黏土、萤石、石灰石、金刚石、云母、沸石、磷灰石等矿产，具有种类齐全和储量大的特点。黄金主要分布在伊尔库茨克州、克拉斯诺亚尔斯克边疆区、马加丹州、犹太自治州和萨哈（雅库特）共和国等地；铁矿主要分布在克麦罗沃州、克拉斯诺亚尔斯克边疆区、伊尔库茨克州、萨哈（雅库特）共和国、哈巴罗夫斯克边疆区、滨海边区、犹太自治州、阿穆尔州等地；铝矿主要分布在哈巴罗夫斯克边疆区、萨哈（雅库特）共和国、犹太自治州和滨海边区；云母矿主要分布在伊尔库茨克州和南雅库特；水镁石和石墨主要分布在犹太自治区。

---

① 周洪涛. 西伯利亚矿产资源的开发及对外贸易. 西伯利亚研究，2010，(4)：50.
② 杨学峰. 试析吉林省与俄罗斯东西伯利亚及远东地区的林业合作. 俄罗斯中东欧市场，2005，(6)：34.

在水利资源方面，俄罗斯东部地区分布着叶尼塞河、安加拉河、勒拿河、阿穆尔河（黑龙江）、奥列尼奥克河、科雷马河、阿纳德尔河等河流，在这些河流上形成了布拉茨克水电站、克拉斯诺亚尔斯克水电站、乌斯季-伊利姆斯克水电站、萨彦-舒申斯克水电站、博古恰内水电站、维柳伊水电站、结雅水电站等。水力发电由于具有无污染、可再生等特点，成为俄罗斯重要的能源供给来源。

可见，俄罗斯东部地区可谓是俄罗斯的宝库，丰富的自然资源为俄罗斯经济的发展提供了基础，形成了采矿业、原材料产业、能源等支柱产业。在俄罗斯东部大开发中，自然资源依旧是重点发展产业。尽管俄罗斯东部地区资源极其丰富，但由于基础设施落后、经济不发达，再加上人口缺乏，该地区的开发问题较为严峻，被称为"世界上唯一尚未得到很好开发利用的自然资源宝库"。

从气候条件来看，俄罗斯东部地区冬季漫长而寒冷、夏季凉爽而短促，年平均气温较低，恶劣的自然条件促使东部地区的人口主要分布在叶尼塞河、安加拉河、阿穆尔河流域等南部地区，北部地区则人烟少见，只那里的居民只能依靠河流封冻前储存大量物资才能度过漫长的冬天。而西伯利亚南部地区受大陆性季风气候影响、降雨量少，远东南部地区受太平洋季风影响、雨季集中常常造成河水泛滥。恶劣的自然条件制约了东部地区的基础设施建设，使当地的自然资源大多处于睡眠状态中。而东部地区特别是远东地区的作业时间较短，资源开采成本加大，运输成本比较高，导致了当地的天然气、电等价格高于全国水平，增加了居民的生活成本，加之劳务成本也比较高，大大削弱了企业的利润。

同俄罗斯欧洲部分相比，恶劣的自然条件大大降低了东部地区对劳动力的吸引力，特别是在经济萧条时，加速了东部地区人口不断外迁的速度。在参与东北亚区域经济合作中，俄罗斯东部地区的北部地震多发带、永久冻土层、原始森林、冻土沼泽、河漫滩地等自然条件加大了石油管道、天然气管道、高压输电线路的成本和难度。可见，自然条件的不足已成为远东地区开发的不利因素之一。

到目前为止，俄罗斯东部地区的开发还不能与北方和南方能源管道等一些政府愿意超大规模投入的项目相媲美。与冷战时期相比，由于西伯利亚和远东地区不再是作为与西方抗衡的战略后方基地，因而有人认为国家对这一地区开发的支持力度会有所下降。然而，从实际情况来看，俄罗斯一直重视东部地区的开发与建设。通过以上论述可知，俄罗斯开发开放西伯利亚和远东地区任重道远。

4.5 劳动力禀赋

人口结构对国家产业的发展有较大的影响。人既是消费者，又是生产者，因而人口结构状况及其变动，会从供给和需求两个方面影响产业的发展。从供给角度来看，人口年龄结构的变动可引起劳动力数量及质量发生变化。从需求角度来看，人口年龄的变化不仅可带动消费需求及其结构的变动，从而对生产消费品的产业结构产生影响，而且可以间接地影响为消费品提供中间产品的产业结构。俄罗斯的劳动力资源一直比较缺乏。

转轨以来，随着俄罗斯经济转轨造成的经济萧条和一系列社会问题，人口数量不断下降，存在着严重的人口危机。1990 年年末，俄罗斯的人口数量为 1.483 亿人，2011 年年末俄罗斯的人口数量为 1.430 亿人，下降了 530 万人。其中有劳动能力的人口总数 1990 年年末为 8 400 万人，2005 年年末增加到 9 020 万人，此后不断下降，到 2011 年年末下降到 8 710 万人。经济中就业人数 1990 年年末为 7 532.5 万人，2011 年年末下降到 6 772.7 万人。俄罗斯不仅人口基数少，而且出生率也低，1990 年年末为 2.2‰，此后这一指标一直下降，2000 年年末下降到-6.6‰，此后这一数值有所回升，2011 年年末达到-0.9‰[1]。

从地域来看，远东地区的面积属于俄罗斯最大的地区，但就人口而言却是俄罗斯最少的地区。同俄罗斯其他地区一样，该地区的人口呈现出负增长的趋势。人口下降主要是因为转轨初期所出现的严重的经济危机使原有的计划体制下的对远东地区的种种优惠政策被取消，从而加剧了该地区的人口外流现象。再加上解体后社会动荡不安，经济条件不断恶化，人民生活水平下降，居民缺乏生活保障，许多人不愿生儿育女，这就导致人口出生率日益下降。在 20 世纪最后的 10 年里，远东地区的人口减少了近 100 万。2001 年年初，人口总数仅为 710.7 万人，占俄罗斯人口总数的 4.91%。尽管苏联时期迫使移民迁入远东地区的措施曾保证了那里具有俄罗斯最高的人口增长速度。然而自 1991 年开始，该地区出现了下降的趋势，且成为俄罗斯人口数量下降的主要地区，从 1991 年的 3 247 万人下降到 2008 年的 2 600 万人。而人口数量地不断下降直接导致了劳动力短缺，特别是受过高等教育的劳动者、科技人才及青壮年人口的流失，成为远东地区经济发展的一种损失。可见，人口外迁—劳动力短缺—经济不景气—人口外迁—劳动力短缺成为一种恶性循环，造成了俄罗斯东部地区的人口数量不断下降。

总体来看，在广袤的俄罗斯东部地区一直存在着人口危机。自然条件恶劣、经济不景气、疾病、出生率低、死亡率高等均是造成该地区人口数量下降的原因，但经济不景气却是最重要的原因。近些年，由于经济不景气造成失业人员较多，人们为了追求更好的生活而纷纷迁移别地生活。在上述人口负增长的基础上，人口外移加剧了该地区的人口危机。人口数量下降造成的直接影响是劳动力供给的不足。2002~2007 年，在俄罗斯东部地区人口外流的 74 万人中有 75% 为劳动年龄人口[2]。劳动年龄人口的外流恶化了俄罗斯东部地区的人口结构，直接导致该地

① 俄罗斯联邦统计局. 俄罗斯统计年鉴 2012. 莫斯科：俄罗斯统计出版社，2012.
② 于小琴. 试析俄罗斯劳动力市场的主要问题及未来前景. 俄罗斯中亚东欧市场，2010（11）：12-19.

区出现老年人人口比重的不断增加、性别比例失衡及劳动力储备不足等问题。同时，人口外迁还导致了俄罗斯东部地区的技术人员不足。某企业的一项民意调查显示，西伯利亚联邦区因劳动收入低而不愿继续在企业工作的技术专家占61%，远东联邦区占35%[①]。

随着俄罗斯东部地区的大开发战略的实施，基础设施建设、能源及原材料开采、特大城市建设等将产生诸多大型项目将会需要大量岗位。但由于俄罗斯东部地区难以与俄罗斯西部发达的经济、优越的生活相媲美，因而吸引本国居民向东迁移的难度比较大，尽管俄罗斯联邦政府出台了鼓励人口生育政策，但也难以解决燃眉之急。在这种情况下，接收外来移民便成为快速且有效的方式，尤其是开展中俄劳务合作被视为最为有效的对策之一。

4.6 科学技术的影响

科学技术对产业结构的影响主要包括科技水平和科技创新发展的能力、速度及创新方向等方面，科技创新和技术进步是产业结构升级的根本动力，它能够直接或间接地推进和影响产业结构的变化。从全球产业发展历程来看，一系列重大科技创新活动推动了产业结构的优化。科技创新能够促使产业部门发生变革，改变产业的技术基础和技术结构，将先进的科技成果用于更新改造生产技术和工艺设备，可使生产手段更加现代化，生产过程更加合理化，形成新的产业，当技术创新生产出新产品时，由于具有较高的投资回报率，社会资源便会转移到新产品的生产上而促进该产业的形成，从而推动新产业的扩张和发展。同时，在这一进程中，还能够通过主导产业的扩散效应进而推动相关产业部门实现高度化。而从需求方面来看，技术创新可以创造新产品，新产品可满足生产和生活中潜在和更高层次的需求，换言之，科技进步与创新能够引起人们对新产品的新需求与新消费，而这种需求又能够引起新产业的扩大，从而使产业结构得以优化升级。

众所周知，俄罗斯的科技水平闻名于世，不仅基础科学研究在世界上占有重要地位，而且应用科学研究在世界上具有举足轻重的作用，尤其是军工、宇航等领域可与美国相媲美。俄罗斯联邦有雄厚的科学技术实力，科研机构庞大。苏联解体前，科研机构已达5 300多个，设计机构10 000多个，科技情报机构12 000多个，试验基地和实验室3 000多个，是世界科学领域极具竞争力的科技强国之一。俄罗斯的科研机构基本分为科学院、部门研究机构和高等院校三大系统。科学院系统侧重基础学科和基础理论的研究，该系统的研究机构是俄罗斯整个社会科学研究队伍的主体，包括俄罗斯科学院、俄罗斯农业科学院、俄罗斯教育科学院、俄罗斯医学科学院、俄罗斯建筑科学院及俄罗斯艺术科学院。俄罗斯科学院

---

① 于小琴. 试析俄罗斯劳动力市场的主要问题及未来前景. 俄罗斯中亚东欧市场, 2010 (11): 12-19.

是其最高科研机构，主要从事以下四方面的工作：一是自然科学和社会科学领域的基础研究；二是与生产远景发展有直接联系的科学研究；三是发掘技术进步的最新潜力；四是促进科研成果在经济建设中的充分应用。高校系统的研究工作主要由高等院校的教师承担，他们既负责基础研究，也负责应用研究。工厂科学系统的研究机构是指从事与本企业活动相关的具体应用研究[①]。

　　俄罗斯东部地区科技实力较强，具有发展高科技产业的绝对优势，该地区的高科技水平和巨大的科技潜力是以俄罗斯科学院西伯利亚分院、俄罗斯科学院远东分院的科技水平为核心的，这两个分院的科技水平代表了该地区的科技水平。俄罗斯科学院西伯利亚分院自 1957 年成立以来，已形成遍布西伯利亚地区的较为完整的综合科学体系，各科学研究机构之间及其与企业之间相互配合，完成了许多综合性的重大科研课题，对开发西伯利亚与远东地区的经济和社会发展做出了巨大贡献，解决了许多经济、社会、生态发展方面的问题。俄罗斯远东地区地理位置独特，不仅是地球上两个最大板块相连接的区域，而且是世界上最大的陆地与海洋交接的地域。因此，在与资源（包括陆地资源和海洋资源）开发有关的基础理论研究和重点项目应用研究方面，在海洋工艺、地质（包括海洋地质、火山地质、成矿机理等）、动植物、生物工程、化学等方面，俄罗斯科学院远东分院地球科学和海洋科学研究始终处于国内领先地位，并在国际上具有较大影响。

　　苏联解体后，俄罗斯保持着苏联时期约 90%的科技实力，拥有雄厚的科技基础。在由计划经济体制向市场经济体制过渡的进程中，经济转轨中的危机给俄罗斯科技的发展带来了消极的影响，财政困难、国家投入减少是苏联解体后俄罗斯科研部门面临的最重大问题之一。许多科研机构都因经费严重短缺而陷入了困境，无法为科技成果的转化投入必要的资金，许多先进的科技成果和科研项目被搁置，无法进行中试，更不能实现大规模的开发和产业化。在国家对科研投入方面，苏联时期科研经费的投入与发达国家水平相近，在国内生产总值中所占的比重一直不低于 2%。而苏联解体后俄罗斯对科技的拨款大幅下降，1992~2000 年，俄罗斯对科技的拨款在联邦预算中所占比重从 2.43%下降到 1.66%。同时，俄罗斯的科研经费在国内生产总值中所占的比重也不断呈现出下降的趋势，1992 年这一数值为 0.5%，1996 年下降为 0.27%，1999 年降为 0.24%。这一时期，俄罗斯经济中高科技部门十分衰落，高科技产品的产量呈下降趋势，在整个产品产量中所占的比重从 1991 年的 21%下降到 1994 年的 15.6%[②]。

　　苏联解体后的危机不仅使科研人员待遇过低，而且也得不到保证，这引起了科研人员的大量外流。也有一些科研人员离开俄罗斯是因为缺乏正常的科研条件，

① 于文兰. 俄罗斯社会科学研究体制与机构. 国外社会科学，2001，（1）：51-56.
② 许新. 重塑超级大国——俄罗斯经济改革和发展道路. 南京：江苏人民出版社，2004：282.

没有设备和试剂、无法获得必要的信息。俄罗斯曾有一种说法，认为"如今的美国大学是由美国的校舍和设备与俄罗斯的教授加上中国的留学生构成的"，这形象地反映了苏联解体后俄罗斯人才外流的严重情况。在 20 世纪 90 年代初，苏联科技人员的数量占世界科技人员总数的 1/4，科研成果占世界的 1/3。但此后经济危机爆发，导致科技人才的大量流失，到 1996 年俄罗斯的科技人员在世界科技人员总数中的比重下降到 1/10，被国际公认的工程技术专家有 10 万名。当然，科技人才流失的问题引起俄罗斯政府的高度重视并采取了积极的稳定科研队伍政策，从而使科技人员流失的现象得到改善。

尽管持续严重的经济危机使其科技潜力面临着巨大威胁，然而俄罗斯依然是当今世界屈指可数的几个科技大国之一。目前，俄罗斯科研机构仍然庞大，科学技术实力依然雄厚，研究领域广泛，尤其基础科学研究、军工、宇航、核工业等科技部门具有较强的实力，科研成果有 1/4 左右达到世界水平，7%超过世界水平。俄罗斯科研机构的研究领域十分广泛，包括太空开发、核物理、化学、生物学、医学等。在许多学科领域早已形成了自己的科学流派，总体水平仅次于美国而为其他国家所不及。苏联解体后，虽然俄罗斯的科学技术部门在财物人员方面面临巨大困难，但由于科技基础良好，并有一批科学家操本守份，以事业为重，孜孜不倦的工作，因而仍在数学、物理、化学、生物技术、航空宇航、海洋科学、军工等领域，取得了一些新成果。在十分困难的经济条件下，俄罗斯科学院在基础研究的所有方面，几乎都有世界水平的科研成果，包括那些不进行多年耗资庞大的努力、就不可能取得成就的研究。难怪俄罗斯总统普京曾自豪地说："俄罗斯在世界基础科学研究领域仍占有牢固的地位，拥有独一无二的技术。"①

俄罗斯东部地区的科技潜力巨大，其核心为俄罗斯科学院西伯利亚分院。该分院包括 9 个地区研究中心及 80 个研究所和工艺设计单位。到 2005 年年初，该分院共有 3.3 万余名工作人员，其中科研人员为 2.5 万名。西伯利亚分院的材料学物理研究所国家科学中心在新材料工艺学方面、激光物理学研究所在光电子与激光工艺方面、生物化学研究所在生物工艺方面、催化研究所国家科学中心在化学工艺与催化工艺方面的技术研究在世界同类学科中均占有重要的地位。

据俄罗斯专利统计资料显示，2003 年俄罗斯科学院是俄罗斯专利权的最大拥有者，拥有专利 3 000 余项，而西伯利亚分院就拥有专利 1 500 项，几乎占俄罗斯科学院专利总数的一半。在现有专利的拥有数量方面，俄罗斯科学院西伯利亚分院催化研究所居第一位，矿业研究所居第二位。进入拥有专利前 10 名的还有石油化学研究所、北方矿业研究所和无机化学研究所。据统计，到 2005 年年初西伯利

---

① 俄通社——塔斯社莫斯科 2000 年 6 月 4 日，俄文电讯稿。

亚各研究机构被应用的科研成果达 300 多项①。

尽管长期持续的经济危机及政治危机使该地区的科技实力大大削弱,但西伯利亚地区的科技潜力仍然雄厚,占俄罗斯的 9%~10%,该地区的科学潜力在俄罗斯科学院系统中约占 20%。俄罗斯政府认为,开展国际科技合作是俄罗斯在市场经济条件下开发西伯利亚和远东地区,提升这一地区科技创新发展潜力的重要途径。

4.7 国际贸易和国际投资的影响

4.7.1 国际贸易的影响

从国际角度来看,影响产业结构的因素包括国际分工、国际贸易、国际投资与国际产业转移等。其中国际贸易是影响产业结构调整与优化的重要决定因素之一。如果一国处于国际分工结构的底层,出口产品以初级产品为主,则其产业结构处于一个很低的水平,其国内产业结构必然是以附加值很低且技术含量少的劳动密集型和资源密集型产业为主。而如果以制造品和服务出口为主,则该国的产业必然以高附加值和高技术的制造业和服务业为主,其产业结构也处于较高的水平。随着经济全球化地不断深化与发展,国际分工日益发达,任何国家均不能置身其外,各国通过参与国际分工发挥本国的比较优势从而获得比较利益的过程便是产业结构调整的过程。在这一进程中,产业政策的目标也从协调国内市场主体间的垄断与竞争关系、保护消费者和其他市场主体的利益、在产业部门间合理配置资源等转向促进资源在全球范围内的优化配置、尽可能提高本国企业国际竞争力,谋求国家战略利益的最大化。

目前,在俄罗斯进口商品中,除了机器设备及运输工具以外,食品及农业原料进口次之,位居第三的是木材和纸浆纸张制品、纺织原料及纺织品的进口。当前,俄罗斯国内轻工业、食品和消费品业行业已基本被国外商品所占据,这些领域严重依靠外部市场不利于原本就严重畸形的产业结构的发展与调整。尤其是在俄罗斯出口中能源一直占俄罗斯出口比重的一半左右,这种出口结构给俄罗斯经济的长期发展带来不利影响。

俄罗斯拥有丰富的石油、天然气、铁矿等能源资源和矿产资源,其出口的主要产品是石油、天然气、电力、有色金属、原木等,自然资源占俄罗斯出口的比重高达 85%,这充分表明俄罗斯是资源出口型的产业结构,特别是对石油出口的依赖程度比较大。实际上,从 2000 年起,随着国际能源价格上涨和俄罗斯经济政策调整,为了缓解资金压力和克服经济萧条,俄罗斯东部继续将能源和原材料出

---

① 苏斯洛夫 B. 俄罗斯科学院西伯利亚分院科技与创新潜力的作用评估. 第四届中俄区域合作与发展国际论坛》(论文集), 2006: 55-56.

口作为拉动经济增长的重要动力。在国际能源价格不断上涨的背景下，俄罗斯东部地区的能源和原材料产业依旧是主要的经济支柱。2008 年，东部地区实现国内生产总值 43 294 亿卢布，占俄罗斯的 15.28%。其中，东部地区的采矿业主要分布在萨哈林州、萨哈（雅库特）共和国和科麦罗沃州等地，2008 年采矿业产值 9 692.79 亿卢布，占俄罗斯采矿业产值的 18.71%，占东部地区国内生产总值的 22.44%；东部地区的制造业主要分布在克拉斯诺达尔斯克边疆区、鄂木斯克州、伊尔库克州、科麦罗沃州和新西伯利亚等地区，2008 年制造业产值为 20 336.63 亿卢布，占俄罗斯制造业的 12.86%，占东部地区国内生产总值的 47.82%；东部地区的农业主要分布在阿尔泰边疆区、克拉斯诺达尔斯克边疆区、新西伯利亚州和鄂木斯克州等地，2008 年农业产值 4 360.548 亿卢布，占俄罗斯农业产值的 16.65%，占东部地区的国内生产总值的 10.09%[①]。可见，俄罗斯东部地区的经济结构并没有随着苏联解体而得到调整，经济增长方式仍比较落后。

　　由于产业结构比较畸形，俄罗斯东部地区的外贸结构也较为畸形。2009 年远东联邦区外贸出口额为 107.3 亿美元，其中能源及燃料产品占出口总额的 68.9%，水产占出口总额的 14.9%，木材及纸浆制品占出口总额的 8.3%；远东联邦区进口额为 47.7 亿美元，其中机械设备及运输工具占进口总额的 37.8%，食品和原材料占进口总额的 17.7%，纺织品和鞋占进口总额的 17.3%[②]。2010 年前三个季度，西伯利亚实现出口额 228.89 亿美元，能源及燃料产品占出口总额的 35.3%，金属及制品占出口总额的 32.2%，木材和浆纸产品占出口总额的 10.5%，化工及橡胶占出口总额的 9.9%，机械设备及运输工具占出口总额的 8.4%；西伯利亚实现进口额进口 46.25 亿美元，化工及橡胶占进口总额的 31.2%，机械设备及运输设备占进口总额的 32.8%，金属及制品占进口总额的 7.6%，纺织品及鞋占进口总额的 8%[③]。可见，俄罗斯东部地区的贸易结构也凸显了能源和原材料优势，暴露了农业、轻工业、装备制造等方面的不足。

　　事实上，历史遗留下来的畸形经济结构在转轨二十多年后的今天不仅没有得到改善，反而使出口结构更加原料化和初级产品化。可以说，远东地区乃至俄罗斯的出口结构短期内都难以改变。虽然东部地区的经济结构比较畸形，但在东部大开发中，俄罗斯联邦政府依旧将能源和原材料作为主要产业，加大了对能源的投资力度，注重实现能源出口市场的多元化。因此，在一定程度上，俄罗斯东部地区的畸形经济结构还将继续下去。在全球产业链条中，俄罗斯东部地区继续扮演着能源和原材料供给的角色。高盛的研究报告表明，金砖五国将在 2050 年位列

---

　　① 俄罗斯联邦统计局. 俄罗斯统计年鉴 2009. 莫斯科：俄罗斯统计出版社，2009.

　　② 2009 年俄远东外贸额下降 25.4% 中国为该区最大贸易伙伴. 中国广播网. http://www.cnr.cn/all news/201002/t20100207_505998602.html，2010-02-07.

　　③ 2010 年前三季度西伯利亚联邦区进出口贸易概况. 中华人民共和国商务部网，2010-11-01.

世界最强经济体,而俄罗斯是能源大国,有望成为世界的加油站,其经济发展空间比较大。

随着全球高新技术产业的发展和产业升级调整,俄罗斯的传统经济发展方式难以实现经济快速发展。因此,俄罗斯调整经济结构和实现产业升级是不可避免的。

4.7.2　国际投资的影响

从国际投资来看,国际投资也能引起一国产业结构的变化,其作用在于促进本国产业质量的改善,提升产业的核心竞争力,促进产业结构的升级,外国投资可导致国外产业的对内转移,而对外投资会促进本国产业的对外转移。尤其是外国直接投资对一国经济结构的影响较大,这是因为外资企业可直接决定产品种类和数量,而其变化可直接改变本国的产业结构,且中间产品的供应结构也会对产业结构产生间接的影响。

自经济转轨以来,资金短缺一直是俄罗斯经济发展中所面临的主要问题之一。俄罗斯政府希望通过引进外资来解决这一问题,但经过多年的发展,并没有达到俄罗斯政府所期待的愿望。总体而言,俄罗斯在利用外资方面不但规模偏小,而且结构也不尽合理。由于在外资引进方面的政策不尽合理,俄罗斯的外资主要流向了贸易、餐饮、金融等一些风险小且见效快的部门,而在投资大、见效周期长的农业及机械制造、高新技术等容易造成技术外溢的产业方面,外资进入的较少。再加上外商对企业资本的投资及新建企业的投资较少,外资并没有对俄罗斯的产业结构调整与优化发挥应有的作用。

近年来,外商对俄罗斯工业的投资结构不平衡。从投资的地域来看,大多外商投资集中在少数经济发达地区,以俄罗斯的欧洲部分为主。从投资领域来看,外商主要投资的领域为食品工业、黑色冶金业和石油加工业,尤其是高利润的矿产开采和制造业。截至 2011 年年底,俄罗斯累积吸引外资 3 471.6 亿美元,其中76.1%投向了制造业、贸易和各种维修领域、矿产开采和房地产行业（表 4-5）。这种失衡的投资结构对俄罗斯产业结构的调整与优化带来了不利的影响。

表 4-5　2011 年俄罗斯外商投资结构（单位：%）

外商投资	占比
第一产业	0.6
农林和狩猎业	0.6
渔业和水产养殖业	0.0
第二产业	53.9
矿产开采业	16.3
制造业	31.7

外商投资	占比
电力、天然气和水的生产及供应	2.0
建筑业	3.9
第三产业	45.5
批发零售贸易；汽车、摩托和个人日用品和物品维修	17.1
酒店和餐饮	0.2
交通和通信	9.0
金融业	7.2
房地产、租赁和商务活动	11.0
公共管理和国防、社会保障	0.5
教育	0.0
医疗和社会服务	0.1
其他社会、社区和私人服务	0.4
总计	100.0

资料来源：由俄罗斯联邦统计局数据整理得出

　　总体来看，俄罗斯在外资利用方面存在不合理现象，俄罗斯工业中外资投入不仅速度慢，而且投资额度不大，其原因主要有以下几点：一是投资环境有待改善，当前俄罗斯吸引外资的立法还不完善，企业管理水平还有待提高，这些因素导致俄罗斯对外资的吸引力不足；二是从主观上看，俄罗斯政府在吸引外资方面存在矛盾心理，既想利用外资发展本国经济，又不太情愿让外商利用俄罗斯市场赚取利益；三是俄罗斯政府把吸引外资的目光主要放在发达国家的大型公司上，着重对此类公司提供优惠和保护，而忽视了对外国中小投资商的吸引和保护。

第5章 俄罗斯国家创新发展战略与产业结构调整和优化路径

　　产业结构是随着经济发展、技术进步、国际环境的变化而不断地进行调整的，是一个持续永恒的动态过程。产业结构的优化升级是指通过产业调整、逐步提高产业结构效率和产业结构水平，促进产业结构合理化和高度化的过程，它可概括为影响产业结构的各种因素的优化。合理而先进的产业结构能使资源配置更有效，供求关系更均衡，经济发展更健康。转轨以来，为了更好地适应经济发展的需要，俄罗斯政府不断理顺国家的经济发展思路，不断完善国家的发展战略，更加重视国家的创新发展问题，力争通过创新发展之路来解决经济中的结构性问题，实现经济增长方式及发展模式的变革。

　　近年来，俄罗斯在稳定经济发展的同时，特别重视经济结构的调整及与此相关的经济发展模式的转变，制定了一系列社会经济发展纲要、政策等文件，强调了经济结构调整的政策与具体措施，在发展中按照经济转轨的内在客观要求与发展的必然趋势，不断对国家创新体系进行重构与完善，积极应用新技术，以改变国家的经济发展模式，使经济结构由资源依赖型向有利于加工和服务部门的方向转变，特别是向有利于高新技术产业发展的方向变动。尽管如此，但实际中所取得的成效并不显著。总体来看，转轨以来尽管俄罗斯对苏联时期的社会经济体制进行了全面而彻底的改造，但在经济发展方面却始终没有摆脱粗放型的经济发展模式，俄罗斯仍旧没能摆脱对能源经济的过度依赖，仍然是资源依赖型经济发展模式。可以说，该问题仍然是制约经济增长与经济发展的主要原因。因此，必须对其进行调整与优化。为此，近些年来，俄罗斯制定并实施了许多有关创新的政策、构想及战略，不断加大对创新活动的支持力度，实施了一系列研发综合措施及其保障措施，加快建设创新基础设施。

5.1 俄罗斯国家创新发展战略

5.1.1 俄罗斯国家创新发展战略制定的背景与动因

当今社会，创新经济是每个国家尤其是转轨国家经济发展道路的必然选择，通过创新发展，不仅能够提高本国产品的市场竞争力，恢复民族企业的活力，国内的经济得到复苏与发展，而且能够保证国家的安全和社会的根本稳定。俄罗斯政府认为，科学技术是唯一能够使国内经济步入稳定发展道路的力量。为了使科技能够在经济发展中发挥其自身的关键作用，近年来俄罗斯不断在科技创新方面制定发展战略并采取各种措施。目前，创新战略已经上升为俄罗斯国家的发展战略。总体来看，俄罗斯制定创新战略的动因如下。

一是加快经济现代化进程的需要。俄罗斯在《2020 年前远景战略》中明确提出，要走创新发展实现经济现代化之路。这是因为，俄罗斯的工业体系自转轨以来一直比较落后，机械设备严重老化，无法满足经济现代化的要求。除了食品加工业进行了设备更新外，俄罗斯工业体系中其他大部分设备均处于被淘汰的状况。这些设备不仅难以生产具有竞争力的产品，更不能依靠它们来发展创新经济。为了提高工业、基础设施及服务领域的竞争力，只能靠科技实现创新发展，使工业劳动生产率达到或超过世界先进水平，依靠现代化技术和管理来优先发展具有竞争力的行业，如制药业、复合材料、化学工业、非金属材料、航空工业、信息技术和纳米技术等，使工业生产实现高度的自动化。可见，俄罗斯的工业企业要想提高国际竞争力，早日实现经济现代化的目标，就必须实施现代化战略，必须在整个生产领域进行技术创新。

二是加快经济结构调整的需要。长期以来，俄罗斯经济中就存在着结构性问题，经济发展模式过分依赖能源产业，导致经济发展具有较大的脆弱性。这种情况不仅不利于国内经济的稳定增长，而且对经济的长期发展产生不利影响。普京在 2012 年 12 月 12 日发表的国情咨文中曾指出，当前俄罗斯所依赖的原料增长模式的潜力已经耗尽。因此，加快技术创新，摆脱对原材料出口的过度依赖，发展高效和低能耗的创新型经济，实现经济多元化发展，成为当前及今后一段时期俄罗斯经济政策的主要方向。

三是提高企业创新积极性的需要。企业的技术创新是俄罗斯政府部门、企业及学术界共同关注的一个焦点问题。尽管俄罗斯科技创新潜力较大，但缺乏创新活力。很多行业的企业并不热衷于创新活动，行政壁垒和垄断程度较高的行业对创新兴趣不高，只有食品行业因可将成本不高的新技术迅速转化为新产品并获得收益而积极参与创新活动，许多大型资本尚未对创新项目及具有竞争力的行业进行投资，而作为创新主体的中小企业因面临税费较高、融资困难等诸多问题，也不愿意参与高风险的创新活动。实际上，创新活动需要所有企业的参与，尤其是大型企业的参与。企业要想强大，就必须拥有核心竞争力，为此企业应引入创新机制，不断进行技术创新，这是保持其稳定发展和参与市场竞争的重要战略。从这一角度看，对俄罗斯而言，如何提高企业的创新积极性是实现创新战略的关键所在。

四是迎接第六次科技革命挑战的需要。世界经济发展历史表明，科学技术是推动经济发展的主导力量。各国经济社会的发展，其核心均与科技创新有着密切的联系。特别是在当今这个市场国际化、生产快速化及科技高速化发展的时代，科技创新对经济发展所起的作用尤为重要。当今世界经济增长的 90% 是靠新知识、新技术的推广和应用来实现的。根据许多学者的研究表明，在保持当前经济技术发展速度的情况下，第六次科技革命的开始时间为 2010~2020 年，而最终将于 2040 年在美国出现。当前，第五次科技革命的技术在美国生产力中所占的比重为 60%，第四次科技革命所占比重为 20%，第六次科技革命的占比约为 5%[①]。而在俄罗斯，第五次科技革命的技术在生产力中所占比重尚未超过 10%，一半以上的技术还处于第四次科技革命的水平，且有 1/3 仍属于第三次科技革命的技术[②]。可见，俄罗斯拥有的科技水平远未形成现实的竞争优势。为了缩小与西方发达国家之间的经济技术差距，俄罗斯在关注经济发展速度的同时，更加重视经济发展质量，不断加速技术进步，力争抓住第六次科技革命带来的机遇，以实现质量型的经济增长。

5.1.2　俄罗斯国家创新发展战略的任务与目标

苏联解体后，早在 1999 年俄罗斯就出台了关于创新活动和国家创新政策的联邦法律，确立了创新政策的主要内容。为贯彻落实科技创新政策，同年 5 月，俄罗斯成立了俄联邦政府科学创新政策委员会。2002 年 3 月，俄罗斯总统普京签署命令正式批准了《2010 年前俄罗斯联邦科技发展基本政策》，确定了国家科技发展政策的方针、目标、任务、实施途径，以及促进科研和科技创新活动的一系列措施，规定建立完善的国家创新体系是国家创新政策的最重要方向，在加速国家经济向创新发展过渡的同时，大力发掘国家经济和科技潜力，建立高效、灵活和适宜的俄罗斯新经济体系。同年 10 月，俄罗斯政府批准了《俄联邦社会经济发展中期纲要》，把加快发展"新经济"、"提高产品的高科技含量"和"提升俄罗斯经济的国际竞争力"作为经济强国的一项重大战略任务。

此后，为了继续调整和加快创新进程，2002 年 4 月俄罗斯出台了《2002—2005 年俄联邦国家创新政策构想》，明确将提高产业技术水平和竞争力、确保创新产品

---

① Каблов，Е. Шестой технологический уклад. Наука и Жизнь，2010，（4）：3.

② Мальгин В А. России необходима структурная перестройка инновационной системы. Актуальные Проблемы Экономики и Права，2012，（3）：11.

进入国内外市场作为国家创新政策所要达到的主要目的，并规定了为达到此目的政府所应做的具体工作。2003 年，普京在国家杜马发表了经济必须实现多元化发展的讲话后，俄罗斯政府立即成立了工业政策委员会，开始积极探讨发展高新技术产业的政策措施。2005 年 8 月，俄罗斯政府批准了《2010 年前俄罗斯联邦创新发展体系基本政策方向》，这既是指导俄罗斯国家创新体系建设的基本文件，也是俄罗斯国家创新体系建设的中期规划。2006 年，俄罗斯政府批准了《俄罗斯 2015 年前科技与创新发展战略》。2008 年 11 月，俄总理普京批准了《2020 年前俄罗斯经济社会长期发展构想》，指出 2012 年前俄罗斯将为经济转型创造条件，2012~2020 年将开始发展创新型经济。

2010 年 12 月末，在《2020 年前俄罗斯社会经济长期发展构想》的基础上，俄罗斯经济发展部研究制定了《俄罗斯联邦 2020 年前创新发展战略》。此后，俄罗斯经济发展部一直对该战略进行修订，并会同俄罗斯财政部、区域发展部、教育与科学部等部门协调立场。2011 年 12 月 8 日，《俄罗斯联邦 2020 年前创新发展战略》新版本出台，提出要恢复俄罗斯在世界基础科学领域的领先地位，对 2020 年前俄罗斯创新战略的目标、任务、实施阶段等方面做了较为明确的规划，指出只有建立强大的创新型经济，俄罗斯国家长期发展的宏伟目标才能够实现，即才能使民众享受到高水平的福利，并充分发挥俄罗斯作为全球大国在地缘政治中的作用。2012 年 1 月，俄罗斯批准了《2020 年前及未来一段时期俄联邦科技发展领域基本政策》。同年 12 月，俄罗斯政府通过《俄罗斯 2013—2020 年国家科技发展纲要》，将研发重点主要集中在纳米、信息技术、能源及资源利用等领域。

在 2011 年年末出台的《俄罗斯联邦 2020 年前创新发展战略》中提出，到 2020 年高技术产品在俄罗斯国内生产总值中所占份额要从当前的 10.9%增加到 17%~20%，即提高一倍左右；创新产品在工业产值中所占比重提高 5 倍~6 倍；创新企业的数量从当前的 9.4%增加到 40%~50%，提高 4 倍~5 倍；到 2020 年包括核能、航空和航天器材在内的高技术产品和知识型服务所占比重要提高到 5%~10%，在国际上位于第 5~7 名。《俄罗斯联邦 2020 年前创新发展战略》的实施分为两个阶段：第一阶段为 2011~2013 年，主要任务是从整体上提高商业和经济对创新的敏感度；第二阶段为 2014~2020 年，计划对工业进行大规模的技术改造和现代化改造，从 2014 年起拟进行大规模的军备重装，构建有工作能力的国家创新体系，提供财政激励，吸引科学家、企业家和专业人士等进入创新领域，并拟对公共部门进行现代化，将应用现代技术建立"电子政府"，把大多数公共服务转换为电子形式。同时，新版本还补充了"预算战略"、"能源战略"及"运输战略"等内容，以实现"全系统创新"。

《俄罗斯联邦 2020 年前创新发展战略》提出如下一些目标：一是俄罗斯国内研发支出在国内生产总值中所占比重到 2020 年将达到 2.5%~3%（2009 年为

1.24%），其中一半以上的研发资金将来自于私营企业；二是俄罗斯科研人员在全球科技刊物上发表的科研论文数量到 2020 年时达到 5%（2008 年为 2.48%）；三是俄罗斯科研人员的科学论文引用率到 2020 年提升到平均每篇论文被引用 5 次（2009 年时该数值为 2.4）；四是到 2020 年按照国际评级标准俄罗斯至少有 5 所大学跻身于世界大学前 200 名之列（2009 年为零）；五是到 2020 年俄罗斯大学的科研经费在全国科研总经费中的比例将提高到 30%；六是到 2020 年俄罗斯自然人和法人单位每年在美国、日本和欧盟等国家和地区的专利部门中登记注册的专利数量达到 2 500~3 000 件（2008 年仅为 63 件）[①]。

　　为了监察创新战略的成果，2012 年 6 月，按照《俄罗斯联邦 2020 年前创新发展战略》的规定，俄罗斯成立了经济现代化和创新发展委员会。该委员会定期向总统经济现代化和技术发展委员会报告，并向国家杜马做年度报告。同年 10 月 24 日，该委员会召开了首次会议。在此次会议上，俄罗斯总统普京强调了经济现代化对于俄罗斯的重要性，认为它是促进俄罗斯经济发展，提升俄罗斯经济在全球竞争中的地位，以及为俄罗斯人民自我发展创造良好条件的重要途径。今后，俄罗斯经济现代化和创新发展委员会的工作主要包括以下两方面：一方面，继续完善科研体系，为经济现代化、创新活动及创新技术商业化创造综合的发展环境；另一方面，在具体的经济领域，特别是在生物、纳米技术、新材料、未来医疗、节能技术、信息化、航空、核技术、煤炭及其他资源的有效开采与加工技术领域制订计划[②]。

5.1.3　俄罗斯国家创新发展战略的保障措施

　　第一，加大政策支持力度。俄罗斯不断完善创新机制，为了激活企业的创新能力，俄罗斯政府不断改进税收条件和服务环境，为中小型创新企业制定强制保险的附加优惠条件，为其利用资本收益扩大税收优惠，重点为企业工程技术业务和 IT 业务提供税收减免和强制保险等优惠，在反垄断领域将进一步简化兼并与收购程序。俄罗斯政府提出将对国内所有创新领域及其资金来源、组织机构进行结构改造，逐渐把宏观金融调控方向转向国家有针对性支持的创新活动上，为科研组织在资金、税收、信贷、风险保障等各个环节提供全面的政策优惠。例如，对创新企业提供税收优惠政策，宣布在财经领域不再开征新的税种，且自 2011 年 1 月 1 日起取消了长期投资的收入税，在斯科尔科沃创新中心（即"俄罗斯硅谷"），投资者可享受到如下优惠政策：在税收方面，自在该创新区注册登记起，10 年内

① 俄颁布创新发展战略. 中华人民共和国科学技术部网. http：//www.most.gov.cn/gnwkjdt/201201/t2012 0110_91834.htm，2012-01-11.

② Заседание Совета по модернизации экономики и инновационному развитию. http：//президент.рф.24 октябр я2012 года.

年收入不到 10 亿卢布及累计利润未达 3 亿卢布的企业，可免利润税、财产税和土地税，可减免增值税和企业为员工交纳的社保费率等；在关税方面，创新中心内的企业可以免税进口用于建筑和装修及专家工作所需的商品。

第二，加快创新基础设施的建设。为了加大在全球竞争中的优势，近年来俄罗斯不断建立和发展创新基础设施和创新活动咨询服务网，如在莫斯科郊区建立斯科尔科沃创新中心，建立新西伯利亚科技园、莫斯科国立大学科技园及日古力谷科技园等。据俄罗斯政府预计，在斯科尔科沃创新中心工作和生活的人将达到 2.5 万~3 万人，这些人将主要研发新的太空和通信产品、核技术、生物科技、创新型医疗设备、信息技术、清洁能源和新型 LED（light emitting diode，即发光二极管）灯等节能产品。而信息技术、航天技术、生物技术、核能和节能是斯科尔科沃创新中心的 5 大优先研发方向。此外，俄罗斯还推动建立和发展科技领域小企业、知识产权和科技服务交易所，建立强大的、全方位的现代化研究开发中心，不断优化技术创新的环境，建立和完善信息保障体系，其中包括法律、行政、技术、营销许可信息、为参与创新进程的企业和私人提供一系列实用的服务信息。同时，还不断建立并完善开放的信息，引入和建立特殊形式的投资公司（如天使投资基金、风险投资基金）等有利于创新经济发展的基础设施。

第三，加大对创新领域的投资力度。俄罗斯不断完善投资环境和竞争环境，对重点科技领域的发展给予支持，为创新项目吸引从原始资本到投资组合及战略投资等各种水平的投资资本。在斯科尔科沃创新中心建设中，俄罗斯联邦政府计划在 2011~2013 年为其提供 850 亿卢布的启动资金支持，用于基础设施建设和项目研发。在《俄罗斯联邦 2020 年前创新发展战略》中，提出未来 10 年激励和扶持创新的措施，将进一步加大国家在创新发展中参与及投资的力度，将建立有效的物质和精神刺激因素，以激励那些专业技能较强的专业人才、更具主动性的企业经营人员、更善于创造的青年进入经济领域，或进入能够保障创新发展的教育和科技领域。根据该战略，到 2020 年俄罗斯国内研发支出应占国内生产总值的 2.5%~3%（2010 年为 1.3%），其中国家财政拨款不低于 45%，从事技术创新的企业占全部企业的比重应达到 40%~50%（2009 年为 9.4%）[1]。此后，普京在《我们需要新经济》一文中明确提出"私营企业应该把其总收入的 3%~5%投向研发领域"[2]。

第四，加强科技与创新人才的培养。建设创新型国家的关键在于人才，特别是创新型科技人才。俄罗斯总统普京认为，发展创新型经济必须从提高教育质量开始，因为创新不只局限于理念层面，某种程度上更需要大量受过高等教育的人才。因此，俄罗斯提出在增加人口数量的同时，还要提升人口素质，以

---

① Стратегия инновационного развития Российской Федерации на период до 2020 года.http://minsvyaz. ru/ru/doc/?id_4=685.

② Путин В В. Нам нужна новая экономика. Ведомости. 30 января 2012 г.

便为创新型国家建设注入动力。而从企业角度来看，只有拥有了具备技术创新的核心人才，企业才有开展技术创新的可能性。为推进国家创新经济发展，俄罗斯制定了教育—科学—生产一体化发展大纲。如今，俄罗斯把增强高校国际竞争力作为国家政策，提出必须在 2020 年前拥有数所世界级水平的高校，2018年前俄政府用于科技创新的投资将增加数倍。到 2020 年，高新技术行业在国内生产总值中的比重应该比目前提高 50%，高新技术产品出口应比目前增加一倍①。在《俄罗斯联邦 2020 年前创新发展战略》中，提出今后要培养公民不断学习和不断完善的能力；要激发人们对新知识的渴求，培养他们的创造力、管理能力及独立工作的能力；培养他们能够在团队和激烈竞争的环境中生存的能力；培养人们运用外语的能力，培养他们能够自如地利用外语进行日常性和事务性交谈的能力②。

第五，加快创新人才的引进。为了在世界技术市场角逐中形成新的竞争优势，俄罗斯不断创造条件吸引顶尖科学家、工程师、设计师、程序员、经理和金融家，如通过设立特殊津贴为俄罗斯大学吸引国际权威的科学家。而为了吸引国外高水平科技人才进入斯科尔科沃创新中心，俄罗斯对劳动法进行了修改，简化、逐渐取消外国专家的工作配额、移民登记与劳动许可制度，为进驻中心的企业提供便利，企业无须发放邀请便可从国外聘请专家，并获得外国人工作许可证。如今，俄罗斯已引进了国外一些著名的企业家，以及许多世界级的科学家参与创新中心的管理，如英特尔前董事长克瑞格·贝瑞特（Craig Barrett）任斯科尔科沃基金会理事会主席，而在该创新中心非常关键的科技咨询委员会中，也有外方科学家出任主席。

第六，积极借鉴国外创新领域的先进经验。俄罗斯许多著名的经济学家认为，美国和法国在解决科技创新问题方面具有值得借鉴的经验，尤其是隶属美国总统的国家科学基金在这方面起到了很大的作用。他们认为，俄罗斯应学习美国在建立和发展风险投资方面的政策，借鉴美国技术创新的运行体制经验，并提议建立隶属俄罗斯联邦总统的科技管理机构，该机构的主要任务是管理科技政策，以便加快发展俄罗斯的创新进程和获得新的实际成效。该管理机构可拥有以下一些功能：一是建立俄罗斯联邦科技政策基本原则；二是制定解决俄罗斯经济现代化任务、符合人才培养的集基础研究和应用研究于一体的科研统一纲要；三是在对组织科技活动进行研究的基础上，协调和监管纲要和资金的分配情况。

---

① 周良. 普京说俄罗斯必须发展创新型经济实现经济多元化. http：//news.xinhuanet.com/world/2012-01/30/c_11147 2077.htm，2013-12-24.

② 江竹君. 俄政府批准《2020 年前俄罗斯创新发展战略. 中国经济网. http：//intl.ce.cn/specials/zxgjzh/201112/21/t20111221_22937664.shtml，2014-03-08.

5.1.4 俄罗斯国家创新发展战略实施的正负效应

近些年来，俄罗斯通过制定国家创新发展战略及实施一系列举措，如今在创新发展方面已经取得了一定的成效。但从总体上看，俄罗斯国家创新体系运行绩效并不高，积极开展创新活动的企业数量不多，企业从事技术创新的研发能力较弱，技术创新中采用新工艺的比重不大，企业创新过程中对知识产权的拥有量有限，企业创新的效率不高，这些情况不利于俄罗斯国家总体创新活动的开展。

1. 实施创新发展战略的成效

从创新发展的成效来看，俄罗斯建立并不断完善创新发展的制度体系和创新机制，在一定程度上为技术创新提供了坚实的基础，使创新环境得到了优化；在创新发展进程中，不断把国家各级管理机关、科技组织和企业的力量结合起来；制定了新的风险投资法律，建立了包括俄罗斯技术发展基金、促进科技领域小企业发展基金等在内的一整套创新发展体系，为高科技项目的风险投资在制度上和法律上创造了条件，从而为创新企业、风险企业及风险投资创造了宽松环境。通过联邦专项纲要及国家扶持科技与创新活动的基金，实现了对科研创新活动的拨款，2002~2011 年对民用科学的联邦预算投资扩大了 9.8 倍[1]。

在制度环境不断完善的同时，俄罗斯还对优先发展的具体创新项目给予支持，将"工业政策"定为"优先发展处于科技进步领域领先地位的部门"，利用科技创新政策对工业结构进行引导和调整。鼓励银行系统、金融市场、保险机构等发挥更重要的功能，使企业能够建立起良好的创新积极性，从而促进国家经济的发展。目前，俄罗斯国家已拨款 90 亿卢布用于发展创新基础设施的建设，主要包括建立技术转化中心和企业孵化器，以及为小风险投资企业进行管理培训等。俄罗斯政府对大学从事企业委托的研发项目给予资助，近 3 年资助总额为 190 亿卢布，未来这种支持仍将继续。俄罗斯对外经济银行已为 47 项创新发展的项目进行投资，占该银行全部投资项目的 1/3，因此该银行对创新项目的投资总额将达 7 580 亿卢布。俄罗斯纳米科技集团拥有 120 个创新项目，预算投资总额为 5 150 亿卢布[2]。这些举措的实施确保了俄罗斯整个创新领域投资链条的连续性。

经过近几年的不断努力与发展，俄罗斯已成立了一批小型创新公司和技术转化中心，其中包括有外国公司参与的创新中心。当前这类小型创新公司的数量已经有 1 715 家，这类企业的保险费仅为 14%，大大低于其他企业的该项指标。尤其是一些大学和科研院所也建立了小型创新中心。此外，用于协调商业、教育、

---

① Государственная программаРоссийской Федерации"Развитие науки и технологий" на 2013- 2020 годы. http：//www.bsu.edu.ru/library/_files/scwork/1_Programma.pdf.

② Медведев Д. Отчёт Правительства о результатах деятельности за 2012 год, 17 апреля 2013. http：//government.ru/news/1411.

科研院所及国家机构活动的技术平台也已经正式运作，已经获批的平台有 30 个。在这类平台中，医疗平台得到了较快的发展。俄罗斯政府高度关注研发成果在创新体系中的应用，建立了一些技术转化中心和企业孵化器，在创新和应用项目中已经吸引了大批学者和企业家参与，创建了 115 个技术转化中心、177 个商用孵化器，选出了 25 个区域发展创新集群。

俄罗斯通过对创新活动及创新计划进行扶持，保证了国家创新能力的持续发展。在俄罗斯《2012 年政府工作报告》中，俄罗斯总理梅德韦杰夫指出，2012 年俄罗斯有 31 项研发成果达到国际水平，2012 年俄罗斯向各类研发机构投入的资金为 5 000 亿卢布，俄罗斯的创新投入已进入欧洲前五名。斯科尔科沃创新中心已经入驻 850 家企业[①]，自该创新中心开始运作以来，英国、法国、美国、德国、韩国及意大利等国家的知名企业均表现出了浓厚的兴趣。当前，斯科尔科沃创新中心一些重要的合作伙伴大都是从事全球创新活动的国际知名大企业，如英特尔、IBM、诺基亚、微软、波音、西门子、思科、通用、飞利浦与强生等。

2. 俄罗斯创新发展战略实施中的不利因素与存在的问题

第一，俄罗斯国内的投资环境和竞争环境仍需要进一步改善。资金不足是俄罗斯进行科技创新活动的一个重要阻碍因素。尽管俄罗斯出台政策对创新活动进行资金支持，但总体而言，对创新活动金融支持的力度并不是很大，这与俄罗斯主导的创新支持模式有一定关系：一是对创新活动的金融支持主要以直接投资为主，而这种投资的受益者多为大型企业，中小企业很难获得这种资助；二是俄罗斯用于科研的经费支出较少，仅占其国内生产总值的 1.24%，无论是在国内生产总值中的占比还是在经费绝对值方面都与西方发达国家存在着较大的差距（美国占国内生产总值的 2.64%、日本为 3.04%、瑞典为 3.8%）[②]；三是作为中小企业创新资金主要来源的风险投资业尚处于起步阶段，风投公司和天使基金的数量只有发达国家的 1/10 左右。这些因素不利于俄罗斯创新活动的发展。

在竞争环境方面，俄罗斯加入世界贸易组织后，需要依靠提高经济竞争力来实现经济多元化，而不可能通过保护措施来实现这一目标。但实际上尽管投入较大，但许多计划目标并未实现。例如，尽管生产中的创新产品比重从 2006 年的5.4%上升到 2011 年的 6.1%，但在生产领域的出口中，技术创新产品所占的比重却从 2003 年的 12.5%下降到 2011 年的 4.9%。为了提高经济的竞争力，给私营企

---

① Медведев Д. Отчёт Правительства о результатах деятельности за 2012 год, 17 апреля 2013. http://government. ru/news/1411.

② Мысляева И Н, Кононкова Н П. Государственное Регулирование Экономики. Издательство Московского университета, 2010: 154.

业和外国企业提供更加公平的竞争环境，使俄罗斯成为真正具有竞争力的国家，俄罗斯政府计划在2016年前减少在部分原材料生产企业中持有的股份、完全退出非垄断性大型企业及大型非军工企业。2011年4月，普京在国家杜马发表上一年度政府工作报告时表示，未来10年（2011~2020年），创新产品在工业产品总量中所占的比重应该从当时的12%提高到25%~35%①。

第二，企业在技术创新中的主导作用尚未发挥出来。企业创新在国家创新系统中具有核心的地位与作用，只有企业强大国家才能强大。然而，在转轨以来的二十多年里俄罗斯的工业并没有得到增长，当前的工业产值还远低于苏联末期的水平。工业企业之所以没有发挥出创新潜力，主要原因如下。

一是俄工业企业固定资本更新缓慢、设备更新极低，工业结构调整与优化基本停留在理论层面。俄罗斯科学院经济研究所副所长德米特里·索罗金指出，当前俄罗斯主要工业设施严重老化，至少落后发达国家20年，机械制造企业中所使用的技术设备已超过25年。整体而言，在俄罗斯所有的经济实体部门中，有80%的技术设备已使用了16~35年②。可以说，与1991年相比，俄罗斯的机床和锻造设备生产几乎没有提高，这使破损的设备无法更新换代，从而无法生产出有市场竞争力的产品，也就无法满足创新发展的需要。在这种情况下，为了改进生产，许多企业大力购买国外的技术，这又导致许多经济部门成为新技术的净进口者。例如，在机器制造业中，技术进口几乎超过技术出口的3倍。俄罗斯有一半的企业实际上完全没有进行研发③。

二是企业缺乏创新积极性。许多大型企业对创新项目及一些具有竞争力的行业投资积极性不高，早在2007年，德国进行技术创新的企业在全部企业中所占比重就达到了62.6%（是欧盟最高的国家），而俄罗斯仅为8.5%，比欧盟该项指标最低的国家立陶宛（为16.2%）还低④。在大多数情况下，国家作为科技和实验性科研成果的主要采购方，往往是获得直接出售产品或关于项目的进展报告即可。而从企业角度看，在投入了大量资金后并没有使这些科研成果得到有效转化，导致企业失去发明和创新的动力，一些企业的研发分支机构被迫关闭。为改变这种情况，当前在大型国有公司已制定创新发展规划，规定了公司在扩大科研开支、加强与大学合作等方面应承担的义务，但是如何保证这些规划得以实施成为俄罗

① 张浩. 2011 年世界科技发展回顾：盘点各国科技政策. http://news.xhby.net/system/2012/01/01/012430697_01.shtml, 2012-01-01.

② 索罗金 D. 俄罗斯工业面临升级改造难题. 中国社会科学报，2013-11-01.

③ Мальгин В А. России необходима структурная перестройка инновационной системы. Актуальные Проблемы Экономики и Права，2012，（3）：12.

④ Гумерова Г И，Ш.Шаймиева Э. Анализ управления технологическими нинновациями на промышленных российских предприятиях: источники финансирования, инновационная стратегия. Актуальные Проблемы Экономики и Права，2012，（3）：95.

斯当前面临的一个重要问题①。

三是俄罗斯国内对创新产品的需求不足，这在一定程度影响了企业的创新发展。俄罗斯科学院通讯院士罗伯特·尼格马图林认为，创新经济的主要投资应当来自社会，国家应当对创新活动给予资金上的支持，不仅要增加科研、教育人员的工作经费，还应当努力提高普通民众的收入，以便这些人能够消费更多的创新产品②。普京在 2012 年度俄罗斯国情咨文中也强调，只有通过不断的科技创新，才能提供新层次的生产，以满足日益增长的消费需求。

第三，腐败影响着俄罗斯创新经济的发展。对于俄罗斯来说，腐败是其社会早就存在的痼疾。苏联时期，腐败问题不仅存在，而且成为一种难以根除的现象。苏联解体后，由于经济社会的转型，俄罗斯的腐败状况不断恶化，腐败现象大量滋生并蔓延，渗透到经济社会的各个领域，成为俄经济社会发展的最大障碍之一。腐败不仅加剧了俄罗斯的政治和社会动荡，给社会和经济发展造成无可估量的损失，而且也对其国际声誉造成负面影响。据"透明国际"公布的 2013 年全球腐败指数排行榜，俄罗斯在 177 个国家中排名第 127 位，仍属于腐败程度严重的国家。在俄罗斯，腐败现象存在于经济、社会、政治等各主要领域，涉及的领域多范围广，腐败犯罪网不断编织扩大，腐败利益集团化，对商业公司的横征暴敛已经司空见惯。一些本来肩负维护法律、打击腐败的部门，如海关、税务、缉毒、检察、公安、交管、法院、军队等也成为腐败的重灾区。据"透明国际"发布的《全球腐败晴雨表调查报告》显示，俄罗斯受访者认为警察系统腐败的比例最高，为 89%；其次是司法系统，为 84%；立法系统紧随其后，为 83%；而是卫生系统为 75%、教育系统为 72%、新闻媒体为 59%，商业腐败为 57%③。有资料显示，俄罗斯近一半的国家财政预算拨款被贪污转移，1/3 军费流入不法之徒手里④。

俄罗斯经济领域中的腐败现象突出，任何商业活动，从登记注册到正常运转甚至破产的整个过程，都有腐败现象与之相伴。各种规模的企业为了生存不得不经常向管理部门行贿：小企业经常向执法部门的官员行贿，中型企业向各种许可证管理部门行贿，而大企业则基本上向税务机关行贿。一般而言，俄罗斯企业获得成功主要通过以下两种途径：第一种是直接行贿。很多人认为，与法律途径相比，利用贿赂的手段往往能够更快地解决生意中存在的问题。尽管对企业而言贿金有些不堪重负，但因国家管理效能低下、行政壁垒重重，行贿是他们不得以而

① Заседание Совета по модернизации экономики и инновационному развитию. http：//президент.рф.24 октября 2012 года.

② 贺颖骏. 俄专家认为俄科技创新面临三方面挑战. 新华网. http://world.people.com.cn/GB/157278/ 18111055. html，2014-02-22.

③ 透明国际发布俄罗斯腐败调查情况. 中华人民共和国商务部网，2013-07-10.

④ 张树华. 腐败，俄罗斯的"癌症"？环球时报，2013-02-05.

为之的行为。有资料表明，俄罗斯企业成本的约 30%用来行贿各级官员①。第二种是忍受权力部门的盘剥与掠夺。这种情况多发生在大型企业。也有一些企业把相关政府部门的官员变成所谓的"合作伙伴"来供养。总之，为了企业的稳定发展并取得成功，企业最有效的做法是要么把自己的企业"交给"政府官员，要么把他们"揽过来"长期供养。可以说，腐败问题已经成为束缚俄罗斯经济发展的严重障碍。据俄罗斯权威机构民意基金会的调查数据，在接受问卷调查的俄罗斯民众当中，认为近几年俄罗斯腐败程度高的人占受访者的 80%以上，认为腐败程度仍在提高的人占受访者的 40%以上②。

　　针对这种情况，俄罗斯执政当局下决心反对腐败，在反腐败方面制定了许多法律，在打击腐败方面也采取了不少措施，但当前滋生腐败的土壤依然存在，反腐效果不佳。主要原因在于俄罗斯的腐败不仅范围广、程度深，而且牵扯面大，这使相关的法律法规在实施上难度更大，致使反腐败斗争进行得并不顺利。尽管俄罗斯在打击腐败方面不断颁布反腐法律法规，还先后通过了反腐计划和战略，将反腐败定位为"国家计划"，但正如俄罗斯学者所言，这些计划、战略的研究与制定不仅缺乏反腐专业人士的参与，而且事先未对腐败形势进行全面的分析，也没有对反腐所要达到的目标作出规划，缺乏相应的配套措施③。俄罗斯的腐败不仅破坏了经济绩效，而且还给社会生活的方方面面造成了严重的后果。腐败不仅提高了商品和服务的价格，加大通货膨胀压力，还会降低经济的增长速度，同时，也使外国资本对俄罗斯望而却步，不敢对俄罗斯进行投资。世界各国的发展经验表明，经济增长率与腐败的程度呈负相关的关系，即经济越是委靡不振，则造成腐败的机会便会越多；而腐败越多则会消耗更多的社会资源，这又会反过来加剧经济不景气的状况。因而经济增长与腐败会陷入一种恶性循环状态。

　　第四，与转轨之初相比，当前俄罗斯的经济结构尚未发生实质性的变化，经济中仍具有"荷兰病"的特征。"荷兰病"是畸形的经济发展模式所造成的，是指一国特别是中小国家经济中某一初级产品部门异常繁荣而导致其他部门出现衰落的现象。在 20 世纪 50 年代，已是制成品主要出口国家的荷兰发现了大量的石油和天然气，于是荷兰政府大力发展石油和天然气产业，致使国家的出口剧增，国际收支出现顺差，经济出现了繁荣的景象。但是，蓬勃发展的天然气行业却使荷兰的农业和其他工业部门遭受到了严重的打击，最终削弱了出口行业的国际竞争力，到 20 世纪 80 年代初期，荷兰遭受到通货膨胀上升、制成品出口下降、收入增长率降低、失业率增加的困扰，这种资源产业在"繁荣"时期价格膨胀是以牺牲其他行业为代价的现象，国际上称之为"荷兰病"。这种情况不仅在荷兰出现过，

---

① 腐败，俄罗斯的"癌症"？环球时报，2013-02-05.

② Уровень коррупции в России. 28 Мая 2013. http://fom.ru/Bezopasnost-i-pravo/10931.

③ Левин М，Сатаров Г. Коррупция в России：классификация и динамика. Вопросы экономики，2012，№10.

70 年代末到 80 年代初，一些靠石油价格暴涨而带来了横财，以及后来新开发了自然资源的国家也都出现了类似的经济症状，如沙特阿拉伯、尼日利亚、墨西哥、挪威、澳大利亚、英国等。

俄罗斯是世界上唯一一个各种资源都能够自给自足的国家，其拥有的自然资源在全世界是最为丰富的。俄罗斯国土面积居世界第一，为 1 707.54 万平方千米。俄罗斯自然资源储量大、自给程度高，其资源储量占世界总储量的 21%，其中石油储量占 40%、天然气占 45%、铁矿石占 44%、煤占 30%。按 1994 年世界价格计算，俄罗斯矿产资源预测储量的潜在价值估计达 140 万亿美元，探明储量价值为 2.86 万亿美元，其中 70% 为燃料动力资源，15% 为非矿石资源，13% 为黑色和有色金属资源，1.3% 为稀有金属、贵金属及金刚石资源[①]。

一直以来，丰富的自然资源给俄罗斯带来了经济的增长，但也造成了经济结构不合理的现象。在世界油价不断高涨的情况下，俄罗斯的油气资源和工业成为振兴经济的重要支柱。有资料表明，国际油价每桶上涨 10 美元，俄罗斯的国内生产总值增长率就会上升 7%[②]。众所周知，1999~2008 年，俄罗斯经济出现了持续快速增长的势头，其经济增长在很大程度上却是靠发展能源和原材料工业而取得的。直到当今，在俄罗斯出口的产品中仍以能源和原材料为主，这些产品所占比重很大，而制成品出口的比重则很小，这导致当今俄罗斯的经济增长几乎完全取决于资源出口的状况。早在 2005 年 2 月，国际评级机构 Standard&Poor's 就发表报告称，俄罗斯已经患上"荷兰病"。俄罗斯石油出口收入的大幅度增加使卢布坚挺，威胁工业的竞争力。经济长期依赖自然资源的出口会削弱加工工业发展的动力和高新技术的发明创造。2008 年上半年，俄罗斯能源部门对工业生产增长的贡献率高达 48%，而生产最终产品及消费品和投资品部门对工业生产增长的贡献率只有 23%。商品出口当中原材料占 89%，其中能源占 64%，而机械产品出口比 1995 年减少了一半，不足出口额的 5%[③]。在 2011 年对非独联体国家出口商品结构中，俄罗斯能源产品占到 72.6% 的份额，2010 年为 70.8%，在对独联体国家出口商品结构中，能源产品的比重达 56.6%，较 2010 年上涨 3.6%[④]。

经济发展对资源出口的过度依赖使俄罗斯经济存在着极大的不稳定性，这从国际金融危机对其打击力度便可见一斑。2009 年全球性金融危机的爆发使全球经

① 冯玉军. 俄罗斯的综合国力. 国际资料信息，2002，(2)：34.

② 王丽颖. 俄罗斯或患"荷兰病". 新浪财经. http://finance.sina.com.cn/roll/20120227/011911456659.shtml，2012-02-27.

③ 上海财经大学世界经济发展报告课题组. 2011 年世界经济发展报告. 上海：上海财经大学出版社，2011：194.

④ 廖伟径. 俄罗斯对外贸易活跃，各项数据均大幅上升. 中国经济网. http://intl.ce.cn/specials/zxgjzh/201202/29/t20120229_23114278.shtml，2012-02-29.

济出现了不景气的状况，对能源的需求急剧减少，导致石油价格大幅度下降，从而给过度依赖能源出口的俄罗斯经济造成了巨大的影响。受其影响，2009 年俄罗斯的国内生产总值连续 10 年的增长不仅转为了下滑，且增长率大幅下降，比 2008 年下降 7.9%。

从另一角度来看，拥有丰富的自然资源使俄罗斯近年来专注于资源开发项目，失去了进行科学技术创新的重要动力。然而，经济增长如果没有产业结构的升级和科学技术的进步，只是一味地依赖能源出口，一旦出现国际石油市场异常，俄罗斯经济必然会遭受剧烈震荡。所以这种过度依靠资源实现增长的日子不会长久，如果不思变革，俄罗斯就有陷入"比较优势陷阱"之中的可能[1]，这样将使整个国家的更多企业和优势产业被套牢，竞争力也会逐渐削弱。曾经一贯主张发挥资源的比较优势、实施能源战略的普京也曾表示出他对俄罗斯可能患上"荷兰病"的担心，并警示国民说："我们正在坐吃山空，耗蚀国家资源，长此以往，国家终会沦入政治和经济停滞的窘境。"[2]可以说，能否克服"荷兰病"已经成为俄罗斯经济今后走势和成败的关键性因素，仅靠出售资源而不进行经济结构调整，很难使俄罗斯经济从根本上进一步得到发展，未来俄罗斯经济要想实现可持续发展，必须实现从依赖原材料出口向创新型竞争型的增长模式转变。

第五，俄罗斯在科研成果保护方面缺乏相应的机制。目前，俄罗斯的基础法律并没有提供统一的方式来解决知识产权的审核问题，科研机构和企业对知识产权审核的重视程度还不够。对于有国家参与投资的企业创新活动，知识产权的归属也不够明晰。有资料表明，在一所拥有 1 500 个专利的技术类大学里只有 7 个专利能够进行销售，而其他绝大部分科研成果既没有通过申请专利这种公开方式得到保护，也没有通过专有技术和商业秘密等方式获得保护。这种状况不仅影响了企业的投资积极性，阻碍了工业的创新发展进程，而且也导致俄罗斯的科技产品以非法途径流入其他国家[3]。尽管为了扩大高科技工业生产在国内生产总值中的比重，俄罗斯通过立法、预算和技术推广等多种手段鼓励国有和私人投资者发明具备竞争优势的新技术，但成效并不显著。2012 年，俄罗斯专利授权数只有 800 项，大大落后于其他西方发达国家。俄罗斯总理梅德韦杰夫认为，俄罗斯有许多成果因未申请专利而被竞争对手无偿使用，因而他建议所有研发成果都应该申请

---

① 这里是指一国（尤其是发展中国家）完全按照比较优势，生产并出口初级产品和劳动密集型产品，则在与技术和资本密集型产品出口为主的经济发达国家的国际贸易中，虽然能获得利益，但贸易结构不稳定，总是处于不利地位，从而落入"比较利益陷阱"。

② 王丽颖. 俄罗斯或患"荷兰病". 新浪财经. http://finance.sina.com.cn/roll/20120227/011911456659. shtml, 2012-02-27.

③ Заседание Совета по модернизации экономики и инновационному развитию. http://президент.рф.24 октября 2012 года.

专利 ①。今后，俄罗斯还面临着加快制定保护知识产权的立法工作，构建更加完善的知识产权审核和保护体系等任务。同时，还要进一步完善创新领域的立法工作，对新技术和商业秘密等提供足够的法律保护。

5.2　俄罗斯国家创新能力分析

随着世界科技革命的迅猛发展，科技创新不仅成为世界许多国家发展的首要目标，而且也成为这些国家经济增长与发展的直接推动力。为了建设创新型国家，提高综合国力，无论是发达国家还是发展中国家特别是其中的新兴经济体，都在采取切实措施不断提高国家创新能力，加快创新步伐，以推动经济快速增长。一般认为，国家创新能力是决定一国在国家间竞争和世界总格局中地位的重要因素，是衡量创新型国家建设成效的核心指标，因而也是经济竞争的核心。国家创新能力反映的是一国通过科技创新和制度创新等途径提高经济社会发展综合实力，从而提高国际竞争力的综合能力。对国家创新能力可以主要通过创新投入、创新产出和创新潜能等加以衡量和评价。

俄罗斯是注重国家创新能力建设和创新战略发展并较早提出发展创新型经济的转轨国家。关于创新发展战略、创新政策和创新发展构想，俄罗斯自实行经济转轨以来先后于 1999 年、2002 年、2005 年、2006 年、2008 年和 2011 年出台了若干政策措施和法规。其中，2011 年 12 月 8 日出台的《俄罗斯联邦 2020 年前创新发展战略》最具代表性也最为重要。《俄罗斯联邦 2020 年前创新发展战略》提出要不断加大对科技的投入，不断完善创新体系，大力提高创新能力。不仅如此，《俄罗斯联邦 2020 年前创新发展战略》还详细规定了至 2020 年前推行创新发展战略的具体措施、实施方案和所要达到的目标。此后，普京在其 2012 年总统竞选纲领中提出了以"创新型经济"推动俄罗斯经济发展的基本思路。他第三次就任总统后提出，到 2020 年俄罗斯高科技和知识产权部门的产值占国内生产总值的比重应达到 50%，从事技术创新的企业要占到企业总数的 25%。从俄罗斯的情况看，创新型经济发展与国家创新能力具有密切的相关性。

5.2.1　俄罗斯创新型经济与国家创新能力

创新是一个国家进步的灵魂，是国家持续发展与进步的动力，而创新能力既是创新型国家建设的基础，也是创新型经济发展的基本保障。俄罗斯在实施创新战略和创新型经济发展进程中注重国家创新能力的提升，并强化创新型经济发展与国家创新能力建设的互动。

---

① Медведев Д. Отчёт Правительства о результатах деятельности за 2012 год, 17 апреля 2013. http: //government. ru/news/1411.

　　发展创新型经济与提高国家创新能力是一种相辅相成和相互促进的关系。创新型经济发展需要具备必要的国家创新能力，而较强的创新能力又能促进创新型经济的发展。对此，作为经济转轨国家的俄罗斯不仅有足够的认识，而且不断出台推进创新型经济发展的若干政策措施。早在经济转轨进入中期阶段的1999年，俄罗斯就注意到并提出了经济领域的创新问题。为鼓励创新活动和落实科技创新政策，俄罗斯不仅出台了实施国家创新政策的相关法律，还成立了俄联邦政府科学创新政策委员会。其主旨是建立完善的国家创新体系，使国家经济转向创新型经济发展道路，把加快发展"新经济"作为强国战略的一项重大任务。为加快创新进程，俄罗斯又于2002年出台了《2002—2005年俄联邦国家创新政策构想》，明确将提高产业技术水平和竞争力、确保创新产品进入国内外市场作为国家创新政策的主要目标。此后几年，俄罗斯政府密集出台了一系列的创新发展战略和发展构想：2005年，俄罗斯政府批准了作为国家创新体系建设中期规划的《2010年前俄罗斯联邦创新发展体系基本政策方向》；2006年，俄罗斯政府批准了《2015年前俄联邦科技与创新发展战略》；2008年，俄罗斯提出并批准了《2020年前俄罗斯经济社会长期发展构想》。该构想明确提出，2012年前俄罗斯将为经济转型创造条件，2012~2020年将开始发展创新型经济；2011年，俄罗斯正式出台了《俄罗斯联邦2020年前创新发展战略》。《俄罗斯联邦2020年前创新发展战略》对2020年前俄罗斯创新战略的目标、任务、实施阶段等做了较为明确的规划，提出要建立强大的创新型经济，并借以实现俄罗斯长期经济社会发展目标，使民众享受到高水平的福利。《俄罗斯联邦2020年前创新发展战略》提出的目标如下：到2020年使高技术产品占国内生产总值的比重从当前的10.9%增加到17%~20%；创新产品在工业产值中所占比重提高5倍~6倍；创新企业的数量从当前的9.4%增加到40%~50%；到2020年，包括核能、航空和航天器材在内的高技术产品和知识型服务所占比重要提高到5%~10%，在国际上位列第5~7名。《俄罗斯联邦2020年前创新发展战略》还对提高商业和经济对创新的敏感度，对工业进行大规模的技术改造和现代化改造，进行了任务分解和阶段划分，并且提出要构建有工作能力的国家创新体系，提供财政激励，吸引科学家、企业家和专业人士等进入创新领域。为推进《俄罗斯联邦2020年前创新发展战略》的实施，俄罗斯还成立了经济现代化和创新发展委员会。在该委员会首次会议上，俄罗斯总统普京强调，今后俄罗斯经济现代化和创新发展委员会的工作主要包括以下两方面：一是继续完善科研体系，为经济现代化、创新活动及创新技术商业化创造综合的发展环境；二是在具体的经济领域，特别是在生物、纳米技术、新材料、未来医疗、节能技术、信息化、航空、核技术、煤炭及其他资源的有效开采与加工技术领域制订计划①。

　　虽然可以从不同角度界定和衡量国家创新能力，但国家创新能力至少包括知识创新能力和技术创新能力，这是建设创新型国家的基础，也是发展创新型经济的必要条件。国家创新能力构成了俄罗斯创新型经济发展的前提、重要支撑和基本保证。虽然目前俄罗斯的创新能力还大大低于发达国家水平，但我们看到，自普京总统第一任期以来（包括"梅普组合"时期），俄罗斯创新能力是在有升有降的起伏波动中不断提升的。特别是国际金融危机后，俄罗斯不仅深刻认识到创新对经济增长的明显作用，而且更加意识到国家创新能力在创新型经济发展中的重要作用，并为之付出了不懈努力。有资料显示，在 2001 年 G20 国家创新竞争力排名中，俄罗斯处于第二方阵，中国处于第三方阵；而在 2009 年 G20 国家创新竞争力排名中，中国排名上升了 2 位，而俄罗斯的排名则下降了 2 位。从而中国进入第二方阵，俄罗斯则退到第三方阵。从全球综合排名情况看，2001~2009 年，中国的创新竞争力一直呈较为明显的上升趋势，只是个别年份出现波动。俄罗斯创新竞争力虽也呈上升趋势，但是波动比较大。从 2001~2009 年总的情况看，俄罗斯由第二方阵下降到第三方阵，中国则由第三方阵上升到第二方阵。就金砖五国而言，2001~2009 年中国和俄罗斯的国家创新竞争力均高于其他 3 个国家，而中国和俄罗斯之间则互有高下，从 2007 年开始，中国的国家创新竞争力排名持续高于俄罗斯，且差距在逐年扩大②。另据"2013 年度全球创新指数"报告显示，俄罗斯全球创新能力排名第 62 位，比 2012 年下滑了 11 位，但人才和科研、知识和技术、基础设施等单项指标排名靠前，分列第 33、48、49 位③。而截至 2014 年 3 月，中国创新能力继续处于领先地位，全球排名第 19 位，俄罗斯排名也上升至第 32 位。2015 年，在美国彭博社按照创新成本、生产附加值、科研活动效率、研究中心效率、研究密集度、专利注册指数和高科技公司密度七个标准进行的评级排名中，俄罗斯在全球最具创新能力的经济体中排名第 12 位，比 2014 年上升了 6 位。在《美国新闻与世界报道》杂志公布的世界各国军事力量排名中，俄罗斯位居第二，仅次于美国，美国的军费支出占该国国内生产总值的 3.5%，俄罗斯的军费支出占国内生产总值的 4.5%，中国的军费支出占国内生产总值的 2.1%，位居第三④。

---

① Заседание Совета по модернизации экономики и инновационному развитию. http：//президент.рф.24 октября 2012 года.

② G20 国家创新竞争力排名出炉　美、日、德居前三甲. 中国网. http：//www.china.com.cn/international/txt/ 2011- 12/12/content_24134099.htm，2011-12-12.

③ 俄罗斯全球创新能力排名下滑至第 62 位. 中华人民共和国商务部网站. http://www.mofcom.gov.cn/ article/ i/jyjl/m/201307/20130700182892.shtml，2013-07-02.

④ 美媒看好俄罗斯创新和军事能力. 中俄资讯网. http：//www.chinaru.info/News/shizhengyaowen/39344. shtml. 2016-01-22.

5.2.2 俄罗斯国家创新能力的培育与发展：路径和效应

1. 俄罗斯的创新投入

创新投入是提高创新能力和创新产出的基础，是培育国家创新能力的重要保证，也是创新型国家建设的核心内容。物质资本投入是创新活动投入的基础部分，为了增强自主创新能力和提高国际竞争力，世界各国尤其是创新型国家不断加大研发经费的投入。科技研发活动是创新的源动力，研发投入总额和研发投入强度是物质资本投入的重要指标。本节通过对俄罗斯和典型创新型国家创新投入情况的比较分析，来衡量俄罗斯的创新投入及其效应。

在物质资本投入方面，为了增强自主创新能力，世界各国尤其是创新型国家不断加大研发投入力度，以提高本国的国际竞争力。1991 年，俄罗斯的研发支出总额为 166.8 亿美元。2000 年前由于受经济下滑的影响，这一数值呈下降态势，基本在 100 亿美元以下，直到 2000 年才恢复到 132.4 亿美元。此后一直呈上升态势，2007 年达到 222.3 亿美元，2012 年达到 244.97 亿美元。而从典型创新型国家的情况看，2012 年的研发支出总额，美国为 3 973.4 亿美元、日本为 1 338.9 亿美元、德国为 848.9 亿美元、韩国为 609.9 亿美元、英国为 358.1 美元，OECD（Organization for Economic Co-operation and Development，即经济合作与发展组织）成员国的平均值为 280.1 亿美元，而中国为 2 567.9 亿美元（图 5-1）。因此，相比之下，尽管近些年来俄罗斯的研发投入有所上升，但这一数额却远远低于美国、中国、日本、德国、英国、韩国等国家，也低于 OECD 国家的平均值。尤其是美国在研发投入总额方面远远高出俄罗斯，几乎是俄罗斯的 16.2 倍，可见二者差距之大。

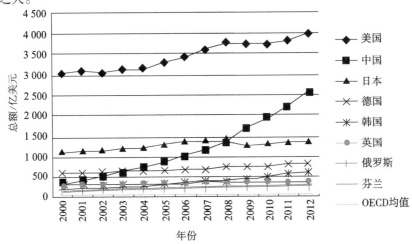

图 5-1　2000~2012 年世界主要国家研发支出总额

资料来源：OECD 主要科技统计数据库（MSTI）. http://stats.oecd.org/Index.aspx

在研发强度（国内研发支出占国内生产总值的比例）方面，美国、德国、日本、韩国、英国均高于俄罗斯。2012 年，典型创新型国家，如美国、德国和日本的研发强度分别达到了 2.79%、2.98% 和 3.35%，芬兰为 3.55%，而韩国则高达 4.36%，即使是 OECD 成员国的平均值也达到了 2.40%，而俄罗斯的研发强度仅为 1.12%，远远低于上述典型创新型国家的水平。可见，俄罗斯在研发经费投入强度方面还较为落后，与典型创新型国家及大部分发达国家之间存在着巨大的差距。

从 R&D 经费的来源看，无论是在苏联时期还是转轨以来，政府（公共科研机构）一直是创新投入的核心主体。2006 年，俄罗斯 R&D 经费的 61.1% 来源于政府，到 2012 年这一比重又上升到 67.84%，而企业投资所占比重则由 28.81% 降为 27.23%。相比较而言，2006 年美国 R&D 经费中政府投资仅占 29.86%，2012 年为 30.97%；而企业投资所占比重较高，2006 年为 64.28%，2012 年为 59.13%。2006 年，日本 R&D 经费中政府投资占 16.18%，企业占 77.07%，2012 年分别为 16.84% 和 76.12%。2012 年，韩国 R&D 经费中政府投资占 23.85%，企业占 74.73%；德国分别为 29.83% 和 65.63%，芬兰为 26.29% 和 63.06%。从 R&D 经费执行部门来看，2012 年，在韩国、日本、美国、芬兰、德国等典型创新国家中，企业所占比重分别为 77.95%、76.62%、69.83、68.72%、67.76%，而俄罗斯为 58.34%。可见，典型创新国家的企业无论在研发投入，还是在研发经费执行中所占比重基本在 2/3 以上。说明在这些国家中企业是创新的主体，而在俄罗斯企业尚未成为研发的主体。

在研发活动支出类别方面，总体来看，俄罗斯的研发经费活动支出情况与美国大体相同。基础研究是应用研究的基础，俄罗斯的基础科研经费尽管低于典型创新型国家意大利（24.0%）和韩国（18.1%），但与美国持平，均为 16.5%，与中国相比，则远远高于中国的 4.8%，试验研究俄罗斯占比 2012 年为 63.7%，低于美国（64.3%）和中国（83.9%），应用研究占 19.7%（表 5-1）。

表 5-1　世界主要国家各类研发活动经费支出情况（单位：%）

国家	意大利 （2011 年）	英国 （2011 年）	俄罗斯 （2012 年）	韩国 （2011 年）	日本 （2011 年）	美国 （2012 年）	中国 （2012 年）
基础研究	24.0	14.9	16.5	18.1	12.3	16.5	4.8
应用研究	49.0	48.2	19.7	20.3	21.0	19.2	11.3
试验研究	26.9	37.0	63.7	61.7	62.1	64.3	83.9

资料来源：OECD 主要科技统计数据库（MSTI）. http: //stats.oecd.org/Index.aspx

科研人力资源是一个国家创新能力建设的核心力量，该方面的投入是创新投入的重要衡量指标。因此，通过科技人力资源方面的国际比较，可以了解俄罗斯同典型创新国家在科技人力资源方面的差距，有利于分析影响创新能力建设的关键性因素。从研发人员总数来看，苏联解体后俄罗斯的研发人员总数基本呈现出下降的态势，2012 年俄罗斯的研发人员总数为 82.8 万人，比经济转轨初期的 1994年减少了 34.5%。而 2012 年中国的研发人员总数已达 324 万人，远远高于俄罗斯的研发人员总数，位居世界首位。从每百万劳动力中研究人员数量来看，2012 年俄罗斯为 3 096 人，芬兰为 7 482 人，德国为 4 139 人，英国为 4 024 人。2012 年，俄罗斯每百万人中研发技术人员为 478 人，远低于英国（2012 年为 1 169 人）、法国（2011 年为 1 868 人）、德国（2011 年为 1 683 人）、韩国（2011 年为 1 065 人）。由此可见，俄罗斯无论是从事研发人员的总数，还是从事研发的技术人员均低于其他典型创新国家，人力资本投入相对来说不足。

从科研人员分布结构来看，典型创新国家中大部分 R&D 人员都分布在企业部门。2012 年，德国 62% 的研发人员分布在企业中，16% 在政府中，高等院校占22%，而俄罗斯企业中的研发人员所占比重只有 50%，政府中占比高达 35%，高等院校占 14%。2011 年，韩国有 70% 的研发人员分布在企业中，日本为 69%。这种情况同样表明，无论在资源投入还是资源运用方面，俄罗斯的企业均未成为最主要的主体，俄罗斯创新体系主体结构仍需进一步合理化。

2. 俄罗斯国家创新绩效

创新投入为创新活动提供了人力与物力支撑，而创新产出（创新绩效）则是各种创新投入转化的成果，是国家创新能力最直接的体现。创新产出（创新绩效）包括直接产出和间接产出。直接产出是指在科研活动进行过程中产生的各种隐性或显性知识成果及技术成果，它是创新产出的重要组成部分，可分为知识成果创新和技术成果创新，前者是指"发现"，是技术创新的基础和源泉，后者是指"发明"[1]，是知识创新的目的以及改造自然的手段。

科技论文属于科研创新活动的直接产出，一国的科学引文索引（Science Citation Index，SCI）、工程索引（Engineering Index，EI）和科学技术会议录索引（Conference Proceedings Citation Index-Science，CPCI-S）数量能够直接反映出该国的科技论文产出水平。俄罗斯科技论文产出的总体规模不大，尤其与美国相比有着巨大差距。2012 年，俄罗斯科技论文发表数量仅占世界科技论文总数的 2%，而美国则占 25.1%、中国占 16.5%、英国占 6.9%、德国占 6.7%。2012 年，俄罗斯被上述三大索引收录的论文仅为 4.7 万篇，远远低于美国（60.2 万篇）、英国（16.5万篇）和德国（16 万篇）等典型创新国家，也低于中国（39.5 万篇）、印度（8.4万篇）和巴西（5.4 万篇）等金砖国家。SCI 代表三大检索工具中科技创新水平最高的检索工具，这方面指标能够反映出科技论文的质量高低。俄罗斯 SCI 论文数仅位居世界第 16 位，但在三大检索工具中所占比例最高，达到了 63.8%，高于中国（48.9%），但仍低于英国（75.8%）、美国（71.8%）、德国（71.2%）及新兴经

---

① 中国科协发展研究中心. 国家创新能力评价报告. 北京：科学出版社，2009：192.

济体中的印度（63.1%）、巴西（75.9%）和世界均值（66.4%）。尽管俄罗斯的 SCI 论文数量不多（3 万篇），低于典型创新型国家，但在三大检索工具中所占比例与世界平均水平接近，这说明俄罗斯的科技论文质量相对来说较高。

除科技论文产出的总体规模外，从科技论文产出效率，即每千名研究人员发表的科技论文数量来看，俄罗斯这一指标较低，2011 年仅为 37.76 篇，而美国高达 166.49 篇，约为俄罗斯的 4.41 倍；芬兰、德国、日本、韩国、英国、中国分别为 84.76 篇、88.86 篇、52.77 篇、68.22 篇、107.31 篇和 47.17 篇。由于科技论文通常是基础研究的产物，俄罗斯科技论文产出效率较低，说明研究人员中基础研究人员占比较低。

从科研创新活动直接产出的另一重要形式专利来看，根据世界银行公布的数据，2012 年俄罗斯的专利申请总数为 44 211 件，其中本国居民申请量为 28 701 件，远低于其他典型创新国家。俄罗斯百万人口专利申请量为 200.46 件，远低于韩国（2 962.46 件）、日本（2 250.00 件）、美国（856.34 件）和德国（579.66 件）等典型创新国家，也低于同为新兴市场国家的中国（396.32 件）（图 5-2）。从专利密度即通过《专利合作条约》（patent cooperation treaty，PCT）申请的专利数量与国内研发支出额度之比来看，更能说明专利产出的效率水平。2012 年，俄罗斯专利密度为 117（件/亿美元），而世界专利密度最高的国家韩国为 243（件/亿美元）、日本为 214（件/亿美元）、中国为 208（件/以美元）。可见，俄罗斯的这一指标低于这些国家。因此，俄罗斯专利产出水平无论是在绝对规模，还是效率水平方面均需要大大提高。

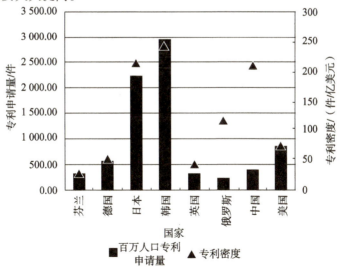

图 5-2　2012 年世界主要国家专利申请量和专利密度

资料来源：根据世界知识产权组织（World Intellectual Property Organizatiom，WIPO）统计数据库和 OECD 主要科技统计数据库（MSTI）的数据整理得出

从能够反映一国创新产出质量水平的专利结构看,在专利所包含的发明专利、实用新型和外观设计专利三种类型中,发明专利所代表的创新质量水平最高。2012年,俄罗斯的发明专利占专利申请总数的比重为67.76%,美国、日本、韩国和德国分别为81.48%、85.51%、67.99%、58.48%,而中国仅为28.65%。发明专利在专利总量中所占比重能够反映出该国创新质量的高低,俄罗斯的发明专利占比远远高于实用新型专利(26.80%)和外观设计专利(5.44%)。这说明俄罗斯的自主创新能力相对较高,但创新质量仍有待于进一步提高。

间接产出是指创新活动的直接产出在市场上的商业化成果,以及作为生产要素对经济活动的促进作用,属于直接产出的应用,是创新活动的根本目的,又称为应用绩效。高科技产品出口不仅体现一国的国际竞争力水平,而且能够反映出该国创新成果在国际市场上的转化能力。因此,可以从高科技产品出口总额及其在制造业出口总额中所占比重的角度对应用绩效进行分析。

自2000年以来,俄罗斯高科技产品出口总额基本呈现出上升的态势,从2000年的39.08亿美元增加到2012年的70.95亿美元。但与其他发达国家相比,差距十分巨大,2012年美国高科技产品出口总额为1 487.7亿美元,德国为1 833.5亿美元,日本为1 234.1亿美元,而发展中的大国——中国为5 056.5亿美元。在俄罗斯,尽管生产中的创新产品比重从2006年的5.4%上升到2011年的6.1%,但在生产领域的出口中,技术创新产品所占的比重却从2003年的12.5%下降到2011年的4.9%。2012年,俄罗斯高科技产品出口在制造业出口总额中所占的比重为8%(2010年为9%,2011年8%),美国、英国、德国、韩国和日本分别为18%、22%、16%、26%和17%,而中国为26%。可见,俄罗斯在国际高科技产品市场上并不具有较强的竞争优势,科技创新活动应用绩效仍需要进一步提高。

3. 创新潜能与发展趋势

创新潜能是影响一个国家创新能力的重要因素,主要包括创新型人才资源储备及创新持续投入能力等方面。从创新人才资源储备来看,创新需要丰富的科研人力资源投入,需要以较高素质的人力资源为基础。国家的公共教育支出能够反映出该国对创新型人才的培养与储备情况。2000年,俄罗斯公共教育支出占政府总支出的2.9%,此后这一数值不断增加,2008年达到4.1%,但仍低于其他典型创新型国家。2008,芬兰、美国、英国、韩国、德国的公共教育支出占国内生产总值的比重分别达到了6.1%、5.3%、5.3%、4.8%和4.6%。与此同时,俄罗斯大学生人均支出占国内生产总值的比重也远远低于美国等创新经济体,2008年俄罗斯为14.2%,芬兰为32.5%,英国为22.0%,日本为21.1%,美国为20.4%。这说明,俄罗斯对教育的投入力度还处于较低水平。今后,为了更多培养创新型人才,仍需要加大教育投入。

创新持续投入能力是一国创新潜能的重要体现,只有持续地对创新进行投入,才能使国家的创新能力不断地提高。研发投入总额和研发投入强度是物质资本投入的重要指标，研发投入在某种程度上代表了一国未来潜在的竞争力。尽管自2000 年以来，俄罗斯依靠原料型产品的大量出口取得大量石油美元，但用于科技研发（R&D）投入的比例并不高。图 5-3 表明，2000 年以来，俄罗斯的 R&D 投入强度只有 2003 年最高，但也仅为 1.29%，不仅大大低于韩国、美国和日本、芬兰等国，而且研发投入强度增势也明显低于美国、日本、德国、中国等国家。这种情况给俄罗斯的创新发展带来不利的影响，为了提高创新能力，俄罗斯需要进行持续不断的创新投入。

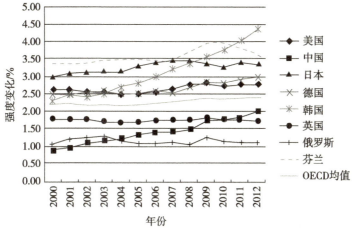

图 5-3　2000~2012 年世界主要国家研发强度变化情况

资料来源：OECD 主要科技统计数据库（MTSI）. http://stats.oecd.org/Index.aspx

从国内研发支出增长趋势来看，2012 年俄罗斯国内 R&D 支出增长率为6.68%，低于韩国（10.09%）和中国（16.21%），但却超过了美国（3.87%）、德国（3.62%）、和日本（0.53%）。总体而言，自 2005 年以来，尤其 2011 年《俄罗斯联邦 2020 年前创新发展战略》发布以来，俄罗斯联邦政府的创新投入呈现出了增长的态势，但研发投入总额仍较低，且增长势头也不明显。2005~2012 年，俄罗斯国内 R&D 支出增长率分别为-1.33%、8.66%、12.90%、-1.52%、10.50%、-5.66%、0.62%、6.68%，韩国分别为 8.17%、13.37%、7.10%、6.30%、11.59%、12.04%、10.09%（2007 年数据缺失），中国分别为 19.90%、18.08%、14.78%、15.45%、14.15%、14.10%、16.21%（2009 年数据缺失）。

研发经费来源部门和执行部门所占的比重对创新物质资本投入利用效率产生重要影响。如前所述，俄罗斯的研发经费 2/3 以上来源于政府，企业所占比重不到 1/3，而执行部门中企业所占比重也远低于芬兰、美国、德国等典型创新国家，因而俄罗斯研发经费的来源、利用及配置结构均需要进一步合理化发展。

从政策环境角度来看，作为经济活动的创新具有一定的外部性，政府不仅可以作为创新主体直接参与创新活动，而且还能够通过各种政策对其发挥间接作用，如利用知识产权保护制度和反垄断法规等对国家创新活动进行干预。根据《2013—2014 年全球竞争力报告》中的数据，芬兰、英国、德国、美国和日本的知识产权保护程度分别为 6.2、5.8、5.6、5.2 和 5.7，而俄罗斯仅为 2.9，不仅低于中国（3.9），而且低于世界平均水平（3.8）。可见，与芬兰、英国、德国等典型创新国家相比，俄罗斯的知识产权保护程度还处于较低的水平，还不具备完善的知识产权保护体系，这主要是因为俄罗斯的立法和司法尚未同步，知识产权保护法律的执行相对不严。

此外，充分竞争的经济环境有利于激发企业竞争意识，提高创新积极性和核心竞争力。根据《2013—2014 年全球竞争力报告》中的资料，芬兰在反垄断有效程度指标方面仍位居世界首位，达到了 5.6，英国、德国、美国和日本也分别达到了 5.0、5.1、5.0 和 5.2，位居世界前列，俄罗斯为 3.5，低于世界均值 4.1，也低于中国（4.3）。尽管俄罗斯早在 1990 年就颁布了《反垄断法》，而且目前已形成了以《反垄断法》为基础和核心、各相关法律法规相配套的竞争法体系，但在反垄断法执行能力和水平方面，与发达国家相比仍有较大的差距。因此，俄罗斯仍需要加大对反垄断法的司法投入，以便提高企业的创新能力。

5.3 创新发展战略与产业结构调整

产业结构的变动与科学技术的发展尤其是新技术革命是紧密相关的。科技创新和产业结构调整是相辅相成、密不可分的。中国学者傅家骥在《技术创新学》中指出，技术创新是影响产业升级和结构转换的核心要素。他认为"没有技术创新，就没有产业结构的演变，没有产业结构的演变就没有经济的持久增长"①。当今世界，科技创新已经成为提高综合国力的关键支撑，科技创新使产业格局发生了巨大的变化，让企业面临着前所未有的机遇和挑战。可以说，科技创新不仅是企业发展的动力，更是产业结构调整与转型升级成败的关键因素，科技创新能够促进产业结构的发展与优化。可见，发展创新型经济与产业结构调整是一种相辅相成和相互促进的关系。创新型经济发展有利于产业结构的调整与优化，而产业结构的不断调整与优化又能促进创新型经济的发展。

俄罗斯政府对产业结构调整的认识是逐步深入的。叶利钦时期国家进行建立市场经济的改革，奉行自由主义，不主张政府对经济进行过度干预，这一时期的政策主要是推动经济向市场经济转型，并没有专门调整产业结构的政策。但这一时期俄罗斯所经历的巨大的政治、经济、社会变革必然会对产业结构乃至经济结构产生重要的影响，经济结构调整紧紧的伴随着国家经济转型的步伐。一方面，

① 傅家骥. 技术创新学. 北京：清华大学出版社，1998：409-411.

这场经济的大变革，使市场在资源配置中的基础地位得以确定。由计划经济向市场经济的变革使资源由非市场的低效率配置转变为市场的高效率配置，市场根据商品的供求状况确定价格并调节生产和需求，而资源的优化配置必然会促进经济结构的优化。另一方面，鼓励了竞争，为经济注入活力。市场经济的确立可以促进竞争，而竞争机制则会带来生产效率的提高，企业为了提高生产率、确立竞争优势，不断开发应用新的技术，这就会促进产业结构的全面升级，引起经济结构的优化。然而，此时的改革也使国家经济大幅衰退，产出持续下降。正如之前所进行的分析一样，这一时期俄罗斯经济经历了巨大的持续衰退，尽管三次产业结构发生了变化，但这种变化不是在经济增长基础上的优化，而是在经济整体衰退的基础上的进一步畸形化。

如今，俄罗斯经济结构仍以出口石油和天然气产品为主，经济结构中最严重的问题是缺少知识和技术密集型产业，这成为影响创新经济发展的关键所在。当前，俄罗斯石油天然气等原材料产品的出口占国内生产总值的 1/4 左右，俄罗斯联邦约 50%的预算收入来自石油和天然气的出口收入，当国际能源市场和金融市场出现波动之时，便会对预算收入产生巨大的影响与冲击。与此同时，俄罗斯还大量进口消费品、技术含量及附加值高的产品。俄罗斯当前这种不顾长远发展，不注重增长质量，以牺牲环境和枯竭资源为代价而实现的经济增长，不仅会导致环境恶化、资源日趋短缺和人民的实际福利下降，甚至会造成"贫困化增长"，其结果将使发展最终难以持续并可能使经济再度陷入困境。如果严重不合理的产业结构长期不能得到改变，那么俄罗斯经济在今后发展过程中会有出现结构性下降的可能性，因而必须加速产业结构改革的进程，减少对资源密集型产业的过分依赖，对国民经济进行全面的技术改造和调整。

自 2000 年普京执政以来，随着经济的复苏与持续的增长，俄罗斯越来越关注经济发展中的结构失衡问题，逐渐意识到经济结构调整的紧迫性，提出了结构调整的目标，制定了长期发展战略，并实行积极的工业政策，以使产业结构不断向合理化发展，进而促进国民经济各部门的协调与可持续发展。这从普京总统上任之初的《千年之交的俄罗斯》及后来的《2020 年前俄罗斯发展战略》中可见一斑，无论是"向结构改革过渡"任务的提出，还是"优化经济结构"措施的逐步落实，都可看出俄罗斯政府对经济结构调整的重视。

如今，俄罗斯已认识到，尽快改变资源型经济发展模式对其经济可持续发展具有重要意义。俄罗斯要想改变产业结构现状，必须转变经济增长方式，实现从资源依赖型向创新发展型的经济增长方式的转型。早在 2008 年，普京便为俄罗斯的长期发展制定了"普京计划"，即《俄罗斯联邦 2020 年前社会经济长期发展构想》，其实质在于转变经济增长方式，即从原料能源依赖型转向创新发展道路。

然而，由于俄罗斯经济发展模式与经济结构的改变还存在着种种制约因素，因而俄罗斯产业结构的调整并非易事，它是一个长期复杂的历史过程。为实现经济的长期可持续增长，走一条符合俄罗斯国情的后工业化道路，应采取如下一些措施：加大力度推进产业结构改革，确定主导产业、基础产业和战略产业的发展顺序，保证经济的持续发展，减轻对能源领域的依赖，使经济由主要依赖资源密集型产业转向以技术密集型产业为主，特别是大力发展高新技术产业、现代制造业和现代服务业，形成以知识密集型产业为主的经济结构，进一步提高农业在经济总量中的比重，调整工业中轻重比例，解决基础结构薄弱的问题，优化区域布局。这是顺应经济全球化和由此带来的新一轮全球经济和产业结构调整的需要。

与之相适应的是，俄罗斯的经济发展战略也逐步从单纯追求经济高速增长向注重经济增长与经济发展并重的方向转变。俄罗斯经济发展前景取决于发展国家创新体系、提高劳动生产率、更新国家重点经济产业、开发新的能源产地，以及完善的银行体系和金融服务行业。基于这些认识，俄罗斯提出了传统优势部门、创新部门共同发展的综合发展战略，实现经济结构多元化。根据俄罗斯的国情，俄罗斯政府于 2008 年 2 月出台的《2020 年前俄罗斯社会经济长期发展构想》的实质就是"国家创新发展战略"。其实，早在苏联时期，俄罗斯经济结构便以资源密集型产业占主导地位，而苏联也一直试图向知识密集型经济结构调整，但没能成功。在叶利钦时期，尽管俄罗斯也在经济结构调整方面付出了努力，但却缺乏明确的调整战略。在普京在第一任期内，经济发展速度成为优先实施的政策目标，从第二任期开始普京更加强调社会发展计划和结构调整问题，明确提出要加大人力资本投资和国家创新体系的建设，实施旨在调整经济结构的国家发展战略，即上述"国家创新发展战略"。创新战略在解决社会、经济、投资、生态和对外政策的主要任务、建立国家创新体系方面具有重要作用。

今后，为充分发挥俄罗斯的创新潜力，应加快现代化建设及经济结构的调整与优化，制定并实施新的创新体系及现代化管理的模式和方法，加快技术更新的进程和经济多元化发展，创造良好的经济环境和法律环境，建立有利于创新的基础设施，通过国家科技创新战略的实施，加强对中小企业的创新管理，促进科研院所的创新活动，完善高等院校的技术创新中心，完善国家促进科研成果商业转化的机制。

5.4   三次产业结构调整与优化

5.4.1   第一产业结构调整

1. 调整农业政策，出台农业法规

土地政策是农业的根本政策，1991 年俄罗斯先后通过了《俄罗斯联邦土地法典》和《关于俄罗斯联邦实施土地改革的紧急措施的命令》，这标志着激进农业改革的开始，拉开了土地私有化改革的帷幕。在这个土地改革的总统令中，首次提出在俄罗斯允许实行土地抵押和有条件的土地买卖制度。1993 年 10 月，叶利钦签署了《关于调节土地关系和发展土地改革的命令》。此后的 1994 年和 1995 年分别颁布了俄罗斯政府《关于借鉴下诺夫戈罗德州实际经验改革农业企业》的第 874 号决议和《关于实现土地份额和财产份额所有者权利的方式》的第 96 号决议。1996 年 3 月签署了《关于实现宪法规定的公民土地权利》的总统令。

普京时期，对土地立法进行了改革，明确了土地的私有权制度。2001 年 10 月，俄罗斯通过了新的《俄罗斯联邦土地法典》，规定包括农业用地在内的土地可以实行私有化，但只允许非农业用地，即城镇住房和工业用地进入流通。2002 年 7 月，俄罗斯杜马正式通过《农用土地流通法》，《农用土地流通法》于 2003 年开始实施，规定土地可以买卖，但禁止将农用土地卖给外国人、无国籍人士和外资股份超过 50%的合资企业。2005 年 7 月，普京总统签发了《农用土地流通法》和《土地规划法》[①]。这两部法律简化了农用地的占有、使用和处理程序，加快了土地及林地的自由流通以及利用率。土地私有权的进一步明确具有重要的意义，不仅可以提高农业的资本化程度，而且还可以促进农业生产实现规模经营。

2006 年 12 月，针对农业内部存在的问题，普京总统签署了《俄罗斯联邦农业发展法》，《俄罗斯联邦农业发展法》于 2007 年 1 月生效。《俄罗斯联邦农业发展法》是一部新的农业法规，首次将农业政策纳入政府的社会经济政策之中，将原有的零散农业措施统合成了一个完整的系统。《俄罗斯联邦农业发展法》规定了政府对农业进行扶持的重点方向，如建立保险系统、保证农民获得信贷资源、开发优质种子生产、对牲畜、果园等的发展进行扶持、对基本生产资料创新进行扶持、提供咨询服务和培训等。《俄罗斯联邦农业发展法》规定了农业政策的主要目标如下：实现农村可持续发展；提高农业竞争力，为居民提供高质量的产品；为农业投资创造良好的环境；建立并完善农产品市场；等等[②]。

2. 加大对农业的支持力度

2005 年，俄罗斯政府把农业与教育、住房和医疗列为国家未来发展的四大重点领域，并从以下几个方面加大对农业的支持力度：一是加大财政预算的支持。2004 年联邦财政对农业的拨款比 1999 年扩大了 3 倍以上，2005 年的联邦财政对农业的投入达约为 33 亿美元。2005~2007 年国家财政对农业的支出增长了 72.7%，2007 年达到 57 亿美元，约占国家预算的 10%左右。在《2008—2012 年农业发展、农产品市场调节、农村发展规划》中，俄罗斯各级政府计划拨款约 410 亿美元支持农业发展[③]。二是制定并实行优惠的税收政策，以减轻农产品生产者的负担。

① 林跃勤. 俄罗斯农业改革及其经验借鉴. 俄罗斯中亚东欧市场，2006，（6）：22.

② 朱行. 俄罗斯新农业法. 粮食科技与经济，2007，（4）：51.

③ 国家发改委农村经济司. 俄罗斯农业改革历程及对我国的启示. 中国科技投资，2011，（2）：76.

2002 年年初，俄罗斯开始推行统一的农业税，将农业生产者纳税种类由原来的 28 种减少到 10 种，这一措施每年可使农民少交 150 亿卢布的税收[①]。三是改善农业投资环境。为此，俄罗斯在鼓励国内企业对农业进行投资的同时，积极吸引外商对农业进行投资，为外商进入制定了透明的和较为宽松的投资规划，明确了外商进入战略行业的具体条件和程序，规定如果外商在非战略行业投资可以直接进行自由投资，而不需经过政府。四是提供优惠的信贷支持。2005 年俄罗斯政府规定，对畜牧业和农业企业的贷款期限可以延长到 8 年，政府提供贴息支持。2006 年，俄罗斯政府农业贷款贴息支出达到 135 亿卢布，比 2005 年增长 1.5 倍。2007 年开始实施的《俄罗斯联邦农业发展法》，进一步明确了农业贷款支持政策。《俄罗斯联邦农业发展法》还要求俄罗斯农业银行在 2008~2012 年对农业的贷款规模要增加 1 倍，总额达到 6 000 亿卢布[②]。五是政府对市场进行调节以保护农民利益。2001 年和 2002 年俄罗斯农业获得大丰收，粮食产量大幅度增加，造成粮价下跌，谷贱伤农。为了调节粮食市场，保护农民利益，俄罗斯每年由联邦预算拨出 20 亿~40 亿卢布，进行采购干预。具体做法如下：由俄罗斯农业部同联邦食品市场调节机构签订协议，确定进行采购干预的程序和条件，规定保护价格[②]。六是推进农业机械化。为了扩大农业机械使用的广泛性，近年来俄罗斯政府制定了一系列支持农业机械化发展的政策。俄罗斯政府每年公布农业机械采购目录，同时成立专门公司，国家提供优惠贷款，对列入目录的产品，先由该公司统一购买，然后采取两种形式销售，一种是实行分期付款卖给用户，缓解用户资金短缺的压力。农民购买农机可先按价格的 10%付款，以后用 5~10 年或更长的时间来支付余款等。俄罗斯政府对农民或农场购买农业机械提供资金补贴或无息贷款，农民可直接利用农机具的折价对所有购买的新农业机械进行担保；另一种是实行租赁经营，用于帮助无力购机的农民和农场主能够使用农业机械进行生产[③]。七是鼓励农业科技创新。俄罗斯的《2000~2001 年农业食品政策基本方针》等重要政策文件，都把科技创新放在重要位置，强调农业科研要符合时代要求，并按照市场规则将科研成果有效地推广应用到生产中去。俄罗斯现有 64 所农业高等院校、310 个农业科研单位、528 个实验和教学农场，有 9.4 万名科技人员从事农业科学研究工作，这些机构均从政府农业预算中得到专项经费支持[②]。八是主张建立大型农工综合体。普京执政后，把发展现代大型农工商一体化企业，即所谓的大农业作为当务之急。普京认为，建立大型农工综合体是发展俄罗斯国内经济的最重要的途径之一，并关系到农村人民的生活前景，培育和发展"大商品生产者"是俄罗斯"农

① 乔木森. 俄罗斯在协调城乡和工农业发展方面的问题和改进措施. 中国社会科学网. http://www.cssn.cn/news/525899.htm，2012-08-15.

② 国家发改委农村经济司. 俄罗斯农业改革历程及对我国的启示. 中国科技投资，2011，（2）：77.

③ 廖伟经. 俄罗斯：定推进农业机械化. 农机质量与监督，2011，（9）：46.

业的未来"。俄罗斯政府于 2004 年 7 月 28 日出台的《俄罗斯联邦政府 2008 年前工作重点》提出，推动合作社和农工综合体的一体化进程，成立由多家实体共同组成的大型农工集团。2005 年上半年，俄罗斯财政部从稳定基金中拨出 1 000 亿卢布，以支持农工综合体[①]。此外，在入世时农业基本领域方面，普京也表示，俄罗斯将保留入世后增加农业补贴的权利，不会在加入世界贸易组织谈判期间做出可能损害本国农工综合体的让步。

除了出台法律和加大对农业的扶持力度，俄罗斯政府还不断加大对农业教育的投入，大力提高农业机械化水平。俄罗斯坚持推行农业机械化战略，建立覆盖中央、各联邦主体，以及基层的多层次农业机械发展管理体制，制定一系列扶持农业发展的政策，如为了缓解农户资金短缺带来的压力，对农业机械实行了分期付款的政策；为了解决农户无钱购买机械的难题，对农业机械实行租赁经营的业务；积极完善土地使用管理制度，探索土地的租用和拍卖机制，大力发展规模化的大型农场；对动植物新品种、农业新技术和新设备的引进与推广，以及生物能源产业的发展提供资金支持，以促进农业的可持续发展。

5.4.2　第二产业结构调整

1. 协调轻重工业的发展

面对重工业所占比例明显过大，而轻工业比例逐年减小的局势，如何采取有效措施协调二者之间的发展成为俄罗斯政府的当务之急。在处理轻工业和重工业的关系时，应采取既要稳定发展重工业又要加快发展轻工业的措施，既要保持重工业的总体生产规模大体不变或略有上升，同时又要使轻工业的生产规模快速扩大，也就是说，轻工业的增长速度应当快于重工业的。与此同时，对于轻工业和重工业的内部结构也应该进行调整，应根据轻工业、重工业内部各行业的规模、发展状况、技术水平和产品的市场前景进行调整，重点应该调整产品结构，力争以此来带动行业结构的调整。也就是说，要做到产品适销对路，行业之间要协调发展，产业的总体技术水平要有明显提高。

2. 大力发展高新技术产业

随着经济全球化和区域经济化的发展，世界各国纷纷启动了科技计划和优先发展高新技术产业，高新技术产业已经成为世界经济增长的新动力和发达国家的主导产业，已成为一国竞争力的重要组成部分。高新技术产业具有资源利用率高、劳动生产率高、需求增长快和发展速度快的特点，因而推进高新技术产业的发展成为俄罗斯经济发展的目标。为此，可根据市场需求和世界新技术革命的发展方向，通过引进技术和自主开发，在新能源、新材料、电子信息、

① 林跃勤. 俄罗斯农业改革及其经验借鉴. 俄罗斯中亚东欧市场，2006，（6）：20.

节能环保和生物工程等领域，建立和发展新型产业。同时，要不断优化高新技术产业的内部结构，优先发展那些能够明显带动经济增长的新材料、生物技术和信息产业。在承接发达国家和地区产业转移尤其是高端产业转移的同时，高度重视原创性技术和工艺的开发，增强高新技术产业的辐射与带动能力，不断提高核心技术的创新能力。

3. 进行产权制度改革

为了进行产权改革，俄罗斯在改革之初颁布了《关于加快国有企业和市政企业私有化的命令》和《关于国有企业和市政企业私有化纲要基本原则》等一系列"法令"和"纲要"，对国有资产进行了一场大刀阔斧的私有化改革进程。从 1992 年年初到 1997 年 7 月，俄罗斯通过"小私有化"和"大私有化"两大阶段便完成了大规模私有化改造并转入个案私有化阶段。俄罗斯只用短短数年的时间便把一个国有产权高度集中的国家转变为以非国有产权为主的国家。到 1996 年年底，俄罗斯实现私有化的企业共计达 12.46 万个；在资产方面，国有资产约占资产总量的 45%，非国有资产约占 55%；在产出方面，国有经济占国内生产总值的 28%，非国有经济占 72%（其中私有经济占 28%）①。2001 年 12 月，俄罗斯颁布了新的《国有资产和市政资产私有化法》，纠正了过去私有化的一些问题，加强了对私有化的管理和监督。到 2002 年年初，俄罗斯实现私有化的企业共有 13 万家，占私有化之前全部国有企业总数的 66%，俄罗斯国有成分从 1990 年的 88.6% 下降到 10.7%，私有成分从 1.2% 上升到 75.8%，集体与其他混合成分从 10.2% 变为 13.4%。在以非国有制为主导的多种所有制体系背景下，俄罗斯的市场经济框架基本形成，2002 年夏秋美国和欧盟分别承认了其市场经济国家的地位。

自俄罗斯经济转轨以来，俄罗斯国有资产和市政资产的私有化改变了工业企业所有制的产权结构，国有企业的数量及其产值比重减小，私有企业包括不含外资的国有企业与私有企业的混合型企业比重不断增大。从 2003 年起，制造业、批发零售业、房地产业等成为私有化的重点行业，大多数企业成为股份公司。2008 年，俄罗斯实现私有化的企业数量为 260 家，其中，制造业占 14.2%、批发零售业占 19.6%、房地产业占 15%。截至 2008 年年底，俄罗斯拥有国有企业 13.5 万家，占企业总数的 2.8%；市政企业 25.76 万家，占企业总数的 5.4%；私有企业 397.55 万家，占企业总数的 83.3%。

虽然俄罗斯的私有化水平不断提高，但俄罗斯联邦政府还是在原子能、航空、船舶、通信、微电子等高科技领域等领域建立了"国家集团公司"，重新确立了国有经济在战略经济领域的主体地位。目前，俄罗斯政府持有本国约 5 500 家企业的

---

① 许新. 1997—2000 年俄罗斯政府中期纲要构想：结构改革和经济增长. 经济问题，1997（1）：30；张仁德. 转机国家产权变革的比较及其制度经济学分析·转型国家经济译记. 大连：东北财经大学出版社，2008：51.

股份，政府直接和间接控制的企业占俄罗斯经济总量的 45%~50%，这一比例远高于全球 30%的平均水平[①]。国有大型垄断企业凭借垄断地位便可获得利润和市场，因此，国有大型垄断企业缺乏动力进行技术突破和提升管理水平。在国有企业的管理中，主要任务是提高管理效益，加快国有独资企业股份化进程，对不承担国家安全功能的国有企业实行私有化。除了保障国家安全的企业以外，其他的所有行业，即食品、交通、冶金、石油、生产民用最终消费产品的机器制造等全部实现了私有化。未来，还将解决和完善国有工业企业的财产管理、国有独资企业的股份化和私有化问题，这是改革工业企业所有制结构和大量吸引有效投资人的重要因素。

相比于叶利钦时期实行的激进的私有化，普京执政后加强了国家对经济的调控力度，在能源、军工、飞机制造、重型机械、核能、矿产开采、汽车制造、海洋运输、航空运输、银行、造船等重要领域建立了大型国有控股公司，加强对国有战略企业的监管，以使国家能够牢牢地掌握拉动经济增长的重要产业，使其成为国家财政收入的主要来源，并将这笔资金进行合理的分配，用于经济建设及社会文化支出。在 20 世纪末俄罗斯进行的私有化进程中，国家财富被少数人尤其是几大寡头所瓜分，他们掌握了国家的经济命脉，1/3 以上的居民陷入贫困境地，甚至出现了国家领土被分裂的局面，致使国家的经济陷入无政府状态和灾难性的边缘。为了实现经济的复苏，普京执政后，充分利用有利时机，有效地打击寡头势力，制止寡头操纵媒体、插手政治和恣意妄为，将能源领域的私有企业重新国有化，以"尤科斯事件"为代表掀起了国有化浪潮，使国家在能源、电力、铁路、邮政等维护国家战略安全的领域重新掌握了主导权。

与此同时，俄罗斯联邦政府还加大了对国有企业的支持力度，帮助企业做大做强，如天然气工业公司、石油运输公司、俄罗斯石油、俄罗斯铁路、统一电力系统公司、对外贸易银行等均是大型垄断企业。自 2004 年以来，俄罗斯国民经济各主要行业陆续出现了重新国有化的迹象。国有和地方政府所有的企业数量从 2001 年开始逐年增加，到 2006 年增加为 41.4 万个。2000~2007 年，俄罗斯投资总额中政府预算投资平均为 20%，且这一比例还在不断增加。国有企业在投资总额中所占比重平均高达 24%，国有企业零售贸易额约增加了 1 倍，国有建筑企业完成的工作量约增加了 1.7 倍。到 2007 年，国有固定资产总额比 2001 年增加了 1 倍，达到 10.9 万亿卢布。国有企业吸纳了 32%的劳动力，就业人数达到 2 165.6 万人[②]。表 5-2 反映了 2004~2008 年俄罗斯国有经济占比情况，可以看出这一时期俄罗斯国有经济所占比重呈现出明显的上升趋势，这说明国家对重要的行业加强了控制，国有经济比例的上升大大增强了国有经济对国家经济的主导作用。

① 李将军. 俄罗斯国有企业改革问题研究及其启示. 经济研究导刊，2010，（18）：174.
② 李新. 2000 年以来俄罗斯经济结构的变化及其发展趋势. 俄罗斯研究，2009，（2）：33.

表 5-2　2004~2008 年俄罗斯国有经济所占比重情况（单位：%）

股份制企业中国有股比例	国有股企业比例				
	2004 年	2005 年	2006 年	2007 年	2008 年
100%股份	4	10	30	45	54
50%~100%股份	15	13	12	10	7
50%以下	81	77	58	45	39

资料来源：李将军. 俄罗斯国有企业改革问题研究及其启示. 经济研究导刊，2010，（18）：174

经过转轨以来的所有制改革，尽管在俄罗斯已经是多种所有制经济并存，但市场经济体制还不完善。2009 年 10 月，普京明确表示："应当将私有化看做国家财政收入的一个重要来源。该进程应当有助于提高生产效率、吸引额外投资、优化竞争环境。"[①]2010 年 8 月，俄罗斯宣布计划在 2011~2013 年对 11 家"重量级"国企和国有银行进行部分私有化，其中包括俄罗斯最大的金融机构俄罗斯国有控股银行和最大的石油公司俄罗斯石油工业股份有限公司，以及国家能源管道运营商俄罗斯国家石油管道运输公司、国有银行俄罗斯对外贸易银行和水力发电运营商俄罗斯国有大型水力发电公司，但未包括国有铁路运营商俄罗斯铁路公司。有媒体报道称，计划出售的所有企业都只是部分私有化，国家将继续握有控股权[②]。俄罗斯希望通过国退民进对国有企业进行结构性调整，促进民间资本进入，引进竞争机制，改善国企管理。

由此可见，虽然俄罗斯重新实施了国有化，但俄罗斯也再次启动了私有化，这表明俄罗斯的所有制结构还没有最终确定，市场经济体制还没有完全建立。在此值得一提的是，由于俄罗斯东部地区不仅是能源供给地，还是军事战略基地，因而在私有化浪潮中，远东地区还将保留一些国有企业，为国家的能源战略和军事战略服务。可见，东部地区的所有制结构更有待完善。

4. 改善投资环境

俄罗斯在政策环境、政府服务意识、金融服务、思想观念、社会治安等投资环境方面存在不足。曾经到俄罗斯尤其是东部地区投资失败的企业数不胜数，许多投资者对该地区的投资环境一直较为担心。在政策环境方面，出于促进经济发展和维护国家利益的需要，俄罗斯联邦政府经常变动税务、海关、外商投资等方面的法规，进而各个行政区出台的投资优惠政策随着国家法规的调整不断调整。例如，2006 年 11 月 15 日，俄罗斯政府颁布了《关于规定 2007 年俄罗斯联邦境内零售贸易经营主体使用外籍劳工许可条例》，规定从 2007 年 1 月 1 日起在俄罗

---

① 关健斌. 俄罗斯将开始新一轮私有化　出售石油公司等股票. 中国青年报，2009-10-18.

② 俄罗斯批准 11 家国有企业私有化. 中国证券报. http://finance.sina.com.cn/world/gjjj/20100729/17348 388966. shtml，2010-07-29.

斯经营酒类和药品零售业的外国从业人员数量将减少到零，2007 年 4 月 1 日前在俄罗斯市场和售货亭从事零售贸易的外国人将减少 60%，到 2007 年年末从事零售贸易的外国人将减少到零。然而近一个月后，俄罗斯莫斯科市政府又宣布允许所有希望继续经营的外国商贩返回市场①。为了支持东部大开发，俄罗斯联邦政府多次出台东部地区发展规划纲要，东部行政区也出台了区域经济发展规划纲要。虽然规划纲要表明了东部大开发的决心，但随着规划纲要数量上升和不断更新，规划纲要的权威性也随之降低，俄罗斯联邦政府的政策多变往往导致了远东地区各行政区出台的投资优惠政策和税收优惠政策也频繁变动。政策多变使得微观经济主体缺乏政策安全感，增加了投资者的投资风险，特别是在能源、原材料等一些投资周期长、投资金额大的领域内的政策多变使得投资者再三犹豫。这从俄罗斯对《产量分成协议法》的不断修订中便可见一斑。1994 年，在《关于利用地下矿藏时的产量分成协议问题》的基础上，俄罗斯在萨哈林-1 号和萨哈林-2 号上启用了产量分成协议。1995 年，俄罗斯出台了《产量分成协议法》。1999 年，俄罗斯联邦政府增加了一些限制性条款。2003 年，俄罗斯联邦政府修订了《产量分成协议法》，产量分成协议只能作为备用方案，即只有经过招标证实没有投资者愿在普通税制下对某一资源产地进行开发时方能运用。此次修订实质上是限制了产量分成协议的作用。2004 年，俄罗斯联邦政府收回了萨哈林-3 号的开采权。

在政府服务方面，俄罗斯许多地区的政府公职人员缺乏服务意识，存在行政效率比较低、项目审批时间长等问题。在俄罗斯港口办理停留 10 分钟的手续可能会用 2~3 天的时间，而且停留 1 小时要缴费 100~500 美元，而国外港口办理手续及提供补给只用 3~5 小时，且费用低廉②。虽然俄罗斯政府提供了众多优惠投资政策，但较高的赋税往往挤占企业利润，使得企业从优惠政策中获得的最终实惠往往较小。为了维护森林资源和渔业资源可持续发展，俄罗斯联邦政府在森林采伐、渔业捕捞等方面实行许可证和配置机制，反而导致了寻租现象不断出现。在引进劳务方面，除经州、边疆区一级行政机关审批外，还必须经俄罗斯政府移民局审批，并要缴纳很高的引进劳务费。办理去俄罗斯经商的邀请函、护照签证、过境后在俄罗斯内务机关盖落地章的费用也都很高③。此外，由于海关清关手续烦琐、关税混乱，"灰色清关"在东部地区的沿海区域非常盛行。海关系统是俄罗斯腐败泛滥的重灾区之一。尽管俄罗斯海关系统打击腐败的斗争从未间断过，但发生在该部门的腐败行为却未得到根本抑制，许多验关、报关人员甚至是海关部门的负责人经常利用职务之便收取贿赂，而通关的商人只有用金钱才能"摆平"

① 高初建. 跳出俄罗斯禁商政策圈子 "面包" 属于有心人. 中华工商时报. http://news.xinhuanet.com/fortune/2007-02/16/content_5747269.htm, 2007-02-16.

② Елена Ардальянова. Грефовауха. Дальневосточный Капитал, 2003, №1.

③ 王世才. 俄罗斯远东对外经贸政策的变化、影响与问题. 东欧中亚研究, 1999, (2): 61.

一切障碍，使人或商品能够便捷地通关。对此，普京曾严厉指责"海关同商界狼狈为奸，在经济上胡作非为"。俄罗斯媒体也披露，海关长期以来一直是"灰色清关"、黑色清关及走私武器和毒品的通道。俄罗斯海关总署承认，本系统内的严重贪污腐败并不是个别的案件。"灰色清关"不仅使联邦政府的税收收入下降，而且成为俄罗斯的专有名词，反映了俄罗斯海关腐败和效率低下的问题。为了提高新政效率，2010 年 6 月 8 日俄罗斯总统梅德韦杰夫提出了全国官员数量削减 20% 的建议[①]。

在思想观念方面，虽然东部地区的少数民族较多，但主要以俄罗斯民族为主，"俄罗斯至上"的民族主义非常盛行，苏联时期的帝国主义情结并没有随着苏联解体而消除。因此，随着在俄罗斯东部地区务工的外国人尤其中国劳务人员的增加，一些人认为中国人进入该地区意在对俄罗斯进行"人口扩张"和"经济扩张"，致使"中国威胁论"在东部地区存在。而随着中俄能源合作的开展，一些人士又提出俄罗斯可能成为中国能源附庸的威胁论。这些思想反映出俄罗斯的大民族主义情结和排外思想。

在社会治安方面，俄罗斯正处在经济转轨阶段，经济两级分化严重，贫困人口增加，失业率上升，导致社会不稳定因素增加。而东部地区的经济发展比较滞后，存在着失业率高、收入分配差距大、贫困人数上升等社会问题，导致东部地区的社会治安较差，抢劫、杀人犯罪等事件时有发生，成为俄罗斯犯罪率比较高的行政区。2006 年前 7 个月，远东地区的犯罪率增加了 35%，而俄罗斯犯罪增长率的平均数是 16.8%[②]。此外，远东地区的非法毒品交易活动也比较猖獗，2007 年远东地区共没收 6 吨非法走私毒品，占当年全国被没收的毒品总数的 1/3[③]。此外，俄罗斯东部地区的一些不法分子针对外国人的犯罪事件屡有发生，不少外国人遭到光头党的敲诈、勒索、抢劫、绑架甚至谋杀。由于东部地区较差的社会治安状况难以维护好投资者的利益，令许多投资者望而生畏，大大降低了远东地区自然资源、科学技术等优势的吸引力。

长期以来，由于投资环境不良、吸引外资的立法不完善和企业管理水平不高，俄罗斯外资吸引力不足，不仅引进外资总量较少、投资地域不平衡，而且吸引外资的结构也不合理。市场经济体制的不完善不仅降低了经济效率，还使诸多外商投资者望而却步。再加上俄罗斯政府把吸引外资的目光放在发达国家的大公司身

① 谭武军. 俄罗斯拟削减两成公务员 提高行政效率. 人民网. http://qh.people.com.cn/GB/182778/11838488.html，2010-06-10.

② 总统代表称远东联邦区是俄罗斯犯罪率最高地区. 商务部网站. http://heilongjiang.mofcom.gov.cn/aarticle/sjyuwaisq/200609/20060903053480.html，2006-09-14.

③ 俄远东地区毒品犯罪活动猖獗居全国之首. 俄罗斯新闻网. http://rusnews.cn/eguoxinwen/eluosi_an quan/20080129/42029707.html，2008-01-29.

上，着重对它们提供优惠和保护，从而忽视了对外国中小投资商的吸引和保护。针对外商投资中出现的这些状况，俄罗斯政府逐渐调整了吸引外资的政策：一是整顿宏观经济形势，进行微观改革，完善吸引外资政策；二是按照国际惯例吸引外资，完善吸引外资的法律，注意对外资的法律保护；三是划分联邦中央与联邦主体的投资范围，兼顾联邦中央和联邦主体在吸引外资方面的利益，中央在制定吸引外资政策时考虑地方利益和特点；四是各联邦主体积极吸引外资，在《俄罗斯联邦外国投资法》的基础上制定自己吸引外资的法律体系，对外资特别是对外国中小投资人规定较为适宜的投资条件。

5. 鼓励科技创新

苏联解体后，俄罗斯在改革初期忽视了对科学研究和技术创新的重视，大大减少了对从事基础研究和将科研成果投入生产中的整个科技创新周期的拨款。普京总统执政后，加强了对俄罗斯科技界的关注。他指出，一个国家如果没有强大的、有发展前景的、良好和能有效提供产品的科学，那么这个国家就没有未来，俄罗斯要在未来国际竞争中占有一席之地，必须大力鼓励科研创新。如前所述，近年来，俄罗斯不断出台科技发展方面政策措施，俄罗斯联邦政府不仅力争加大对科学研究的联邦拨款力度，还积极促进非国有经济扩大对创新活动的投资，随着从事科技创新的私有科研组织的增加，从事科技创新活动的就业人员也不断增加。为了加大对创新活动的支持，俄罗斯政府不仅加大了科研基础设施的建设，还为科技创新活动提供各种税收优惠措施，如建立创新风险国家保险制度和私有保险制度；发展科技创新投资体系，对高风险项目给予非预算拨款；发展小型科技创新企业，并为小型生产企业、科技园和科技研究成果孵化器的发展创造条件；使科技创新研究市场化，把知识产权和知识产权保护列入经济的重点[①]。

5.4.3　第三产业结构调整

1. 大力发展教育产业

教育在一国经济发展中起着至关重要的作用，俄罗斯在发展经济时，极为重视教育产业的发展，将其作为国家竞争力提升的条件，为此把教育质量体系建设问题提到很高的地位，为每个专业制定"国家教育标准"的方式，为国家评定高等教育提供办学目标、办学效益、办学质量的客观标准。近些年来，俄罗斯大力进行教育改革，并以国家法律的形式确定教育的优先发展权，通过一系列相关法律确保实施。为了使高等学校获得更多的自主权和自治权，俄罗斯确立了大学的法人地位，采取各种途径解决办学经费不足的问题，整合高等院校和科研院所的科研资源，明确高等院校的发展是俄罗斯科学和创新综合体的最重要的组成部分。

---

① 永庆. 俄罗斯工业政策的调整. 俄罗斯中亚东欧市场，2003，（2）：21.

2. 大力发展信息产业

信息产业是发展速度较快、具有创新能力的行业。近几年来，俄罗斯政府大力扶持信息产业的发展，不断完善并发展国家信息化政策，提高家庭计算机普及率和电子邮件、因特网的使用率。同时，突出建立信息化教育体系，要求把教育的信息化工作放在首要的位置，并在预算、金融及税收等方面给予一系列的优惠政策，使俄罗斯信息产业得到快速的发展。俄罗斯政府把加强国家对信息化进程的协调作用作为国家信息化政策的核心，不断建立并发展电子商务系统，对本国通信设备整机制造商进口配件减免关税和缓征增值税，使关税从 25%降低到5%~10%[①]。

3. 加快社会服务体系建设

社会化服务体系建设是俄罗斯服务业中的主要内容，社会服务体系的完善不仅能够使第三产业实现健康稳定的发展，而且能够更好地为第一产业和第二产业提供全面的服务。进行社会化服务体系建设，需要不断完善体制和机制建设，落实人员、技术和教育培训，不断加强信息传递。为此，俄罗斯规定加强和完善社会化服务体系的基本方向如下：一方面，适应市场经济体制的要求，通过不断改造与创新形成多渠道、多层次的服务体系；另一方面，加快发展为生产、流通和生活服务的产业（为生产提供服务的产业有信息咨询、技术培训和科技推广等，为流通提供服务的产业有运输服务业及物流配送业等，为生活提供服务的产业有金融服务业、餐饮服务业、商业、旅游业、通信业、建筑业等）。

4. 优先发展交通运输业

交通运输业对国家的经济发展具有重要的作用，交通运输条件的好坏可直接影响国民经济的产业结构和产业布局。一方面，高效而安全的交通运输系统能够提高和改善沿线的交通条件，缩小各种规模的城市及与各工业中心之间的距离，有利于统一的市场竞争机制的形成，能够为企业的发展提供了良好的环境。另一方面，良好的交通运输系统能够为自然资源的开发提供廉价而可靠的运输保证，进而可以加大对自然资源的开发力度。特别是对俄罗斯这个幅员辽阔、资源丰富的大国而言，交通运输发挥着异常重要的作用。当前，俄罗斯已形成了包括铁路、公路、航空、河运、海运及管道运输在内的综合运输网络，承担着粮食、矿产、石油、天然气、煤炭、木材、金属及建筑材料等大宗货物的运输任务。

在交通基础设施方面，虽然俄罗斯已经形成了陆、海、空交通网络，但许多地区尤其是俄罗斯东部地区在铁路、公路、港口、空港等方面还存在诸多问题。目前，俄罗斯东部地区还没有强大的交通网络，难以实现陆海空运输的衔接和相互配合，阻碍了区域经济的发展。虽然俄罗斯东部地区分布着著名的西伯利亚大

---

① 刘伟东. 俄罗斯信息产业浅析. 西伯利亚研究，2007，（3）：29-31.

铁路和贝阿铁路，但东部地区的交通基础设施比较落后，成为制约经济发展的瓶颈。在铁路方面，虽然俄罗斯东部地区分布着西伯利亚大铁路和贝阿铁路，但远东地区的铁路电气化程度比较低，破损程度比较高，且主要分布在南部地区，而勘察加州、楚科奇自治区等北方地区至今仍没有铁路。在公路方面，西伯利亚的公路不仅等级比较低，且破损率比较高，该地区的硬面公路仅占84%，低于俄罗斯水平，一等公路的比重尚不及俄罗斯水平的 1/3，二等公路比重仅及俄罗斯平均水平的 3/4[①]。而远东地区的公路则是俄罗斯密度最低的，主要分布在犹太自治州、阿穆尔州、滨海边疆区、萨哈（雅库特）共和国等行政区，形成了哈巴罗夫斯克-符拉迪沃斯托克的乌苏里公路、哈巴罗夫斯克-纳霍德卡的东方公路及由赤塔经阿穆尔公路大桥至哈巴罗夫斯克的阿穆尔公路，现有的公路还存在着路况差、水平低等问题，至今还没有一条高速公路。

在港口方面，东部地区的港口主要分布在西伯利亚的北冰洋航线和远东地区的沿海地区，形成了杜金卡港、伊加尔卡港、迪克森港、哈坦加港、东方港、海参崴港、霍尔姆斯克港、科尔萨克夫港、马哈奇卡拉港、摩尔曼斯克港、纳霍德卡港、诺沃罗西斯克港、苏维埃港、索契港和瓦尼诺港等，但由于港口配套基施落后、年久失修，大大降低了工作效率，难以同世界知名港口相竞争。

在航空方面，东部地区的机场主要有伊尔库茨克机场、符拉迪沃斯托克机场、哈巴罗夫斯克机场、布拉戈维申斯克机场、彼德罗巴甫洛夫斯克机场、雅库茨克机场、南萨哈林斯克机场、马加丹机场等。其中，伊尔库茨克机场是东部地区的国际机场，哈巴罗夫斯克机场已发展成为远东地区最大的航空枢纽。由于俄罗斯东部地区的北部冬季漫长而寒冷，飞机成为对外联系的唯一交通工具，但存在着航空线路少、机票价格高等问题。

总之，俄罗斯东部地区落后的交通基础设施大大提高了运输成本，特别是远东地区，运输成本在生产的商品价值中占25%，远远高于俄罗斯运输成本占商品价值的比重，大大降低了商品的竞争力，迫使远东地区的诸多企业放弃了俄罗斯欧洲部分的市场。

随着经济的发展，各地区之间的相互往来日益密切，地区间人流和物流的规模不断扩大，为了适应时代的发展，俄罗斯需要加快发展国内的交通运输体系，不断发展铁路、公路、河运及空运体系，消除运输系统硬件设施和软环境方面存在的各种障碍。为此，俄罗斯一直重视相关政策的制定，不断改善交通运输条件，力争加大对交通运输业的资金投入，不断完善公路、铁路网的建设，尤其重视对西伯利亚大铁路进行技术改造，大力发展航运，对承接交通基础设施建设的企业给予优惠支持，以构筑内通外畅的交通运输网络。

---

① 范明明，赵海燕. 西伯利亚的交通运输业. 西伯利亚研究，2001，（2）：23.

第6章　中国的产业结构调整

世界经济的发展进程也是产业结构的演进过程，一个国家或地区的经济发展在很大程度上取决于经济结构尤其是作为其核心的产业结构是否合理，产业结构是否合理对经济结构合理化及其良性循环有着重要的影响。实现一个国家或地区产业结构的调整与优化是产业结构理论与政策的出发点与归宿，体现为选择主导产业、技术创新、产业均衡与非均衡发展等方面。改革开放以来，中国在经济增长方面取得了举世瞩目的巨大成就，与此同时产业结构也发生了较大变化。然而，随着经济全球化的发展，全球产业结构不断进行调整，在这种背景下，为了使中国的经济发展方式与国际经济形势相适应，需要对产业结构进行相应的调整。正如习近平总书记所指出的，实现尊重经济规律、有质量、有效益、可持续的发展，根本途径是加快转变经济发展方式，关键是深化产业结构战略性调整。产业结构调整是一项长期战略任务，总的方向是，改造提升传统制造业，培育发展战略性新兴产业，加快发展服务业，加强新能源和可再生能源、综合运输体系、城乡公共基础设施建设，构建现代产业发展新体系[①]。

6.1　中国产业发展与产业结构演进

自改革开放尤其是进入 21 世纪以来，中国经济取得了飞跃的发展，逐步从传统的计划经济模式向社会主义市场经济模式转变，从粗放型经济增长模式向集约型经济增长模式转变，同时产业结构得到了持续优化，基本上遵循着由农业产出为主向以工业产出为主，再转向以第三产业产出为主的发展道路。总体而言，各产业均保持较快的发展趋势，1978 年中国国内生产总值仅为 3 645.2 亿元，到 2012 年达到了 518 942.1 亿元，是 1978 年的 142.4 倍。1978 年，中国第一产业、第二产业、第三产业的占比分别为 28.2%、47.9%和 23.9%，到 2012 年三者的占比分别为 10.1%、45.3%、44.%。2003~2011 年，第一产业年均增长 4.6%，第二产业

---

① 习近平总书记系列重要讲话读本. 人民网. http://theory.people.com.cn/n/2014/0707/c40531-25245668. html, 2014-07-07.

年均增长 11.9%，第三产业年均增长 11.1%[①]。

相对而言，第一产业增长缓慢，在国内生产总值中所占比重大幅下降，改革开放以来下降幅度高达 18.1 百分点，第二产业增长快速，所占比重一直在 40%以上（表 6-1），第三产业则发展速度较快，除了原有的餐饮、商贸以外，金融、保险等行业也得到了快速的发展。加入世界贸易组织后，随着中国经济的快速发展，产业结构调整的速度不断加快，产业发展实现了由弱到较强的转变，产业结构发生了巨大变化，基本符合世界产业结构演进的一般规律，产业结构正逐步向合理化和优化方向发展。以制造业为代表的第二产业总体增速持续放缓，而第三产业不断上升，1979~2012 年，中国第三产业年均实际增长为 10.8%，高出同期国内生产总值增速 1 百分点。到 2013 年，第三产业在总量和国内生产总值占比方面均超过了第二产业。国家统计局的数据显示，2013 年中国国内生产总值为 568 845亿元，按可比价格计算，比 2012 年增长 7.7%。其中第二产业增加值为 249 684亿元，增长 7.8%；第三产业增加值为 262 204 亿元，增长 8.3%。第三产业增加值占国内生产总值的比重提高到 46.1%，首次超过第二产业[②]，三次产业实现了由"二、一、三"的关系向"三、二、一"的升级转变。

表 6-1　1978~2012 年中国三次产业国内生产总值及其增长率和所占比重的变化

年份	国内生产总值/亿元	其中			增长率/%			所占比重/%		
		第一产业/亿元	第二产业/亿元	第三产业/亿元	第一产业	第二产业	第三产业	第一产业	第二产业	第三产业
1978	3 645.2	1 027.5	1 745.2	872.5	4.1	15.0	13.8	28.2	47.9	23.9
1979	4 062.6	1 270.2	1 913.5	878.9	6.1	8.2	7.9	31.3	47.1	21.6
1980	4 545.6	1 371.6	2 192.0	982.0	−1.5	13.6	6.0	30.2	48.2	21.6
1981	4 891.6	1 559.5	2 255.5	1 076.6	7.0	1.9	10.4	31.9	46.1	22.0
1982	5 323.4	1 777.4	2 383.0	1 163.0	11.5	5.6	13.0	33.4	44.8	21.8
1983	5 962.7	1 978.4	2 646.2	1 138.1	8.3	10.4	15.2	33.2	44.4	22.4
1984	7 208.1	2 316.1	3 105.7	1 786.3	12.9	14.5	19.3	32.1	43.1	24.8
1985	9 016.0	2 564.4	3 866.6	2 585.0	1.8	18.6	18.2	28.4	42.9	28.7
1986	10 275.2	2 788.7	4 492.7	2 993.8	3.3	10.2	12.0	27.1	43.7	29.1
1987	12 058.6	3 233.0	5 251.6	3 574.0	4.7	13.7	14.4	26.8	43.6	29.6
1988	15 042.8	3 865.4	6 587.2	4 590.3	2.5	14.5	13.2	25.7	43.8	30.5
1989	16 992.3	4 265.9	7 278.0	5 448.4	3.1	3.8	5.4	25.1	42.8	32.1

[①] 2002 及 2011 年中国三次产业结构比较图. 中商情报网. http://www.askci.com/news/201208/20/ 2015261965469. shtml，2012-08-20.

[②] 中国产业结构取得历史性变化. 中国产业经济信息网. http://www.cinic.org.cn/site951/cjtt/2014-01-22/ 716336. shtml，2014-01-22.

续表

年份	国内生产总值/亿元	其中			增长率/%			所占比重/%		
		第一产业/亿元	第二产业/亿元	第三产业/亿元	第一产业	第二产业	第三产业	第一产业	第二产业	第三产业
1990	18 667.8	5 062.0	7 717.4	5 888.4	7.3	3.2	2.3	27.1	41.3	31.5
1991	21 781.5	5 342.2	9 102.2	7 337.1	2.4	13.9	8.9	24.5	41.8	33.7
1992	26 923.5	5 866.6	11 699.5	9 357.4	4.7	21.2	12.4	21.8	43.5	34.8
1993	35 333.9	6 963.8	16 454.4	11 915.7	4.7	19.9	12.2	19.7	46.6	33.7
1994	48 197.9	9 572.7	22 445.4	16 179.8	4.0	18.4	11.1	19.9	46.6	33.6
1995	60 793.7	12 135.8	28 679.5	19 978.5	5.0	13.9	9.8	20.0	47.2	32.9
1996	71 176.6	14 015.0	33 835.0	23 326.2	5.1	12.1	8.9	19.7	47.5	32.8
1997	78 973.0	14 441.9	37 543.0	26 988.1	3.5	10.5	10.7	18.3	47.5	34.2
1998	84 402.3	14 817.6	39 004.2	30 580.5	3.5	8.9	6.8	17.6	46.2	36.2
1999	89 677.1	14 770.0	41 033.6	33 873.4	2.8	8.1	9.3	16.5	45.8	37.8
2000	99 214.6	14 944.7	45 555.9	38 714.0	2.4	9.4	9.7	15.1	45.9	39.0
2001	109 655.2	15 781.3	49 512.3	44 361.6	2.8	8.4	10.3	14.4	45.2	40.5
2002	120 332.7	16 537.0	53 896.8	49 898.9	2.9	9.8	10.4	13.7	44.8	41.5
2003	135 822.8	17 381.7	62 436.3	56 004.7	2.5	12.7	9.5	12.8	46.0	41.2
2004	159 878.3	21 412.7	73 904.3	64 561.3	6.3	11.1	10.1	13.4	46.2	40.4
2005	184 937.4	22 420.0	87 598.4	74 919.3	5.2	12.1	12.2	12.1	47.9	40.5
2006	216 314.4	24 040.0	103 719.5	88 554.9	5.0	13.4	14.1	11.1	47.9	40.9
2007	265 810.3	28 627.0	125 831.4	111 375.1	3.7	15.1	16.0	10.8	47.3	41.9
2008	314 045.4	33 702.0	149 003.4	131 340.0	5.4	9.9	10.4	10.7	47.4	41.8
2009	340 902.8	35 226.0	157 638.8	148 038.0	4.2	9.9	9.6	10.3	46.2	43.4
2010	401 512.8	40 533.6	187 383.2	173 596.0	4.3	12.3	9.8	10.1	46.7	43.2
2011	473 104.0	47 486.2	220 412.8	205 205.0	4.3	10.3	9.4	10.0	46.6	43.4
2012	518 942.1	52 373.6	235 162.0	231 406.5	4.5	7.9	8.1	10.1	45.3	44.6

资料来源：中国统计局. 中国统计年鉴 2013. 北京：中国统计出版社，2013

　　然而，改革开放以来我国一直实行的是以比较优势、后发优势，以及竞争优势为基础的赶超战略，尽管经济发展取得了举世瞩目的成就，在产业结构方面也经历了类似于发达国家不断演进的进程,即符合配第-克拉克定理中随着经济的发展，第一产业增加值在国内生产总值中所占的比重不断下降，第二产业和第三产业增加值所占比重不断上升的变化趋势，但在经济增长中却出现了一些诸如过度开采资源、经济结构不合理、环境恶化、经济增长质量不高等问题，从而引发了经济发展的可持续性问题。当前，我国的产业结构中还存在着一定的问题，三次产业及其内部结构仍需改善，第一产业和第二产业所占比重仍然过高，三次产业劳动生产率的差距有所扩大，产业结构面临着产业集中度低，自主研发能力不强，行业发展困难的局面。

20 世纪 90 年代中期以来，我国经济由短缺步入一个相对过剩的时期，由于经济运行和发展中存在着结构性矛盾，经济中出现了市场有效需求不足、商品积压、企业开工不足、下岗失业人员增加、企业效益下降、低通胀、产销矛盾加剧等问题，经济发展呈现出趋缓的态势，经济从高增速长逐渐放慢至 7.5%左右的中速增长。随着我国经济发展速度的逐渐放慢，多年来被国内生产总值高增长掩盖的一系列问题已开始显现。传统产业的粗放发展，低水平重复建设，不但引发产能过剩，加重以雾霾为代表的大气污染、水污染和土壤污染，还暴露了产业技术含量不高，发展遭遇技术瓶颈等问题[①]。

6.1.1 第一产业发展

新中国成立之初，我国的产业结构是典型的农业国产业结构，到 1978 年我国的第一产业所占比重为 30%左右。经过 30 多年改革开放以来的经济高速发展，从总体上来看，第一产业所占比重呈现出不断下降的态势，正让位于第二产业和第三产业。到 2013 年，第一产业在国内生产总值中所占比重降为 10%，30 多年间下降了 20 百分点，降幅极其明显。1982 年以前，第一产业在国内生产总值中所占的比重一直呈上升的态势，这是因为当时实行的家庭联产承包责任制使农业生产力得到了巨大的释放，推动了第一产业的发展，也使工农业比例不协调的状况得到改善。自 1983 年开始，第一产业在国内生产总值中所占比重出现下降的趋势，尤其是 20 世纪 90 年代以来下降幅度较大（表 6-1）。在产业贡献率方面，第一产业大体上呈现出不断下降的趋势，1990 年贡献率最大，为 41.6%，2013 年下降到 4.9%；在产业拉动率方面，也呈现出不断下降的态势，1984 年第一产业拉动率最大，为 3.9%，而 2013 年下降到 0.4%（表 6-2）。

表 6-2 1978 年以来第一产业产值及其贡献率和拉动率

年份	第一产业增加值/亿元	第一产业贡献率/%	第一产业拉动率/%
1978	1 027.5	10	1.2
1979	1 270.2	21.4	1.6
1980	1 371.6	−4.9	−0.4
1981	1 559.5	40.0	2.1
1982	1 777.4	38.9	3.5
1983	1 978.4	23.9	2.6

① 江国成，张舵，王敏. 牢牢抓住牛鼻子——从科技创新看产业结构调整. 新华网. http://news.xinhuanet. com/
politics/2014-06/08/c_1111033081.htm，2014-06-08.

续表

年份	第一产业增加值/亿元	第一产业贡献率/%	第一产业拉动率/%
1984	2 316.1	25.9	3.9
1985	2 564.4	4.1	0.6
1986	2 788.7	10.1	0.9
1987	3 233.0	10.3	1.2
1988	3 865.4	5.4	0.6
1989	4 265.9	16.7	0.7
1990	5 062.0	41.6	1.6
1991	5 342.2	7.1	0.65
1992	5 866.6	8.5	1.2
1993	6 963.8	7.9	1.1
1994	9 572.7	6.6	0.9
1995	12 135.8	9.1	1.0
1996	14 015.4	9.6	1.0
1997	14 441.9	6.7	0.6
1998	14 817.6	7.6	0.6
1999	14 770.0	6.0	0.5
2000	14 944.7	4.4	0.4
2001	15 781.3	5.1	0.4
2002	16 537.0	4.6	0.4
2003	17 381.7	3.4	0.3
2004	21 412.7	7.8	0.8
2005	22 420.0	5.6	0.6
2006	24 040.0	4.8	0.6
2007	28 627.0	3.0	0.4
2008	33 702.0	5.7	0.6
2009	35 226.0	4.5	0.4
2010	40 533.6	3.8	0.4
2011	47 486.2	4.6	0.4
2012	52 374.0	5.7	0.4
2013	56 957.0	4.9	0.4

资料来源：中经网产业数据库

从第一产业内部结构来看，改革开放以来农业和渔业在第一产业中所占的比重呈现出下降的态势，而林业和牧业所占比重相对稳定。2000年，农业在第一产业中所占比重为55.7%，此后持续下降，到2005年降为49.7%，然后小幅回升，自 2009 年开始又呈现出上升的态势，到 2013 年所占比重达到 53.1%；林业基本维持在 4%左右，牧业维持介于 29.3%~35.5%，渔业基本维持介于 9.0%~10.9%（表 6-3）。改革开放以来，我国第一产业内部结构出现的变化表明，在居民的温饱问题得到解决以后，人们便开始寻求饮食的质量，不再满足于吃饱而是要吃好。也就是说，人们的日常饮食由最初的单一粮食等农作物产品转向肉类、鱼类及乳制品等，这种消费需求和消费结构的变化直接推动了第一产业内部结构的调整，换句话说，居民饮食消费结构的变化是引起第一产业内部结构变化的最直接和最强大的动力。从另一角度来看，第一产业内部结构的这种调整也反映出改革开放以来我国人民生活水平和生活质量的不断提高趋势。

表 6-3　2000 年以中国来第一产业内部产值及结构变化趋势

年份	农林牧渔业总产值/亿元	其中				所占比重/%			
		农业/亿元	林业/亿元	牧业/亿元	渔业/亿元	农业	林业	牧业	渔业
2000	24 915.8	13 873.6	936.5	7 393.1	2 712.6	55.7	3.8	29.7	10.9
2001	26 179.6	14 462.8	938.8	7 963.1	2 815	55.2	3.6	30.4	10.8
2002	27 390.8	14 931.5	1 033.5	8 454.6	2 971.1	54.5	3.8	30.9	10.8
2003	29 691.8	14 870.1	1 239.9	9 538.8	3 137.6	50.1	4.2	32.1	10.6
2004	36 239.0	18 138.4	1 327.1	12 173.8	3 605.6	50.1	3.7	33.6	9.9
2005	39 450.9	19 613.4	1 425.5	13 310.8	4 016.1	49.7	3.6	33.7	10.2
2006	40 810.8	21 522.3	1 610.8	12 083.9	3 970.5	52.7	3.9	29.6	9.7
2007	48 893.0	24 658.1	1 861.6	16 124.9	4 457.5	50.4	3.8	33.0	9.1
2008	58 002.2	28 044.2	2 152.9	20 583.6	5 203.4	48.4	3.7	35.5	9.0
2009	60 361.0	30 777.5	2 193.0	19 468.4	5 626.4	51.0	3.6	32.3	9.3
2010	69 319.8	36 941.1	2 595.5	20 825.7	6 422.4	53.3	3.7	30.0	9.3
2011	81 303.9	41 988.6	3 120.7	25 770.7	7 568.0	51.6	3.8	31.7	9.3
2012	89 463.0	46 940.5	3 447.1	27 189.4	8 706.0	52.5	3.9	30.4	9.7
2013	96 995.3	51 497.4	3 902.4	28 435.5	9 634.6	53.1	4.0	29.3	9.9

资料来源：中华人民共和国国家统计局. 中国统计年鉴 2014. 北京：中国统计出版社，2014

尽管随着经济的快速发展，中国的第一产业得到了很大发展，农业生产条件不断改善，农业基础设施建设不断完善，主要农产品数量和质量也在不断提高。但总体而言，在第一产业中还存在如下问题：农业发展的基础尚为薄弱、农业生产效益还有待于进一步提高、农民收入增长较为缓慢、就业人员所占比重过高、第一产业内部结构不合理（农业所占比重过大）。

6.1.2 第二产业发展

自1978年以来，随着工业化程度地不断加深，我国第二产业在国内生产总值中所占的比重呈现出先降后升的趋势，但大体变化不是很大，基本维持在40%以上。1978年，第二产业在国内生产总值中所占的比重为47.9%，此后不断下降，1990年下降到41.34%，此后不断上升，1997年升到47.5%，然后开始下降，到2002年下降到44.8%，自2003年起又开始上升，2008年为48.6%，然后呈现出下滑态势，到2013年降到43.9%。

在第二产业内部结构方面，由于新中国成立后实行的是计划经济体制，加之受到苏联为迅速实现工业化而优先发展重工业理论的影响，中国超越了轻工业的发展阶段，直到改革开放前一直实行重工业优先发展的战略，同苏联一样，这种战略导致了轻重工业的比例失调，使人民需要的消费资料极度匮乏。众所周知，一般的工业化过程是从轻工业或消费品工业开始，逐渐向以重工业为主的工业化方向发展，继而再向高加工、高技术产业发展，为了扭转中国工业化进程中的上述局面，改革开放以后，1978~1981年开始把轻工业作为主导产业，大大增加对农业、轻工业、建筑业和服务业等产业的投资力度，使经济得到了高速增长，平均14.3%的增长率使其产值比重由43.1%上升至51.5%，同期重工业产值比重由56.9%降为48.5%。到20世纪90年代，重工业比重重新超过轻工业，进入21世纪尤其是2003年之后，重化工业、电子通信设备制造业等行业的快速发展使重工业产值比重迅速攀升，2007年重工业在工业产值中所占比重达到70.5%，这不仅表明了这一时期产业投资的重点流向，同时还表现出了产业结构调整的重化工业特征[①]。值得一提的是，1993~2005年是中国的第二产业高速发展的阶段，在此阶段，包括交通、能源和通信设施在内的基础设施得到了迅速发展，第二产业在国内生产总值中所占的比重迅速上升。在此时期，中国的重工业比重增长明显，电力、钢铁、汽车、机械设备、电子、化工、造船、建材等工业成为国民经济成长的主要动力。当前，中国产业结构仍然存在着第二产业增加值所占比重过大的问题。

中国的第二产业在国内生产总值中占有重要的地位，第二产业尤其是工业仍是拉动中国经济增长的主导力量，对整个经济增长起着重要的作用。1978年，中国第二产业总值为1 745.2亿元，到2013年上升为249 684亿元，比2012年增长 7.8%。第二产业尤其是工业在国民经济中占据重要地位，工业对国民

---

① 冯素杰. 产业结构调整30年：历程与特点. 重庆大学学报（社会科学版），2010，（3）：18.

经济的贡献率和拉动率在三次产业中均居首位。有资料表明，1991~2003 年固定资本形成对经济的贡献率曾高达 61.5%[①]，这是由于为了应对 20 世纪 90 年代后期发生的亚洲经济危机，中国政府实施了积极的财政政策，将大部分资金用于基础工业部门或与之相关的基础行业，因此固定资产投资的快速上涨，而固定资产投资的快速增加不仅成为拉动经济增长的基本动力，本来就已很高的第二产业部门比重进一步上升。与此同时，自 2000 年以来，中国产业结构呈现出以电力、石化、汽车、钢铁等为代表的重工业化快速发展的态势，2000年中国的重工业产值为 51 579 亿元，2008 年则迅速上升到 285 537 亿元，年均增长速度为 27.7%，而同期中国轻工业年均增速只有 19.6%，在工业对经济增长的贡献率当中，约 3/4（2008 年为 73.47%）来自重制造业[②]。可见，在第二产业中重化工业具有快速发展的特点。

中国当前以第二产业主导的产业结构决定了今后一段时期内仍将处于工业化阶段，在此阶段，一些高耗能、高碳排放产业仍然是支撑国民经济发展的主导产业，能源需求还将继续增长，再加上中国的能源消费结构以煤为主，因而环境污染问题较为严峻。而从国际角度来看，在这一时期中国由于处在国际分工体系中的低端环节，发达国家主要从事的是与设计和营销有关的环节，而中国从事的是碳排放相对较多的加工和组装制造业，这意味着发达国家把较多碳排放环节转移到了中国境内，从而加剧了中国的环境污染程度。中国要想整治当前严重的环境污染状况，必须从根源上对产业结构进行调整，才能缓解经济发展与环境污染这一突出矛盾。

此外，当前中国产业结构还面临着产业集中度低，自主研发能力不强，行业发展困难的局面。尽管中国是世界上最大的钢铁生产国家，但却存在着低端钢生产过剩，而高端钢产品不足的现状。钢铁等产能的严重过剩表明中国经济发展中所存在的深层次、结构性的问题和矛盾。如果这种状况持续发展，将会加剧市场的恶性竞争，造成行业亏损、职工失业、环境恶化等问题，直接影响产业的健康发展。在外需不振、能源、资源和环境等因素的影响下，许多行业如钢铁、电解铝、船舶等出现产能严重过剩，行业盈利减少，企业经营困难。而与此同时，玻璃、高端钢板、液化天然气运输船舶等产品仍主要依靠进口，在光伏、LED 照明等产能过剩的新兴产业中芯片等核心部件仍大量依赖进口，而包括高端医疗设备在内的装备制造业中的许多行业也被进口产品所占据[③]。

① 陈桢. 产业结构与就业结构关系失衡的实证分析. 山西财经大学学报，2007，（10）：32-37.

② 王庆丰. 中国产业结构与就业结构协调发展研究. 南京航空航天大学博士学位论文，2010.

③ 江国成，张舵，王敏. 牢牢抓住牛鼻子——从科技创新看产业结构调整. 新华网. http://news.xinhuanet.com/politics/2014-06/08/c_1111033081.htm，2014-06-08.

6.1.3 第三产业发展

如今，服务业在国内生产总值中所占比重成为判断一国经济是否发达的重要指标，这是因为现代服务业不仅位于产业链的最高端，具有较高的附加值，而且对第一产业和第二产业具有较大的整合能力。有资料表明，目前主要发达国家已形成了以服务业为主导的"三二一"的经济结构，第一产业、第二产业和第三产业的比例大约为 3：36：61。

改革开放以来，中国第三产业在国内生产总值中所占比重大体上呈上升态势。但 1984 年以前，所占比重一直在 24.8%以下，1985 年超过了第一产业，此后这一数值不断增加，由 1985 年的 28.7%上升到 1992 年的 34.8%，1993~1996 年出现小幅回落，1997 年起又开始上升，到 2012 年达到 44.6%。第三产业之所以得到快速发展，是由于中国对第三产业的发展较为重视。第三产业中的就业人员也一路攀升，由 1978 年的 4 890 万人上升到 2012 年的 2.77 亿人，在就业人员中所占的比重由 12.2%上升到 36.1%[1]。

与此同时，第三产业内部结构也在不断地发生变化。改革开放之初，第三产业主要以传统产业为主（如交通运输、仓储和邮政业、批发和零售业等），随着改革开放的不断深入和我国经济的快速发展，金融保险、科教文卫、旅游、房地产、咨询及信息等行业不断发展起来。从表 6-4 可知，1978 年以来，交通运输、仓储和邮政业所占比重下降最大，从 1978 年的 20.9%下降到 2012 年的 10.8%，下降了 10.1 百分点，降幅最大；其次批发和零售业，从 27.8%下降为 21.3%；而住宿和餐饮业由 5.1%降为 4.5%，降幅最小。而金融业、房地产业和其他第三产业所占比重均呈现出上升态势，其中金融业由 1978 年的 7.8%上升到 2012 年的 12.4%，房地产业由 9.2%上升到 12.5%，而其他行业由 29.3%上升到 38.4%。整体来看，当前批发和零售业业所占比重最大，所占比重一直在 20%以上，其次是房地产业，再次是金融业，不过二者相差不大，后者仅落后于前者 0.1 百分点。

第三产业的发展是以第一产业和第二产业的发展为基础的，而且能够促进第一产业和第二产业的发展。1979~2012 年，中国第三产业年均实际增长额为 10.8%，比同期国内生产总值增速高出 1 百分点。第三产业，尤其是金融、证券、保险业的国际合作进一步加强，电子信息网络化技术得到广泛应用。可以说，第三产业对中国经济增长的贡献率显著提高，1990 年我国第三产业对经济的贡献率为 17.3%，此后不断增加，到 2012 年达到 45.6%，超过第一产业的贡献率（5.7%），比第二产业的贡献率少 3.1 百分点[2]。

---

① 中华人民共和国国家统计局. 中国统计年鉴 2013. 北京：中国统计出版社，2013.

表6-4 1978~2012年中国第三产业内部结构发展情况

年份	第三产业增加值	其中						所占比重/%					
		交通运输、仓储和邮政业	批发和零售业	住宿和餐饮业	金融业	房地产业	其他	交通运输、仓储和邮政业	批发和零售业	住宿和餐饮业	金融业	房地产业	其他
1978	872.5	182.0	242.3	44.6	68.2	79.9	255.6	20.9	27.8	5.1	7.8	9.2	29.3
1979	878.9	193.7	200.9	44.0	66.9	86.3	287.1	22.0	22.9	5.0	7.6	9.8	32.7
1980	982.0	213.4	193.8	47.4	75.0	96.4	356.0	21.7	19.7	4.8	7.6	9.8	36.3
1981	1 076.6	220.7	231.1	54.1	79.8	99.9	390.9	20.5	21.5	5.0	7.4	9.3	36.3
1982	1 163.0	246.9	171.4	62.3	114.8	110.8	456.8	21.2	14.7	5.4	9.9	9.5	39.3
1983	1 338.1	274.9	198.7	72.5	149.0	121.8	521.2	20.5	14.8	5.4	11.1	9.1	38.9
1984	1 786.3	338.5	363.5	96.8	203.9	162.3	621.2	19.0	20.3	5.4	11.4	9.1	34.8
1985	2 585.0	421.7	802.4	138.3	259.9	215.2	747.5	16.3	31.0	5.3	10.1	8.3	28.9
1986	2 993.8	498.8	852.6	163.2	356.4	298.1	824.6	16.7	28.5	5.5	11.9	10.0	27.5
1987	3 574.0	568.3	1 059.6	187.1	450.0	382.6	926.3	15.9	29.6	5.2	12.6	10.7	25.9
1988	4 590.3	685.7	1 483.4	241.4	585.4	473.8	1 120.6	14.9	32.3	5.3	12.8	10.3	24.4
1989	5 448.4	812.7	1 536.2	277.4	964.3	566.2	1 291.6	14.9	28.2	5.1	17.7	10.4	23.7
1990	5 888.4	1 167.0	1 268.9	301.9	1 017.5	662.2	1 470.9	19.8	21.5	5.1	17.3	11.2	25.0
1991	7 337.1	1 420.3	1 834.6	442.3	1 056.3	763.7	1 819.9	19.4	25.0	6.0	14.4	10.4	24.8
1992	9 357.4	1 689.0	2 405.0	584.6	1 306.2	1 101.3	2 271.3	18.0	25.7	6.2	14.0	11.8	24.3
1993	11 915.7	2 174.0	2 816.6	712.1	1 669.7	1 379.6	3 163.7	18.2	23.6	6.0	14.0	11.6	26.6
1994	16 179.8	2 787.9	3 773.4	1 008.5	2 234.8	1 909.3	4 465.8	17.2	23.3	6.2	13.8	11.8	27.6
1995	19 978.5	3 244.3	4 778.6	1 200.1	2 798.5	2 354.0	5 602.9	16.2	23.9	6.0	14.0	11.8	28.0
1996	23 326.2	3 782.2	5 599.7	1 336.8	3 211.7	2 617.6	6 778.3	16.2	24.0	5.7	13.8	11.2	29.1

续表

年份	第三产业增加值	其中						所占比重/%					
		交通运输、仓储和邮政业	批发和零售业	住宿和餐饮业	金融业	房地产业	其他	交通运输、仓储和邮政业	批发和零售业	住宿和餐饮业	金融业	房地产业	其他
1997	26 988.1	4 148.6	6 327.4	1 561.3	3 606.8	2 921.1	8 423.0	15.4	23.4	5.8	13.4	10.8	31.2
1998	30 580.5	4 660.9	6 913.2	1 786.9	3 697.7	3 434.5	10 087.3	15.2	22.6	5.8	12.1	11.2	33.0
1999	33 873.4	5 175.2	7 491.1	1 941.2	3 816.5	3 681.8	11 767.7	15.3	22.1	5.7	11.3	10.9	34.7
2000	38 714.0	6 161.0	8 158.6	2 146.3	4 086.7	4 149.1	14 012.4	15.9	21.1	5.5	10.6	10.7	36.2
2001	44 361.6	6 870.3	9 119.4	2 400.1	4 353.5	4 715.1	16 903.3	15.5	20.6	5.4	9.8	10.6	38.1
2002	49 898.9	7 492.9	9 995.4	2 724.8	4 612.8	5 346.4	19 726.7	15.0	20.0	5.5	9.2	10.7	39.5
2003	56 004.7	7 913.2	11 169.5	3 126.1	4 989.4	6 172.7	22 633.9	14.1	19.9	5.6	8.9	11.0	40.4
2004	64 561.3	9 304.4	12 453.8	3 664.8	5 393.0	7 174.1	26 571.2	14.4	19.3	5.7	8.4	11.1	41.2
2005	74 919.3	10 666.2	13 966.2	4 195.7	6 086.8	8 516.4	31 488.0	14.2	18.6	5.6	8.1	11.4	42.0
2006	88 554.9	12 183.0	16 530.7	4 792.6	8 099.1	10 370.5	36 579.1	13.8	18.7	5.4	9.1	11.7	41.3
2007	111 351.9	14 601.0	20 937.8	5 548.1	12 337.5	13 809.7	44 117.7	13.1	18.8	5.0	11.1	12.4	39.6
2008	131 340.0	16 362.5	26 182.3	6 616.1	14 863.3	14 738.7	52 577.1	12.5	19.9	5.0	11.3	11.2	40.0
2009	148 038.0	16 727.1	28 984.5	7 118.2	17 767.5	18 654.9	58 785.9	11.3	19.6	4.8	12.0	12.6	39.7
2010	173 596.0	19 132.2	35 746.1	8 068.5	20 980.6	22 782.0	66 886.6	11.0	20.6	4.6	12.1	13.1	38.5
2011	205 205.0	22 432.8	43 445.2	9 172.8	24 958.3	26 783.9	78 412.0	10.9	21.2	4.5	12.2	13.1	38.2
2012	231 406.5	24 959.8	49 394.4	10 462.5	28 722.7	29 005.5	88 859.9	10.8	21.3	4.5	12.4	12.5	38.4

资料来源：中华人民共和国国家统计局. 中国统计年鉴 2013. 北京：中国统计出版社，2013

　　尽管中国第三产业发展势头迅猛，近年来软件业、计算机服务业及互联网信息服务等新兴产业不断发展壮大，而且金融业、房地产业及保险业等产业也取得了迅速发展，已成为推动中国经济增长的重要力量。然而，在第三产业内部仍存在结构失衡的问题，主要表现为传统服务行业，如交通、运输、仓储和邮电业及批发和零售业等行业与生活性服务业仍占有较大比重，而经济发展所需的现代服务业和生产性服务业所占比重仍较低。总体而言，中国的第三产业仍滞后于经济社会发展的需要，第三产业对经济增长的拉动作用还相对有限。尤其是与发达经济体甚至与一些发展中国家相比，第三产业在国内生产总值中所占比重仍有较大差距。与发达国家相比，中国仍然需要不断调优产业结构，加快推进转型升级。今后，应加快金融、研发、航运、物流等服务业领域的开放力度，放开准入、健全市场。

6.1.4　劳动力在三次产业结构间的分布

　　改革开放以来，随着产业结构的不断调整，中国的就业结构也不断地与之相适应，呈现出了不断优化的发展趋势。如表 6-5 所示，1978 年，中国三次产业就业结构为 70.5∶17.3∶12.2，表现为"一、二、三"的传统就业格局，在第一产业中就业的人员约为 2.83 亿人，而第二产业中的就业人数为 6 945 万人，第三产业中就业人数为 4 890 万人，第一产业中就业人数约为第二产业和第三产业中就业人员总数的 2.4 倍。随着改革开放的不断深入和中国经济的飞速发展，第一产业中就业的劳动力不断向生产效率和利润率较高的第二和第三产业转移。尤其是1993 年以来，劳动力从第一产业大量转移到第二产业和第三产业成为了资源配置的最大特点，大大地推动了第三产业的发展。到 2012 年，中国三次产业就业结构调整为 33.6∶30.3∶36.1，其中第一产业中就业人员所占比重大幅下降，下降幅度高达 36.9 个百分点，而第三产业中就业人员所占比重则大幅上升，提高了 23.9百分点，第二产业就业比重则稳步提高，较 1978 年增加了 13 百分点。与改革开放之初的 1978 年相比，中国的三次产业就业结构有了较大的改善和提高，自 2011年起，第三产业中的就业人数已超过第一产业中的就业人数，三次产业就业结构已由传统的"一、二、三"变为当前的"三、一、二"格局，正逐步向合理和优化的方向发展，中国的就业结构总体演变趋势符合一般发展规律，第三产业正在成为就业增加的主要源泉。不过，与发达国家相比，中国三次产业结构仍存在着第一产业就业比重过大的问题。

表 6-5　1978~2013 年中国三次产业中的就业人数及所占比重情况

年份	就业人员总数/万人			所占比重/%		
	第一产业	第二产业	第三产业	第一产业	第二产业	第三产业
1978	28 318	6 945	4 890	70.5	17.3	12.2
1979	28 634	7 214	5 177	69.8	17.6	12.6
1980	29 122	7 707	5 532	68.7	18.2	13.1
1981	29 777	8 003	5 945	68.1	18.3	13.6
1982	30 859	8 346	6 090	68.1	18.4	13.5
1983	31 151	8 679	6 606	67.1	18.7	14.2
1984	30 868	9 590	7 739	64.0	19.9	16.1
1985	31 130	10 384	8 359	62.4	20.8	16.8
1986	31 254	11 216	8 811	60.9	21.9	17.2
1987	31 663	11 726	9 395	60.0	22.2	17.8
1988	32 249	12 152	9 933	59.3	22.4	18.3
1989	33 225	11 976	10 129	60.1	21.6	18.3
1990	38 914	13 856	11 979	60.1	21.4	18.5
1991	39 098	14 015	12 378	59.7	21.4	18.9
1992	38 699	14 355	13 098	58.5	21.7	19.8
1993	37 680	14 965	14 163	56.4	22.4	21.2
1994	36 628	15 312	15 515	54.3	22.7	23.0
1995	35 530	15 655	16 880	52.2	23.0	24.8
1996	34 820	16 203	17 927	50.5	23.5	26.0
1997	34 840	16 547	18 432	49.9	23.7	26.4
1998	35 177	16 600	18 860	49.8	23.5	26.7
1999	35 768	16 421	19 205	50.1	23.0	26.9
2000	36 043	16 219	19 823	50.0	22.5	27.5
2001	36 399	16 234	20 165	50.0	22.3	27.7
2002	36 640	15 682	20 958	50.0	21.4	28.6
2003	36 204	15 927	21 605	49.1	21.6	29.3
2004	34 830	16 709	22 725	46.9	22.5	30.6
2005	33 442	17 766	23 439	44.8	23.8	31.4
2006	31 941	18 894	24 143	42.6	25.2	32.2
2007	30 731	20 186	24 404	40.8	26.8	32.4
2008	29 923	20 553	25 687	39.6	27.2	33.2
2009	28 890	21 080	25 857	38.1	27.8	34.1
2010	27 931	21 842	26 332	36.7	28.7	34.6
2011	26 594	22 544	27 282	34.8	29.5	35.7
2012	25 773	23 241	27 690	33.6	30.3	36.1

资料来源：中华人民共和国国家国统计局. 中国统计年鉴 2013. 北京：中国统计出版社，2013

6.2　中国产业结构调整与优化

当前，中国产业结构中存在着农业基础薄弱、制造业大而不强、服务业发展滞后，以及各产业内部结构不尽合理等诸多问题，经济增长主要依靠第二产业带动的格局尚未发生根本变化，导致资源利用效率不高，产能过剩，对环境污染较为严重。党的十八大提出要推动战略性新兴产业、先进制造业健康发展，加快传统产业转型升级，推动服务业特别是现代服务业发展壮大，合理布局建设基础设施和基础产业。"十二五"期间，为配合"十二五"规划的实施，国务院下发了《关于印发工业转型升级规划（2011—2015 年）的通知》（国发〔2011〕47 号）和《关于加快发展生产性服务业促进产业结构调整升级的指导意见》（国发〔2014〕26 号）这两个对产业结构调整具有重要意义的文件。2015 年 10 月 29 日，中共十八届五中全会审议通过了《中共中央关于制定国民经济和社会发展第十三个五年规划的建议》，针对产业发展和产业调整，提出要拓展产业发展空间。

6.2.1　转变经济增长方式

一直以来，中国的经济增长具有高能耗、高增长的特点。可以说，能源消费在中国经济增长中发挥着重要的作用。新中国成立后，由于实行的是优先发展重工业的赶超战略，因而能源和资本被优先配置到重工业部门，对经济增长起到了极大的促进作用。改革开放以后，中国开始实行轻重工业并重的发展战略，尽管以乡镇企业、民营企业和外资企业为主要代表的轻工业得到了快速发展，但能源消费仍在经济中发挥着不可替代的作用。尤其是 21 世纪以来，由于中国再次出现了重化工业化现象，能源消费出现了新高，2002~2004 年，能源消费的增长速度超过了国内生产总值增长的增速（2003 年高达 16%）。由于能源消费的急剧增长，中国于 2007 年成为全球第二大能源消费国，仅次于美国。通过对改革开放后中国工业分行业的增长核算研究表明，中国的能源消费是仅次于资本存量之后的第二大驱动工业经济增长的要素引擎，远大于劳动力对工业总产值的贡献份额。中国重化工业发展与低碳经济发展要求的矛盾较为突出，这主要与当前中国经济所处的发展阶段有关。有学者指出，当前中国仍处于资本和能源驱动的不可持续的增长阶段，生产率的改善并不稳健，经济增长方式转变依然任重道远。要实现中国经济的可持续增长，就要转变经济发展方式，通过提高能源等投入要素的效率效应来提高生产率水平，大力发展低能耗、节能技术高的轻工业和高新技术行业，推动经济增长由粗放型向集约型转变[1]。

针对上述情况，"十一五"规划提出了产业发展和产业结构调整的新思路新举

---

[1] 陈诗一. 能源驱动型经济增长不可持续. 中国社会科学报，2010-08-26.

措，强调必须加快转变经济增长方式。强调提高自主创新能力，把增强自主创新能力作为科学技术发展的战略基点和调整产业结构、转变增长方式的中心环节，大力提高原始创新能力、集成创新能力和引进消化吸收再创新能力。推进产业结构优化升级，发展现代农业，加快发展高新技术产业，加快发展服务业[①]。"十二五"期间，中国的经济结构调整进入了关键时期，而产业结构的调整则是转变经济增长方式的重要环节。"十二五"规划提出，坚持把经济结构战略性调整作为加快转变经济发展方式的主攻方向。构建扩大内需长效机制，促进经济增长向依靠消费、投资、出口协调拉动转变；坚持把科技进步和创新作为加快转变经济发展方式的重要支撑，加快建设创新型国家[②]。国务院总理李克强在 2015 年政府工作报告中提出，要主动适应和引领经济发展新常态，坚持稳中求进工作总基调，保持经济运行在合理区间，着力提高经济发展质量和效益，把转方式调结构放到更加重要的位置。

6.2.2 优化产业结构

产业结构升级作为经济增长的结果和未来增长的基础，是经济发展的主要推动力。产业结构是经济结构调整的核心，是同市场经济发展相适应并不断进行着的动态变化过程，这种变化主要表现在产业结构向高端演变的高级化和产业结构横向演变的合理化，产业结构的合理化和高级化不断地推动着经济的发展。要想保证经济的长期稳定发展，就要不断优化产业结构。从全球产业结构调整的基本走势来看，第一产业所占比重逐渐下降，第二产业所占比重有升有降，而第三产业所占比重则呈上升趋势。而我国产业结构中仍存在着第一和第二产业在国内生产总值中所占比重偏高，第三产业所占比重偏低的问题。优化产业结构不仅是加快转变经济增长方式的根本出路和加快形成新的经济发展方式的重要途径，而且是推进经济结构战略性调整的主要着力点。

在世界各国纷纷加快产业结构调整的背景下，为了增强经济的竞争力，中国也要加快产业结构调整的步伐，促进产业结构的转型与升级，推动产业结构迈向中高端。"十二五"规划提出，要加强农业基础地位，提升制造业核心竞争力，发展战略性新兴产业，加快发展服务业，促进经济增长向依靠第一产业、第二产业、第三产业协同带动转变。结构调整取得重大进展，农业基础进一步巩固，工业结构继续优化，战略性新兴产业发展取得突破，服务业增加值占国内生产总值比重

---

① 中华人民共和国国民经济和社会发展第十一个五年规划纲要. 中央政府门户网站. http：//www.gov.cn/ ztzl/ 2006-03/16/content_228841.htm，2006-03-16.

② 中华人民共和国国民经济和社会发展第十二个五年规划纲要. 中央政府门户网站. http：//www.gov.cn/ 2011lh/ content_1825838_2.htm，2011-03-16.

提高 4 百分点①。要实施《中国制造 2025》，坚持创新驱动、智能转型、强化基础、绿色发展，加快从制造大国转向制造强国。要把传统产业的改造和信息产业等高新技术产业的发展有机地结合起来，不断提高经济与社会发展的信息化程度，在此进程中不仅要实现不同产业部门之间比例关系的协调，即通过不断调整产业结构实现三次产业的协调发展，而且更重要的是要推动产业结构实现从低级化状态向高级化状态转变的质的变化。

在党的十八大报告中提出，推进经济结构战略性调整是加快转变经济发展方式的主攻方向。要以改善需求结构、优化产业结构、促进区域协调发展、推进城镇化为重点，着力解决制约经济持续健康发展的重大结构性问题。在《国务院关于印发工业转型升级规划（2011—2015 年）的通知》中提出，要按照走中国特色新型工业化道路的要求，促进传统产业与战略性新兴产业、先进制造业与面向工业生产的相关服务业、民用工业和军事工业协调发展，为加快构建结构优化、技术先进、清洁安全、附加值高、吸纳就业能力强的现代产业体系夯实基础。一是要发展先进装备制造业、加快机床、汽车、船舶、发电设备等装备产品的升级换代，积极培育发展智能制造、新能源汽车、海洋工程装备、轨道交通装备、民用航空航天等高端装备制造业，促进装备制造业由大变强。二是调整优化原材料工业。要立足国内市场需求，严格控制总量，加快淘汰落后产能，推进节能减排，优化产业布局，提高产业集中度，培育发展新材料产业，加快传统基础产业升级换代，推动原材料工业发展迈上新台阶。三是改造提升消费品工业，促进产业有序转移，塑造消费品工业竞争新优势。四是增强电子信息产业核心竞争力。坚持创新引领、融合发展，攻克核心关键技术，夯实产业发展基础，引导产业向价值链高端延伸，着力提升产业核心竞争力。五是提高国防科技工业现代化水平②。

在《中共中央关于制定国民经济和社会发展第十三个五年规划的建议》中提出支持节能环保、生物技术、信息技术、智能制造、高端装备、新能源等新兴产业发展，支持传统产业优化升级。要构建产业新体系，加快建设制造强国，实施《中国制造 2025》。引导制造业朝着分工细化、协作紧密方向发展，促进信息技术向市场、设计、生产等环节渗透，推动生产方式向柔性、智能、精细转变；支持战略性新兴产业发展，发挥产业政策导向和促进竞争功能，更好地发挥国家产业投资引导基金作用，培育一批战略性产业；实施智能制造工程，构建新型制造体系，促进新一代信息通信技术、高档数控机床和机器人、航空航天装备、海洋工程装备及高技术船舶、先进轨道交通装备、节能与新能源汽车、电力装备、农机

---

① 中华人民共和国国民经济和社会发展第十二个五年规划纲要. 中央政府门户网站. http：//www.gov.cn/2011lh/ content_1825838_2.htm, 2011-03-16.

② 国务院关于印发工业转型升级规划（2011—2015 年）的通知（国发〔2011〕47 号）. 中华人民共和国中央人民政府网站.http：//www.gov.cn/gongbao/content/2012/content_2062145.htm, 2012.

装备、新材料、生物医药及高性能医疗器械等产业发展壮大；开展加快发展现代服务业行动，放宽市场准入，促进服务业优质高效发展。推动生产性服务业向专业化和价值链高端延伸、生活性服务业向精细和高品质转变，推动制造业由生产型向生产服务型转变[①]。

6.2.3　加快产业转移，优化产业布局

中国经济发展很不均衡，经济结构比较复杂，仍存在着区域发展不平衡的问题，主要表现在东部地区经济比较发达，产业过度集聚，而中西部地区工业结构不合理且不完整，东西部差距仍然明显。因而需要对此加以调整，顺应经济发展规律，引导东部地区部分产业向中西部地区有序地进行转移。随着中国经济进入比较优势的转换期，市场已经自发地出现劳动密集型产业和加工组装产能从东部向中西部转移的态势。对此，在2014年6月25日召开的国务院常务会议上指出，要发挥市场主导作用，注重政策引导，促进产业转移和重点产业布局调整，促进东部地区产业创新升级和生产性服务业发展，推动劳动密集型产业和加工组装产能向中西部转移，为打造"新丝绸之路经济带"提供有力政策支撑，推进产业结构调整，以产业转移促进中国经济提质升级。正如国家信息中心经济预测部宏观室主任牛犁所言："让区域发展不平衡转化为中国经济梯级发展的有效力量，推进生产力空间布局合理化，实现区域联动和东西联动，这是未来中国经济增长的强大动力。"在产业转移和重点产业布局调整过程中，政府不仅要加强政策上的支持和引导，改善投资环境，还要做好相关的服务工作，处理好政府和市场的关系，突出市场在资源配置中的决定性作用，遵循市场规律，尊重各类企业在产业转移中的主体地位。在国家政策层面要营造承接产业转移的良好"硬环境"和"软环境"，发挥中西部地区的资源丰富、要素成本低、市场潜力大等资源禀赋和区位方面的优势，通过产业转移和重点产业布局调整，进一步发展地区优势产业。有序推进西部煤炭和现代煤化工、西南水电、北方风电、沿海造船等基地建设。通过有针对性的政策措施，有效发挥中西部地区的比较优势，吸引更多的国内外产业向中西部地区转移和聚集。同时要加快东部地区产业创新升级，通过产业转移和重点产业布局调整，深化区域合作，促进要素自由流动，以实现东中西部地区良性互动，逐步形成分工合理、特色鲜明、优势互补的现代产业体系，进而实现经济的整体提质与升级[②]。在此过程中，要积极推进全国统一市场体系的建立，通过深化改革摒弃地方保护主义和市场封锁，规避产业结构趋同，构建全国统一的市场体系，同时要充分发挥市场机制的作用，努力创造和维护有利于公平竞争的

---

① 中共中央关于制定国民经济和社会发展第十三个五年规划的建议. 人民网·中国共产党新闻网. http://cpc.people.com.cn/n/2015/1103/c399243-27772351.html?_t=1447680555122，2015-11-03.

② 李克强：以产业转移促进中国经济提质升级. 中国政府网，2014-06-25.

市场环境，推动企业在遵循市场机制的前提下进行产业结构优化升级。

6.2.4　加快农业现代化建设

当前，中国经济发展正处在转型期，经济发展进入新常态，正在从高速增长转向中高速增长，如何在经济增速放缓的背景下继续强化农业的基础地位、促进农民持续增收，是所面临的一个重大问题。为此，今后要继续巩固农业基础地位，进一步加快农业经济结构的调整步伐，优化农业经济结构，不断调整农业生产结构，以市场为导向不断发挥区域比较优势，提高农产品质量和生产率，推进以科技服务和信息服务为重点的农业社会化服务体系建设，依靠科技进步不断提高农业综合生产能力，提高农业的国际竞争力，加大对农村社会化服务体系的建设，要把解决好"三农"问题作为全党工作重中之重，坚持工业反哺农业、城市支持农村和多予少取放活方针，不断加大强农惠农富农政策力度，始终把"三农"工作牢牢抓住、紧紧抓好[①]。充分保护和调动农民生产经营积极性，加快发展现代农业，靠改革添动力，以法治做保障，加快推进中国特色农业现代化。

一是围绕建设现代农业，加快转变农业发展方式。要做强农业，尽快从主要追求产量和依赖资源消耗的粗放经营转到数量质量效益并重、注重提高竞争力、注重农业科技创新、注重可持续的集约发展上来，走产出高效、产品安全、资源节约、环境友好的现代农业发展道路。二是围绕促进农民增收，加大惠农政策力度。要充分挖掘农业内部增收潜力，开发农村第二产业、第三产业增收空间，拓宽农村外部增收渠道，加大政策助农增收力度，努力在经济发展新常态下保持城乡居民收入差距持续缩小的势头。三是围绕城乡发展一体化，深入推进新农村建设。要繁荣农村，坚持不懈推进社会主义新农村建设。要强化规划引领作用，加快提升农村基础设施水平，推进城乡基本公共服务均等化，让农村成为农民安居乐业的美丽家园。四是围绕增添农村发展活力，全面深化农村改革。要把农村改革放在突出位置。要按照中央总体部署，完善顶层设计，抓好试点试验，不断总结深化，加强督查落实，确保改有所进、改有所成，进一步激发农村经济社会发展活力。五是围绕做好"三农"工作，加强农村法治建设。要加快完善农业农村法律体系，同步推进城乡法治建设，善于运用法治思维和法治方式做好"三农"工作。同时要从农村实际出发，善于发挥乡规民约的积极作用，把法治建设和道德建设紧密结合起来[②]。

总之，继续巩固农业基础地位，要主动适应经济发展新常态，按照稳粮增收、提质增效、创新驱动的总要求，继续全面深化农村改革，全面推进农村法治建设，

---

① 中央农村工作会议举行　习近平李克强作重要讲话. 中国网，2013-12-24.
② 2015 年中央一号文件发布（全文）. 新华网，2015-02-02.

推动新型工业化、信息化、城镇化和农业现代化同步发展，努力在提高粮食生产能力上挖掘新潜力，在优化农业结构上开辟新途径，在转变农业发展方式上寻求新突破，在促进农民增收上获得新成效，在建设新农村上迈出新步伐，为经济社会持续健康发展提供有力支撑[①]。

6.2.5　加快工业结构调整步伐

长期以来，中国的工业结构一直存在着不合理的情况，这阻碍了国民经济的协调发展和生产要素的合理配置。可以说，工业结构的调整与升级始终是国家经济工作中迫切需要解决的一个重要问题。为此，近年来国家出台了一系列推动工业结构调整的政策措施。2005 年 11 月 9 日，在中国国务院总理温家宝主持召开的国务院常务会议上，审议并通过了《促进产业结构调整暂行规定》和《产业结构调整指导目录》，提出产业结构调整要坚持走新型工业化道路，以改革开放和科技进步为动力，增强自主创新能力，鼓励和支持发展先进生产能力，限制和淘汰落后生产能力，防止盲目投资和低水平重复建设，促进产业结构优化升级[②]。

在工业结构调整方面，一方面，要加快传统产业的转型升级。要坚持改造与发展并重，不断优化传统工业的内部结构，限制那些能耗高、污染重及需求潜力小的产业或企业，要改变发展方式，积极利用先进的科技成果对传统产业进行技术改造，把行业整体的增长动力转到创新驱动上来，以提高传统产业的整体技术水平和产品质量，不断降低生产成本，加快产品更新换代的步伐，以增强中国工业产品的竞争力。当前，中国一些行业（尤其是钢铁、船舶、水泥、平板玻璃、电解铝等行业）产能严重过剩，供大于求的形势较为严峻。为此，2013 年 10 月国务院印发了《国务院关于化解产能严重过剩矛盾的指导意见》，提出要通过五年努力，在化解钢铁、水泥、电解铝、平板玻璃、船舶等行业产能严重过剩矛盾工作上取得重要进展，使这些行业达到产能规模基本合理、发展质量明显改善、长效机制初步建立的目标。根据行业特点，分别提出了钢铁、水泥、电解铝、平板玻璃、船舶等行业分业施策意见，并确定了化解产能严重过剩矛盾的八项主要任务：一是严禁建设新增产能项目，分类妥善处理在建违规项目；二是全面清理整顿已建成的违规产能，加强规范和准入管理；三是坚决淘汰落后产能，引导产能有序退出；四是推进企业兼并重组，优化产业空间布局；五是努力开拓国内有效需求，着力改善需求结构；六是巩固扩大国际市场，拓展对外投资合作；七是突破核心关键技术，加强企业管理创新，增强企业创新驱动发展动力；八是创新政

府管理，营造公平环境，完善市场机制，建立长效机制①。在 2014 年 5 月国务院办公厅印发的《2014—2015 年节能减排低碳发展行动方案》中，提出要大力推进如下产业结构调整：一是积极化解产能严重过剩矛盾；二是加快发展低能耗低排放产业；三是调整优化能源消费结构。要加强节能减排，实现低碳发展，2014~2015 年使单位国内生产总值能耗、化学需氧量、二氧化硫、氨氮、氮氧化物排放量分别逐年下降 3.9%、2%、2%、2%、5%以上，单位国内生产总值二氧化碳排放量两年分别下降 4%、3.5%以上②。

　　另一方面，要加快制造强国的建设，这就需要发展先进制造业。制造业是国民经济的支柱和基础，新中国成立尤其是改革开放以来，中国制造业持续快速发展，已建成了门类齐全、独立完整的产业体系，并发展成为当今全球制造业第一大国。然而，近年来中国制造业发展所面临的国内外环境却发生了较大变化。当前，全球产业竞争格局正在发生重大调整，发达国家推动"再工业化"和"制造业回归"，其他发展中国家竞相加快推进工业化进程，中国产业发展面临高端回流和中低端分流"双向挤压"的严峻挑战。与此同时，美、欧等发达经济体力推跨太平洋战略经济伙伴关系协议（Trans-Pacific Partnership Agreement，TPP）、跨大西洋贸易与投资伙伴关系协定（Transatlantic Trade and Investment Partnership，TTIP）等高标准自由贸易协定谈判，会进一步挤压中国的产业竞争优势。在此背景下，2015 年 5 月中国国务院印发了《中国制造 2025》，这是中国实施制造强国战略第一个十年的行动纲领。在《中国制造 2025》中，提出通过"三步走"实现制造强国的战略目标：第一步，到 2025 年迈入制造强国行列；第二步，到 2035 年我国制造业整体达到世界制造强国阵营中等水平；第三步，到新中国成立一百年时，中国制造业大国地位更加巩固，综合实力进入世界制造强国前列③。表 6-6 反映了国家确定的 2020 年和 2025 年制造业的主要指标。

表 6-6　2020 年和 2025 年制造业主要指标

类别	指标	2013 年	2015 年	2020 年	2025 年
创新能力	规模以上制造业研发经费内部支出占主营业务收入比重/%	0.88	0.95	1.26	1.68
	规模以上制造业每亿元主营业务收入有效发明专利数/件	0.36	0.44	0.70	1.10

---

① 国务院发布意见确定化解产能过剩矛盾 8 项任务. 新华网. http://news.xinhuanet.com/energy/2013-10/16/c_125543290.htm，2013-10-16.

② 2014—2015 年节能减排低碳发展行动方案（全文）. 人民网. http://politics.people.com.cn/n/2014/0526/c1001-25065061.html，2014-05-26.

③ 国务院关于印发《中国制造 2025》的通知. 中华人民共和国中央人民政府网. http://www.gov.cn/zhengce/content/2015-05/19/content_9784.htm，2015-05-19.

续表

类别	指标	2013 年	2015 年	2020 年	2025 年
质量效益	制造业质量竞争力指数	83.1	83.5	84.5	85.5
	制造业增加值率提高	—	—	比 2015 年提高 2 百分点	比 2015 年提高 4 百分点
	制造业全员劳动生产率增速/%	—	—	7.5 左右（"十三五"期间年均增速）	6.5 左右（"十四五"期间年均增速）
两化融合	宽带普及率/%	37	50	70	82
	数字化研发设计工具普及率/%	52	58	72	84
	关键工序数控化率/%	27	33	50	64
绿色发展	规模以上单位工业增加值能耗下降幅度	—	—	比 2015 年下降 18%	比 2015 年下降 34%
	单位工业增加值二氧化碳排放量下降幅度	—	—	比 2015 年下降 22%	比 2015 年下降 40%
	单位工业增加值用水量下降幅度	—	—	比 2015 年下降 23%	比 2015 年下降 41%
	工业固体废物综合利用率/%	62	65	73	79

资料来源：国务院关于印发《中国制造 2025》的通知. 中华人民共和国中央人民政府网. http://www.gov.cn/zhengce/content/2015-05/19/content_9784.htm, 2015-05-19

根据《中国制造 2025》，今后将大力推动以下重点领域取得突破发展。

一是新一代信息技术产业，主要包括：①集成电路及专用装备。突破关系国家信息与网络安全及电子整机产业发展的核心通用芯片，提升国产芯片的应用适配能力。掌握高密度封装及三维（three dimensional，3D）微组装技术，提升封装产业和测试的自主发展能力。形成关键制造装备供货能力。②信息通信设备。掌握新型计算、高速互联、先进存储、体系化安全保障等核心技术，全面突破第五代移动通信（the 5th generation mobile communication，5G）技术、核心路由交换技术、超高速大容量智能光传输技术、"未来网络"核心技术和体系架构，积极推动量子计算、神经网络等发展。研发高端服务器、大容量存储、新型路由交换、新型智能终端、新一代基站、网络安全等设备，推动核心信息通信设备体系化发展与规模化应用。③操作系统及工业软件。开发安全领域操作系统等工业基础软件。突破智能设计与仿真及其工具、制造物联与服务、工业大数据处理等高端工业软件核心技术，开发自主可控的高端工业平台软件和重点领域应用软件。

二是高档数控机床和机器人，主要包括：①高档数控机床。开发一批精密、高速、高效、柔性数控机床与基础制造装备及集成制造系统。加快高档数控机床、增材制造等前沿技术和装备的研发。开发高档数控系统、伺服电机、轴承、光栅等主要功能部件及关键应用软件，加快实现产业化。②机器人。围绕汽车、机械、电子、危险品制造、国防军工、化工、轻工等工业机器人、特种机器人，以及医疗健康、家庭服务、教育娱乐等服务机器人应用需求，积极研发新产品，促进机器人标准化、模块化发展，扩大市场应用。

三是航空航天装备，包括：①航空装备。加快大型飞机研制，适时启动宽体客机研制，鼓励国际合作研制重型直升机。推进干支线飞机、直升机、无人机和通用飞机产业化。建立发动机自主发展工业体系。开发先进机载设备及系统，形成自主完整的航空产业链。②航天装备。发展新一代运载火箭、重型运载器，提升进入空间能力。发展新型卫星等空间平台与有效载荷、空天地宽带互联网系统，形成长期持续稳定的卫星遥感、通信、导航等空间信息服务能力。推动载人航天、月球探测工程，适度发展深空探测。推进航天技术转化与空间技术应用。

四是海洋工程装备及高技术船舶。大力发展深海探测、资源开发利用、海上作业保障装备及其关键系统和专用设备。推动深海空间站、大型浮式结构物的开发和工程化。形成海洋工程装备综合试验、检测与鉴定能力，提高海洋开发利用水平。突破豪华邮轮设计建造技术，全面提升液化天然气船等高技术船舶国际竞争力，掌握重点配套设备集成化、智能化、模块化设计制造核心技术。

五是先进轨道交通装备。加快新材料、新技术和新工艺的应用，重点突破体系化安全保障、节能环保、数字化智能化网络化技术，研制先进可靠适用的产品和轻量化、模块化、谱系化产品。研发新一代绿色智能、高速重载轨道交通装备系统，建立世界领先的现代轨道交通产业体系。

六是节能与新能源汽车。继续支持电动汽车、燃料电池汽车发展，掌握汽车低碳化、信息化、智能化核心技术，提升动力电池、驱动电机、高效内燃机、先进变速器、轻量化材料、智能控制等核心技术的工程化和产业化能力，形成从关键零部件到整车的完整工业体系和创新体系，推动自主品牌节能与新能源汽车同国际先进水平接轨。

七是电力装备。推动大型高效超净排放煤电机组产业化和示范应用，进一步提高超大容量水电机组、核电机组、重型燃气轮机制造水平。推进新能源和可再生能源装备、先进储能装置、智能电网用输变电及用户端设备发展。突破大功率电力电子器件、高温超导材料等关键元器件和材料的制造及应用技术，形成产业化能力。

八是农机装备。重点发展先进农机装备，加快发展大型拖拉机及其复式作业机具、大型高效联合收割机等高端农业装备及关键核心零部件。

九是新材料。以特种金属功能材料、高性能结构材料、功能性高分子材料、特种无机非金属材料和先进复合材料为发展重点，加快研发先进熔炼、凝固成型、气相沉积、型材加工、高效合成等新材料制备关键技术和装备，突破产业化制备瓶颈。高度关注颠覆性新材料对传统材料的影响，做好超导材料、纳米材料、石墨烯、生物基材料等战略前沿材料提前布局和研制。加快基础材料升级换代。

十是生物医药及高性能医疗器械。发展针对重大疾病的化学药、中药、生物技术药物新产品；提高医疗器械的创新能力和产业化水平，重点发展影像设备、医用机器人等高性能诊疗设备，全降解血管支架等高值医用耗材，可穿戴、远程诊疗等移动医疗产品。实现生物 3D 打印、诱导多能干细胞等新技术的突破和应用[①]。《中国制造 2025》中所确定的这十大产业代表着制造业的未来发展方向，是中国未来一段时期内产业发展的重点和主要目标。

此外，加快工业结构调整的步伐，还要大力推动战略性新兴产业的发展。战略性新兴产业是全球经济科技竞争的战略制高点，决定着国家竞争力水平和未来经济发展趋势。战略性新兴产业是以重大技术突破和重大发展需求为基础，对经济社会全局和长远发展具有重大引领带动作用，知识技术密集、物质资源消耗少、成长潜力大、综合效益好的产业。2010 年 10 月，中国发布《国务院关于加快培育和发展战略性新兴产业的决定》，重点培育和发展节能环保、新一代信息技术、生物、高端装备制造、新能源、新材料、新能源汽车等产业，计划用 20 年时间使战略性新兴产业整体创新能力和产业发展水平达到世界先进水平，为经济社会可持续发展提供强有力的支撑。2012 年 7 月，中国国务院印发了《"十二五"国家战略性新兴产业发展规划》，其中明确提出了上述七大战略性新兴产业为今后重点发展的方向和主要任务。到 2020 年，力争使战略性新兴产业发展成为国民经济和社会发展的重要推动力量，增加值占国内生产总值比重达到 15%，部分产业和关键技术达到国际先进水平，节能环保、新一代信息技术、生物、高端装备制造产业成为国民经济支柱产业，新能源、新材料、新能源汽车产业成为国民经济先导产业[②]。2013 年 7 月，习近平总书记提出要优化海洋产业结构，提高海洋经济增长质量，通过技术创新加大海洋产业资源开发和利用，培育壮大海洋战略性新兴产业，提高海洋产业对经济增长的贡献率，努力使海洋产业成为国民经济的支柱产业。

总之，战略性新兴产业对经济社会发展全局和长远发展具有重大引领带动作用。培育壮大战略性新兴产业，既是调整优化产业结构的战略举措，也是培育新的经济增长点、塑造产业竞争新优势的必然选择。空天海洋、信息网络、生命科学、核技术等领域是关系人类未来发展、拓展发展空间的核心领域，要坚持前瞻布局，在这些领域培育一批战略性产业。节能环保、新一代信息技术、生物、高端装备制造、新能源、新材料、新能源汽车等产业代表着技术突破和市场需求的重点发展方向，要统筹科技研发、产业化、标准制定和应用示范，营造良好的制度环境，完善基础设施和配套能力，促进这些产业发展壮大，培育若干具有全球

---

① 国务院关于印发《中国制造 2025》的通知. 中华人民共和国中央人民政府网. http://www.gov.cn/ zhengce/ content/2015-05/19/content_9784.htm，2015-05-19.

② "十二五"国家战略性新兴产业发展规划. 新华网. http://news.xinhuanet.com/energy/2012-07/21/c_123 449379. htm，2012-07-21.

影响力的领军企业，全面提升战略性新兴产业对产业升级的支撑引领作用[①]。

6.2.6　加快发展第三产业

在第三产业方面，由于第三产业具有较强的吸纳就业的能力，且能源消耗较少，对环境污染较轻，因而从这一角度来看，第三产业有助于绿色国内生产总值的发展。尽管近年来中国服务业发展取得了显著成效，已发展成为国民经济和吸纳就业的第一大产业，但今后无论是生产性服务业还是生活性服务业仍需快速发展。第三产业的发展不仅是产业结构优化的要求，而且与转变经济体制和经济增长方式密切相关，与不断提高人民的生活水平息息相关，因而要大力发展服务业，尤其是积极推动传统服务业的转型和现代服务业的发展，运用现代技术和经营方式改组改造商贸和餐饮等传统服务业，提高技术水平和经营效率，积极发展新兴服务业。

中国国务院高度重视服务业的发展，先后于 2014 年和 2015 年发布了有关服务业加快发展的指导意见。2014 年 8 月 6 日，国务院发布了《关于加快发展生产性服务业促进产业结构调整升级的指导意见》（国发〔2014〕26 号），提出要加快发展生产性服务业要进一步科学规划布局、放宽市场准入、完善行业标准、创造环境条件，加快生产性服务业创新发展，实现服务业与农业、工业等在更高水平上有机融合，推动中国产业结构优化调整，促进经济提质增效升级。要以产业转型升级需求为导向，引导企业进一步打破"大而全"及"小而全"的格局，分离和外包非核心业务，向价值链高端延伸，促进中国产业逐步由生产制造型向生产服务型转变：一是鼓励企业向产业价值链高端发展；二是推进农业生产和工业制造现代化；三是加快生产制造与信息技术服务融合。《关于加快发展生产性服务业促进产业结构调整升级的指导意见》明确提出，现阶段中国生产性服务业重点发展研发设计、第三方物流、融资租赁、信息技术服务、节能环保服务、检验检测认证、电子商务、商务咨询、服务外包、售后服务、人力资源服务和品牌建设。在推进生产性服务业加快发展的同时，要围绕人民群众的迫切需要，继续大力发展生活性服务业，做到生产性服务业与生活性服务业并重、现代服务业与传统服务业并举，切实把服务业打造成经济社会可持续发展的新引擎：一要拓展新领域，不断丰富健康、家庭、养老等服务产品供给；二要发展新业态，不断提高网络购物、远程教育、旅游等服务层次水平；三要培育新热点，不断扩大文化创意、数字家庭、信息消费等消费市场规模[②]。

2015 年 11 月，国务院办公厅发布了《关于加快发展生活性服务业　促进消费结构升级的指导意见》（国办发〔2015〕85 号），其中指出从总体上看中国生活

---

① 国务院副总理马凯. 壮大战略性新兴产业. 人民日报, 2015-11-10.
② 国务院印发《关于加快发展生产性服务业促进产业结构调整升级的指导意见. 新华网. http://news.xinhuanet. com/politics/2014-08/06/c_1111957465.htm, 2014-08-06.

性服务业发展仍然相对滞后，有效供给不足、质量水平不高、消费环境有待改善等问题突出，迫切需要加快发展。同时，随着中国国民收入水平的上升，对生活性服务消费的需求有所扩大，而信息网络技术的不断突破则拓展了生活性服务消费的新渠道，新型城镇化等国家重大战略的实施扩展了生活性服务消费的新空间，总之，人民对生活性服务的需要日益增长、对服务品质的要求不断提高。可见，生活性服务消费蕴涵巨大潜力。可以说，加快发展生活性服务业，是推动经济增长动力转换的重要途径，实现经济提质增效升级的重要举措，保障和改善民生的重要手段。今后，要重点发展贴近服务人民群众生活、需求潜力大、带动作用强的生活性服务领域，推动生活消费方式由生存型、传统型、物质型向发展型、现代型、服务型转变，促进和带动其他生活性服务业领域发展。这些生活性服务领域包括以下十个方面，即居民和家庭服务、健康服务、养老服务、旅游服务、体育服务、文化服务、法律服务、批发零售服务、住宿餐饮服务和教育培训服务。在推动上述十大重点领域加快发展的同时，还要加强对生活性服务业其他领域的引导和支持，推动生活性服务业在融合中发展、在发展中规范，增加服务供给，丰富服务种类，提高发展水平。今后，要采取有效措施，加大支持力度，做到生产性服务业与生活性服务业并重、现代服务业与传统服务业并举，切实把服务业打造成经济社会可持续发展的新引擎①。

6.2.7 加快科技创新步伐

2006 年，中国创新型国家战略出台。为了打造中国经济新的核心竞争力，党的十八大报告明确提出实施创新驱动发展战略，这与加快经济结构调整及转变经济发展方式密切相关。党的十八大报告提出，科技创新是提高社会生产力和综合国力的战略支撑，必须摆在国家发展全局的核心位置。要坚持走中国特色自主创新道路，以全球视野谋划和推动创新，提高原始创新、集成创新和引进消化吸收再创新能力，更加注重协同创新。深化科技体制改革，推动科技和经济紧密结合，加快建设国家创新体系，着力构建以企业为主体、市场为导向、产学研相结合的技术创新体系。完善知识创新体系，强化基础研究、前沿技术研究、社会公益技术研究，提高科学研究水平和成果转化能力，抢占科技发展战略制高点②。

通过近年的发展，中国的科技水平取得了巨大的进步，对科技的投入及重视程度均有了大幅度的提高，创新能力得到了显著提升，创新体系不断完善。创新驱动发展战略的实施，不仅有利于提升中国的产业竞争力，而且有利于经济发展方式的

---

① 国务院办公厅关于加快发展生活性服务业促进消费结构升级的指导意见. 中华人民共和国中央人民政府网. http: //www.gov.cn/zhengce/content/2015-11/22/content_10336.htm，2015-11-22.

② 胡锦涛. 坚定不移沿着中国特色社会主义道路前进　为全面建成小康社会而奋斗——在中国共产党第十八次全国代表大会上的报告. 新华网. http://www.xj.xinhuanet.com/2012-11/19/c_113722546.htm，2012-11-19.

转变。然而，与典型创新型国家相比，中国的创新能力仍存在着较大的差距。

1. 创新投入状况

创新投入是创新型国家建设的核心内容。科技研发活动是创新的源动力，研发投入总额和研发投入强度是物质资本投入的重要指标。通过图 6-1 可以看出，尽管中国在研发投入经费总额方面位居世界前列，2012 年达到了 2 567 亿美元，但与发达国家美国相比仍存在较大的差距。而在研发强度（国内研发支出占国内生产总值的比重）方面，差距更为明显。2012 年，中国研发强度仅为 1.98%，而典型创新型国家，如美国、德国和日本则分别达到了 2.79%、2.98% 和 3.35%，芬兰为 3.55%，而韩国则高达 4.36%，即使是 OECD 成员国的平均值也达到了 2.4%。由此可见，中国在研发经费投入强度方面还较为落后，与典型创新型国家及大部分发达国家之间存在着巨大的差距。

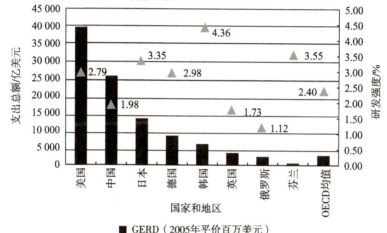

图 6-1　2012 年世界主要国家研发支出总额与研发强度

资料来源：OECD 主要科技统计数据库（MSTI）．http://stats.oecd.org/Index.aspx

图中 GERD 表示国内科技研发经费支出总额

在研发活动支出类别方面，典型创新型国家基础科研经费占比较高，一般占全部科研经费的 12% 以上，韩国为 18.1%，美国为 16.5%，意大利则高达 24.0%，而中国仅为 4.8%[①]，可见中国与这些国家差距十分巨大，这说明中国的基础研究投入严重不足，科研经费支出结构尚不合理。由于基础研究不仅是科研活动的开端，而且是应用研究的基础，更是试验发展的源动力，因此，今后应进一步鼓励和支持基础研究中的原始性创新，以不断提高中国的自主创新能力。

人力资本是经济内生增长的源泉，科研人力资源是一个国家创新能力建设的

---

① OECD 主要科技统计数据库（MSTI）．http://stats.oecd.org/Index.aspx．

核心力量。因此，科研人力资源投入是创新投入不可或缺的衡量指标。进行科技人力资源方面的国际比较，可以了解中国同典型创新国家在科技人力资源方面的差距，有利于分析影响中国创新型国家建设的关键因素。从科研人员总数来看，2012 年中国已达 324 万人·年，位居世界首位。然而，从每千人劳动力中的科研人数来看，则非常低。2012 年，欧盟平均每千人劳动力中研发人员为 10.95 人，日本为 12.98 人，韩国达到 15.53 人，而中国仅为 4.12 人(图 6-2)，这说明中国科研人力资本投入相对不足。

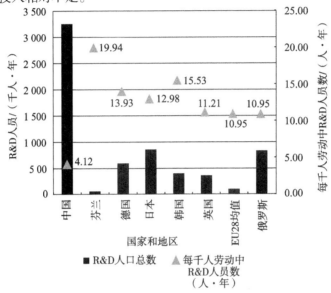

图 6-2　2012 年主要创新型国家 R&D 人员情况

资料来源：OECD 主要科技统计数据库（MSTI），http://stats.oecd.org/Index.aspx

　　而从政策环境来看，创新作为一项经济活动，具有一定的外部性，政府除了作为创新主体直接参与创新活动以外，还可以利用间接的国家政策，如知识产权保护制度和反垄断法规等对国家创新活动发挥作用。《2013—2014 年全球竞争力报告》中的数据显示，知识产权保护程度最高的为芬兰（6.2），其次是英国（5.8）、日本（5.7）、德国（5.6）、美国（5.2），而中国仅为 3.9，仅仅比世界平均水平高 0.1[①]。由此可见，以美国为代表的典型性创新型国家均具有完善的知识产权保护体系，而中国的知识产权保护程度还停留在较低的水平。但是，相对于其他发展中经济体，如"金砖国家"其他成员国而言，中国的知识产权保护程度则走在了前列。通过横向比较，我们可知，中国参与知识产权保护国际公约的宽度和广度

---

　　① 世界经济论坛.2013—2014 年全球竞争力报告.2014：411. 报告中采用 7 级量表来测度一个国家知识产权保护程度或反垄断程度，量表级的"1"表示"基本不存在"，"7"表示"最有效的保护或反垄断"。

较大，在工业产权保护的缔约范围方面，中国已达到了创新型国家美国的水平，在版权及相关权利保护缔约范围方面，中国也位居世界前列，且中国早已加入知识产权保护的核心公约——WIPO 公约和 TRIPS（Agreement on Trade-Related Aspects of Intellectual Property Rights，即与贸易有关的知识产权协议）等国际公约[①]。因此，从这个角度来看，中国知识产权保护程度较低，其主要原因是立法和司法不同步及知识产权保护法律的执行相对滞后。

此外，众所周知，充分竞争的经济环境可以提高企业的竞争意识，进而提高企业对创新、对构建核心竞争力的渴望。根据《2013—2014 年全球竞争力报告》中的数据，在反垄断有效程度指标方面位居世界首位的仍然是芬兰（达到了 5.6），其次是日本（5.2）、德国（5.1）、英国（为 5.0）、美国（5.0），而中国为 4.3，仅仅比世界平均水平高 0.2，位居世界第 55 位[②]。由此可见，虽然中国市场经济取得了巨大发展，但是在中国经济体内并未产生充分竞争，仍然存在着严峻的垄断问题。2008 年，中国实施了《中华人民共和国反垄断法》，但与发达国家相比，在反垄断法执行能力和水平方面仍有较大的差距。为了提高企业的创新能力，中国还需要加大对反垄断法的司法投入。

2. 创新产出状况

当前，在中国作为科研创新活动直接产出的科技论文的总体规模较大，但与美国相比仍有巨大差距，中国科技论文仅占世界科技论文总数的 14.1%，而美国则占 25.9%。2011 年，中国被 SCI、EI 和 CPCI-S 三大索引收录的论文达到了 32.3 万篇，仅次于美国（59.4 万篇），位居世界第二位，其中 SCI 论文数为 12.7 万篇（位居世界第二位），在三大检索工具中所占比例最高，达到了 44.6%，但英国这一比例高达 73.7%，美国 70.5%，德国为 69.9%，日本为 64.2%，韩国为 63.6%，新兴经济体中的俄罗斯和印度分别达到了 65.2% 和 65.8%，世界均值为 66.0%[③]。可见，中国在这方面远低于这些国家及世界平均水平。SCI 科学论文代表三大检索工具中科技创新水平最高的检索工具，中国在这方面指标较低说明中国科技论文的质量较低。

除了科技论文产出的总体规模以外，从科技论文产出效率，即每千名研究人员发表的科技论文数量来看，2011 年中国这一指标仅为 47.17 篇，而美国达到了 166.49 篇，约为中国的 4 倍，芬兰、德国、日本、韩国、英国和俄罗斯分别为 84.76 篇、88.86 篇、52.77 篇、68.22 篇、107.31 篇和 37.76 篇[④]。由于科技论文通常是基础研

① 中国科协发展研究中心. 国家创新能力评价报告. 北京：科学出版社，2009：191.

② 世界经济论坛. 2013—2014 年全球竞争力报告. 2014：472.

③ 中华人民共和国科学技术部. 中国科技统计数据（2012）. http://www.sts.org.cn/sjkl/ kjtjdt/data2012/科技统计数据 2012.pdf，2012.

④ 根据世界银行数据库中科技期刊论文数和 OECD 主要科技统计数据库（MSTI）中研究人员数两个指标计算得出.

究的产物,中国科技论文产出效率较低,一方面说明中国研究人员中基础研究人员占比较低,另一方面也说明中国科技论文尚处于高投入低产出的低效率阶段。

专利是科研创新活动直接产出的另一重要形式,根据 2012 年世界知识产权组织公布的资料显示,中国通过《专利合作条约》(PCT)申请的专利数为 561 377 件,位居世界首位,其中本国居民申请量达到了 535 313 件(居世界首位),远大于其他典型创新国家。中国百万人口专利申请量达到了 396.32 件,超过了德国、芬兰和英国等国家,但远低于美国、日本和韩国等创新型国家。但由于中国人口基数较大,因而在一定程度上降低了中国的专利产出绩效。为了有效地说明中国专利产出的效率水平,我们采用专利密度即专利申请量(PCT)与国内研发支出额度之比作为评价指标来进行说明。2012 年,中国专利密度为 208(件/亿美元),与世界专利密度最高的国家韩国(248 件/亿美元)和日本(214 件/亿美元)接近①,远大于美国、德国、芬兰和英国等创新国家。由此可见,中国专利产出水平无论是在绝对规模,还是效率水平方面均居世界前列。

但是,根据 OECD《主要科技指标 2013》的资料显示,中国三边专利数量②仅占世界三边专利数量的 2.33%,而美国、日本、韩国和德国这一比例则分别为29.74%、30.78%、4.47% 和 11.10%,这说明中国的专利申请量质量和国际化程度还处于较低的水平。此外,从专利结构来看,也能反映出一国创新产出的质量水平。一般来说,专利可分为发明专利、实用新型和外观设计三种,其中发明专利的创新质量水平最高,它在专利总量中所占比重可反映出该国创新质量的高低。2012 年,美国、日本、韩国和俄罗斯的发明专利占专利申请总数的比例分别为 81.48%、85.51%、67.99% 和 67.76%,而中国这一比例仅为 28.65%,中国的发明专利占比远远低于实用新型(37.54%)和外观设计(33.81)比重③,这说明中国自主创新能力较低,大部分创新是以模仿的形式存在,创新质量还有待于进一步提高。

间接产出是直接产出的应用,是创新活动的根本目的。由于高科技产品出口可以反映出科研创新活动成果在国际市场上的转化能力,同时也能体现出该国的国际竞争力。因此,可以从高科技产品出口总额及其在制造业出口总额中所占比重的角度来研究科研创新活动的间接绩效。2012 年,中国高新技术产业出口总额达到了 5 056.5 亿美元,位居世界首位,远远超过美国(1 487.7 亿美元)、德国(1 833.5 亿美元)和日本(1 234.1 亿美元)等发达国家,高技术产业出口在制造业出口总额中所占比重为 26.27%,而美国、英国、德国、韩国和日本分别为 17.83%、

① 世界知识产权组织(WIPO)统计数据库. http://www.wipo.int/ipstats/en/.

② 三边专利是指在欧洲专利局(EPO)、日本专利局(JPO)和美国专利局(USPTO)同时申请的专利,三边专利数量反映了一国专利申请的质量,且去掉了授权单位本国优势。

③ 世界知识产权组织(WIPO)统计数据库. http://www.wipo.int/ipstats/en/.

21.74%、15.80%、17.41%和 26.17%①。可见，中国在国际高科技产品市场上已具有较高的竞争力，中国科技创新活动应用绩效已位居世界领先水平。尽管如此，但在 2012 年中国高技术产业出口总额中，有 66.2%为来料加工贸易②，且高技术产业技术消化吸收费用仅为技术引进费用的 1/4，而从企业类型划分来看，2012年高技术产品出口中有 60.7%来自外资企业，16.8%为合资企业。这说明，中国较高水平高科技产品出口并不是通过独立自主创新而形成的，而主要是通过引进大的技术项目以及 FDI 投入而带来的。因此，中国还需提高自主创新能力和技术消化吸收能力，以便早日取代技术引进，不断提高高新技术产业的绩效。

作为影响国家创新能力重要因素的创新潜能，主要指创新战略储备和创新持续投入能力与发展趋势。创新战略储备主要包括创新型人才的资源储备及创新基础设施储备。从创新人才资源储备来看，创新需要丰富的科研人力资源投入，需要以较高素质的人力资源为基础。教育是培育创新型人才的基础形式，而公共教育支出是创新型人才培养与储备的反映。2011 年，中国公共教育支出占国内生产总值的比重仅为 3.56%，而美国、韩国和日本则分别达到了 5.42%、5.25%和 3.86%，均高于中国。与此同时，中国高等教育支出占国内生产总值的比例也远远低于美国等创新经济体。这说明，中国对教育的投入力度还处于较低水平。今后，为了增加创新型人才，仍需要持续不断的教育投入。

从创新基础设施储备来看，信息、通信和技术（information Communications technology，ICT）基础设施是知识经济背景下的关键战略资源，它可以提高国家创新体系的绩效③。当前，中国已经基本建立了完善的 ICT 基础设施网络，但相对于美国等发达国家来说仍具有较大差距。2013 年，中国互联网使用密度（即每百人互联网用户数）仅为 45.8 户，而美国、日本、韩国和德国等创新型经济体则分别达到了 84.2 户、86.25 户、84.77 户和 83.96 户，OECD 国家的平均值也达到了 75.39户，均远高于中国。可见，中国对 ICT 基础设施建设水平还有很大的提升空间，今后应不断提高其信息传播和知识扩散载体的功能与作用，以进一步发挥创新潜力。

在创新持续投入能力与发展趋势方面，持续不断地创新投入是创新能力不断提高的前提和最重要的保障，也是国家创新潜能的重要体现。要想不断提高创新能力，必须对创新进行持续不断地投入。自 2000 年以来，尽管中国的 R&D 投入强度不断提高，但仍明显低于韩国、美国和日本等国。目前，中国研发投入强度增势强劲，明显高于美国、日本和德国等国家。从国内研发支出增长趋势来看，2012 年中国国内 R&D 支出增长率达到了 16.21%，不仅远远超过了美国（3.87%）

① 世界银行数据库. http: //data.worldbank.org.cn/indicator.
② 中华人民共和国科学技术部. 中国高技术产业数据（2013）. http: //www.sts.org.cn/sjkl/gjscy/index. htm, 2013.
③ 中国科协发展研究中心. 国家创新能力评价报告. 北京：科学出版社，2009：208.

和日本（0.53%），而且也超过了科研投入强国韩国（10.09%）[①]。总体而言，自2006 年中国创新型国家战略确定以来，政府的创新投入增长态势明显。尽管中国研发投入强度还低于典型创新国家，但是强劲的 R&D 经费投入态势使 2012 年研发投入总额达到了 2 567.93 亿美元，位居世界前列。2013 年，中国共投入 R&D 经费为 11 846.6 亿元，比 2012 年增加了 1548.2 亿元，增长了 15%，R&D 经费投入强度达到 2.08%，比 2012 年的 1.98%提高了 0.1 百分点[②]。此外，R&D 人力资源增势也较为强劲。2005~2012 年，中国 R&D 人力资源投入增长速度平均为13.46%，位居世界首位。从投资主体来看，企业创新投入增速明显高于其他创新主体投入增速，无论在资源投入还是资源运用方面，企业均成为最主要的主体，这说明中国创新体系主体结构趋向合理化发展的态势。

为了对中国和创新型国家综合创新能力进行比较分析，更好地了解彼此之间的总体差距所在，我们把世界经济论坛发布的近几年《全球竞争力报告》中的国家创新能力指数[③]作为评价国家综合创新能力的指标。国家创新能力是国家竞争能力形成的基础，国家竞争能力是创新能力的实现。尽管通过上述分析可知，自 2006 年创新型国家战略制定以来，中国的创新能力有了显著提高。但在综合创新指数排名方面，2013 年中国位居世界第 32 位，属于世界创新能力第三梯队的国家。通过比较可以看出，2013 年中国的综合创新指数为 3.89，而芬兰为 5.79，德国为 5.5，日本为 5.49，美国为 5.37，可见中国与这些创新型国家的综合创新指数差距之大（图 6-3）。

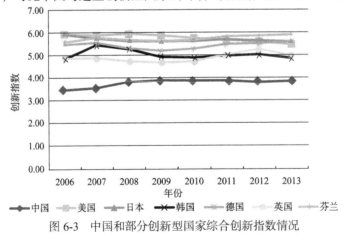

图 6-3　中国和部分创新型国家综合创新指数情况

资料来源：世界经济论坛：全球竞争力数据库（GCI）. http://www.weforum.org/issues/competitiveness-0/gci2012-
data-platform/

---

① OECD 主要科技统计数据库（MTSI）.http：//stats.oecd.org/Index.aspx.

② 陈磊.我 R&D 经费投入强度首破 2%. 科技日报，2014-10-23.

③ 国家创新能力综合指数是世界经济论坛根据创新投入、创新产出和创新潜能三个二级指标、科研机构规模与质量、R&D 人力和经费投入、PCT 专利申请量和科学论文产出量等七个三级指标标准化后加权平均获得的，其取值范围为[0，7]。

　　通过对比分析中国与世界主要创新国家的创新能力,我们可以得出以下结论:第一,尽管中国的国内研发经费投入呈现出持续上升的态势,但与美国相比仍存在较大差距;第二,尽管中国研发强度增长态势强劲,但明显低于韩国、美国、德国和日本等创新型国家;第三,尽管中国科技论文产出的总体规模较大,被科学引文索引(SCI)、工程索引(EI)和科学技术会议录索引(CPCI-S)收录的论文总数位居世界前列,但被代表科技创新水平最高的检索工具 SCI 收录的论文所占比重较低,远低于英国、美国、德国、日本和韩国等创新型大国;第四,尽管中国科研人员总数较多,但每千人劳动力中的科研人数则远低于芬兰、韩国、德国、日本、英国;第五,尽管中国早已加入知识产权保护核心公约 WIPO 公约和 TRIPS 等国际公约,在版权及相关权利保护缔约范围方面中国也位居世界前列,但中国知识产权保护程度仍大大低于芬兰、英国、德国、美国和日本;第六,尽管中国通过《专利合作条约》(PCT)申请的专利数量位居世界首位,但专利申请量质量较低,三边专利数量在世界三边专利总数中所占比重较小,远远低于美国、日本、韩国和德国,尤其是代表创新质量水平最高的发明专利在专利申请总数中所占的比重远远小于美国、日本、韩国及俄罗斯;第七,尽管中国已成为世界科技创新能力较强的国家,但在综合创新指数排名方面仍属于世界创新能力第三梯队的国家,与芬兰、德国、日本及美国存在较大的差距。

　　从企业层面来看,尽管中国国内生产总值总量超过日本,成为世界第二大经济体,但生产力总体水平仍然不高。一直以来,中国企业生产的产品附加值较低,处于产业链的中下游,缺乏核心竞争力。在世界经济一体化、产业竞争不断加剧的背景下,必须依靠科技创新,实施创新战略,寻求新的科技支撑点,降低对能源、资源、环境的消耗,走新型的发展道路,才能真正实现经济结构的调整和产业升级。改革开放以来,中国产业结构逐渐向高度化演变,机械、汽车制造和机械等加工产业的技术改造步伐不断加快,电子、通信、光纤等新兴产业增长幅度较大,机电一体化得到迅速发展。可以说,近年来随着科技的进步,中国的产业结构正逐渐由传统的技术产业向现代技术产业乃至高新技术产业转变。但从国际上看,中国高技术产业水平还远低于美国、日本、德国等发达国家。相对而言,美国、英国、法国和德国等发达国家高技术产业研发强度均为制造业平均水平的3~4 倍以上,而中国只有 1.6 倍[①],远远低于上述这些发达国家。中国企业研发投入较低,对科技与经济发展的推动力较小。在美国、日本、韩国等国家的研发经费中,企业所占比重均超过 65%,其中日本企业高达 80%,在技术创新竞争中表现出较大的积极性。而中国高技术产业技术密集程度很低,企业的自主创新能力仍然处在较低水平。2013 年,中国机电和高新技术产品出口比重分别为 57.3% 和

---

① 王利政. 我国高技术发展现状与问题. 学习时报, 2011-08-08.

29.9%，但很多商品核心技术被外资所掌控，如在机电产品的生产中外资企业所占的比重为 61.2%，在高新技术产品的生产中外资企业所占比重为 73%。这也反映了在中国高技术产业中的外资企业，仍然是作为跨国公司在中国的加工工厂处于价值链中利润最低的一环。

随着世界科技革命的迅猛发展，科技创新已成为世界各国经济发展的首要选择，建设创新型国家已成为许多国家的基本战略。改革开放之后，邓小平同志提出了"科技是第一生产力"，大力发展高新技术及产业，先后提出了火炬发展计划、八五计划、科技发展规划等。2006 年，中国政府颁布了《国家中长期科学和技术发展规划纲要（2006—2020 年）》，提出中国创新型国家建设的战略目标：到 2020 年，全社会研发投入在国内生产总值中所占比重将提高到 2.5%以上，科技进步贡献率力争达到 60%以上，对外技术依存度降低到 30%以下，本国人发明专利年度授权量和国际科学论文被引用数均进入世界前 5 位，基础科学和前沿技术研究综合实力将显著增强，取得一批在世界具有重大影响的科学技术成果，进入创新型国家行列[①]。2009 年，中国出台了《国家重点支持的高新技术领域》，将电子信息技术、生物与新医药技术、航空航天技术、新材料技术、高技术服务业、新能源及节能技术、资源与环境技术、高新技术改造传统产业列为国家重点支持的高新技术产业。2010 年《国务院关于加快培育和发展战略性新兴产业的决定》提出，将重点发展节能环保、新一代信息技术、生物、高端装备制造、新能源、新材料、新能源汽车等产业。同年，全国高技术制造业累计完成总产值 76 156 亿元，生物医药、航空航天、电子通信、计算机、医疗设备等领域的增长率均在 20%以上，高新技术产品出口额达到 4 443.5 亿美元，位居世界前列[②]。在《高新技术产业化及其环境建设"十二五"专项规划》中，提出中国高新技术产业化及其环境建设的总体目标是：大力培育和发展战略性新兴产业，推动传统产业升级，加快发展现代服务业，全面提升高新技术产业竞争力，在体制机制创新和环境建设方面取得关键性突破。

高新技术产业的发展后劲非常足，能够产生四两拨千斤的效应。为保证高新技术产业的快速发展，政府必须为其提供充足的政策环境，弥补高新技术产业发展所需的各个条件空缺。李克强总理在 2015 年政府工作报告中指出，新兴产业和新兴业态是竞争高地。要实施高端装备、信息网络、集成电路、新能源、新材料、生物医药、航空发动机、燃气轮机等重大项目，把一批新兴产业培育成主导产业。制定"互联网+"行动计划，推动移动互联网、云计算、大数据、物联网等与现

---

① 中华人民共和国国务院. 国家中长期科学和技术发展规划纲要（2006~2020 年）.中国政府门户网站. http：//www.gov.cn/jrzg/2006-02/09/content_183787.htm，2006-02-09.

② 2010 年我国主要高新技术产业产值增速均超 20%. 搜狐新闻网. http：//news.sohu.com/20110325/n2799 87882.shtml，2011-03-25.

代制造业结合，促进电子商务、工业互联网和互联网金融健康发展，引导互联网企业拓展国际市场。国家已设立 400 亿元新兴产业创业投资引导基金，要整合筹措更多资金，为产业创新加油助力①。

高新技术产业的发展离不开基础设施、人才、科技、企业、监督管理者等各个方面的支持。因此，政府必须围绕上述各个因素制定相关政策。要加快科技成果使用处置和收益管理改革，扩大股权和分红激励政策实施范围，完善科技成果转化、职务发明法律制度，使创新人才分享成果收益。制定促进科研人员流动政策，改革科技评价、职称评定和国家奖励制度，推进科研院所分类改革。引进国外高质量人才和智力。深入实施知识产权战略行动计划，依法打击侵权行为，切实保护发明创造，让创新之树枝繁叶茂①。未来中国企业必须提高自主创新能力，通过创新发展实现结构优化和转型升级，要充分发挥科技在产业结构调整中的作用，通过产业结构的调整，大力推进能够充分利用科技因素的战略性新兴产业的发展，从而带动中国经济的进一步飞跃发展。为此，要做到以下几点：一是减少市场干预，激发创新活力，让企业成为创新主体；二是政府应注重规划和政策引导，完善公共服务，规范招商引资行为；三是坚持节能环保，严格产业准入，既要实现经济发展，又要保护环境，努力实现人与环境的和谐发展；四是弥补市场和政府失灵，在产学研之间形成合力，制定范围广泛的知识产权制度，有效支撑科技成果的分享机制，以提高原始创新成果转化率；五是创造宽松环境，高新技术产业的发展离不开人才的支持，因而要积极实施人才引进、人才激励、人才服务等一系列政策，为其提供在生活、工作、学习等方面的便利，在人才培养方面，不仅要加强自我培养，还要借助外力实现人才培养，如加强境外培训、外省培养、企业人才交流、鼓励人才的跨界流动等②。

---

① 国务院总理李克强 2015 年 3 月 5 日在第十二届全国人民代表大会第三次会议上所作的《政府工作报告》（全文），中央政府门户网站. http://www.gov.cn/guowuyuan/2015-03/16/content_2835101.htm，2015-03-16.

② 江国成，张舵，王敏. 牢牢抓住牛鼻子——从科技创新看产业结构调整. 新华网. http://news.xinhuanet.com/politics/2014-06/08/c_1111033081.htm，2014-06-08.

第7章 中国俄罗斯产业结构调整：总结与比较分析

综上所述，不难看到，中国和俄罗斯作为经济转型大国，两国在转变经济发展方式特别是在产业结构调整进程中走过了各自不同的发展道路，形成了各自不同的发展路径。因而使得中俄两国的产业结构调整特点各异，既有共同点，更有不同点。比较和分析这些特点，对两国的产业结构调整升级具有借鉴意义。

7.1 中俄产业结构调整的特点及比较分析

7.1.1 俄罗斯产业结构调整总的特点与着力点

虽然中俄两国的产业结构各有各的特点、各有各的问题，但与中国相比，俄罗斯的产业结构更为不合理。其中，最突出的问题便是能源依赖型的产业结构特征明显。众所周知，普京执政期间所实现的经济增长也主要是靠出口能源性产品来拉动的。但普京明确指出，这种能源依赖型的经济增长是不可持续的且脆弱的，极易受国际能源市场价格波动的影响。他在2008年2月谈到《俄罗斯2020年前发展战略》时指出："尽管近年来取得了一些成绩，我们还是未能摆脱资源型的经济发展模式。为避免事态继续发展，国家创新发展战略是惟一现实的选择。"为此，普京提出，俄罗斯今后要重点发展航空航天领域、造船业和能源动力领域、信息、医疗和其他高新技术领域，应在这些领域建立超大型国有公司，集中优势和资源来推动技术创新，提升产业竞争力。为实现这一目标，俄罗斯建立了纳米技术公司、航空制造联合集团和船舶制造联合集团等六家超大型国家公司。梅德韦杰夫执政后，进一步强调俄罗斯经济由依赖能源型向创新型转变的必要性和迫切性。梅德韦杰夫指出，俄罗斯依靠石油天然气是不可能占据领先地位的。再经过数十年，俄罗斯应该成为一个富强的国家，但它的富强靠的不是原料，而是智力资源，靠的是用独特的知识创造的聪明的经济，靠的是最新技术和创新产品的出口。梅德韦杰夫提出，今后一个时期，俄罗斯要在高效节能技术、核子技术、航天技术、医学技术与战略信息技术五个战略方向展开工作，并在莫斯科近郊斯科尔科沃建立类似"美国硅谷"的高科技园区①。

从以上所述可以看到，俄罗斯也正在实现由资源依赖型向创新型经济发展方式的转变，这是摆在俄罗斯面前十分艰巨但又必须努力完成的任务。在这一过程中，俄罗斯一是提出以发展创新型经济和推行创新发展战略来促进产业结构调整，促使产业结构由资源依赖型向有利于加工和服务部门的方向转变，特别是向有利于高新技术产业发展的方向变动。这应当说是俄罗斯调整和优化产业结构的重要出发点和着力点。二是注重以国家创新能力建设来推进创新发展战略的有效实施，借以进一步推动产业结构调整升级。并真正使创新发展战略上升为俄罗斯的国家发展战略。普京在其第三总统任期伊始也特别强调，要发挥俄罗斯在工业和高科技领域的较强竞争优势，大力发展创新型经济，大规模实施创新，推动技术改造升级，实现企业现代化，提高国家总体竞争力，进而实现使俄罗斯重返技术强国之列的总体目标。在实践层面，作为实施创新战略的重要载体，被视为俄罗斯"硅谷"的斯科尔科沃创新中心已吸引了一些世界著名企业入驻园区。随着时间的推移，该创新中心将为俄罗斯创新发展模式和创新经济发展提供有益的经验和借鉴。

7.1.2　中国产业结构调整升级的特点与着力点

1. 改变三次产业结构

中国从"一五"计划时期便开始实行重工业优先发展战略，政府利用严格的价格管制、强制命令等行政手段优先将稀缺资源配置到重工业部门，使重工业迅速建立并得以快速发展，为中国在短期内建立起完备的工业体系奠定了基础。然而，重工业的超前发展也给中国的产业结构造成了严重失衡，农、轻、重比例失调，第三产业发展严重滞后，极大地制约了中国经济长期增长的速度和质量。改革开放以来，中国致力于调整产业结构，使第一产业、第二产业和第三产业占国内生产总值的比重发生了实质性改变，三次产业占比由 1979 年的分别为 31.3%、47.1%和21.6%，调整为 2012 年的 10.1%、45.3%和44.6%。2013 年中国第三产业占国内生产总值比重达到 46.1%，占比首次超过第二产业。这标志着中国经济社会发展水平达到了一个新阶段，意味着产业结构和消费结构升级到了新水平。2014年，第三产业占国内生产总值的比重达到48.2%，继 2013 年之后，占比再次超过了第二产业。2015 年服务业占国内生产总值比重达到50.5%，占比首次过半。由于第一产业比重明显下降、第三产业的比重明显上升，中国实现了产业结构由"一、二、三"向"三、二、一"的实质性转变升级。大力发展第三产业既是中国产业结构调整的着力点，也是长期追求的目标。因为第三产业能够带来更多就业、更

---

① 陆南泉. 20 年来俄罗斯国家转型进程分析. 中国延安干部学院学报，2012，（1）：56.

多消费、更低能耗和污染，特别是生产性服务业对经济结构升级至关重要。

2. 加快工业结构调整，化解过剩产能

中国经历了三次产业结构调整后，已进入解决产能过剩的新时期。近几年来，淘汰落后产能和抑制产能过剩一直是中国工业结构调整的重点。特别是自 2011 年以来，随着加快产能过剩行业结构调整、抑制重复建设、淘汰落后产能、促进节能减排等政策措施的实施，淘汰落后产能和抑制产能过剩取得了一定的成效。国家发展和改革委员会与工业和信息化部在 2013 年 11 月 4 日联合在北京召开的贯彻落实国务院关于化解产能过剩矛盾的指导意见电视电话会议上提出，要把化解产能过剩矛盾作为产业结构调整的重中之重，大力推进产能过剩行业结构调整。提出要把化解产能过剩与产业结构调整、大气污染治理、布局调整优化紧密结合，在化解产能过剩中推动产业转型升级，在产业结构调整中化解产能过剩，着力推进钢铁、水泥、电解铝、平板玻璃、船舶等产业结构调整。要坚决遏制产能盲目扩张，防止出现违规项目；积极开拓国际市场，实现过剩产能的优化利用[1]。

李克强总理2016年3月5日在十二届全国人大四次会议上作政府工作报告时说过，过去一年，政府一手抓新兴产业培育，一手抓传统产业改造提升。启动实施《中国制造 2025》，设立国家新兴产业创业投资引导基金、中小企业发展基金，扩大国家自主创新示范区。积极化解过剩产能，推进企业兼并重组。近三年淘汰落后炼钢炼铁产能 9 000 多万吨、水泥 2.3 亿吨、平板玻璃 7 600 多万重量箱、电解铝 100 多万吨[2]。不难看到，加快工业结构调整，化解过剩产能是当前中国产业结构调整的重点之一。

3. 大力发展战略性新兴产业

如上所述，自 2010 年 10 月《国务院关于加快培育和发展战略性新兴产业的决定》发布实施以来，中国加快了节能环保、新一代信息技术、生物、高端装备制造、新能源、新材料、新能源汽车七大战略性新兴产业的培育和发展步伐。当时提出，力争用 20 年时间使战略性新兴产业整体创新能力和产业发展水平达到世界先进水平。而 2012 年 7 月国务院印发的《"十二五"国家战略性新兴产业发展规划》，又明确提出这七大战略性新兴产业为今后重点发展的主导产业，要将其培育成为国民经济支柱产业或国民经济先导产业。

目前，中国战略性新兴产业占国内生产总值的比重尚不足 8%。因此，估计今后一个时期，至少是"十三五"规划时期将是中国由传统产业向战略性新兴产业的转换期。这一时期的主要目标和任务，一是加快培育和积极发展新兴产业，加强核心技术和关键技术的创新研发；二是对新兴产业发展进行合理规划，除了

---

① 陈晨. 化解产能过剩是产业结构调整的重中之重. 光明日报，2013-11-05.

② 李克强在十二届全国人大四次会议上作的政府工作报告（摘要）. 光明日报，2016-03-06.

全国的统一规划，各地区也要选准自己的优势产业和主导产业；三是新兴产业的发展要依托现有的工业体系，实现二者融合发展。总之，今后的目标是培育壮大新动能，推动新技术、新产业、新业态加快成长。做大高技术产业、现代服务业等产业集群，打造动力强劲的新引擎。

7.1.3　评述与比较分析

虽然中俄两国产业结构调整的着力点和路径各有差异，但作为典型的经济转轨国家和正在崛起的新兴经济体，两国的产业结构调整也有一些共同点或相似之处。这主要表现在以下两个方面。

1. 两国都致力于发展第三产业，但发展速度和水平有差异

整体而言，自 2000 年以来，俄罗斯第三产业的发展速度较快，第三产业占国内生产总值的比重一直超过 50%，三次产业的顺序由"一、二、三"变为"三、二、一"。2008 年，俄罗斯第三产业占国内生产总值的比重达到 69.2%，而第一产业、第二产业对国内生产总值的贡献率呈现明显下降的趋势，其中第二产业贡献率由 46.6% 下降为 28.5%。2011~2014 年，俄罗斯第三产业占国内生产总值的比重均在 60% 左右。总体而言，俄罗斯在转轨过程中第三产业发展快于其他产业，第三产业产值占国内生产总值的比重不断提高，俄三次产业的比例关系逐步接近发达国家水平。资源由第一产业、第二产业向第三产业转移的趋势与发达国家相类似，并且比例关系上更接近西方发达国家。相比之下，中国第三产业占国内生产总值的比重到 2013 年才首次超过第二产业，第三产业占比提高到 46.1%，但也未达到 50% 的水平。2014 年第三产业占国内生产总值比重提高到 48.2%，到 2015 年，第三产业占国内生产总值的比重才首次超过 50%，为 50.5%。因此，从上述数据看，俄罗斯正处于产业结构高级化阶段，即产值和就业的比率由第二产业为主体产业转向以第三产业为主体产业，而且第三产业占国内生产总值的比重已经很高。而中国第三产业占国内生产总值的比重虽已超过 50%，占据了"半壁江山"，但与发达国家相比仍有较大差距。据估算，如果每年第三产业占国内生产总值的比重能提高 1 百分点，那么五年后第三产业占比有望超过 55%。总之，第三产业成为第一大产业，意味着中国经济正在由原来的工业主导型经济向服务主导型经济转变，这对中国经济增长和就业等的影响是深远而持久的；也表明中国经济工作的着力点要更多地向第三产业转移，进一步促进第三产业持续健康发展。

2. 两国都注重工业结构的调整，并将发展新兴产业作为主要目标

如上所述，中国将淘汰落后产能和抑制产能过剩作为工业结构调整的重点。于 2015 年召开的中央经济工作会议把"去产能"列为 2016 年五大结构性改革任务之首。可见，中国将化解产能过剩矛盾和大力推进产能过剩行业结构调整，作为产业结构调整的重中之重。对于中国而言，按照供给侧结构性改革的要求实现

"去产能"，是一项艰巨的任务，国家已明确提出了果断淘汰落后产能的目标要求。2016 年 2 月，国务院发布了《关于钢铁行业化解过剩产能实现脱困发展的意见》，规定在近几年淘汰落后钢铁产能的基础上，从 2016 年开始，用 5 年时间再压减粗钢产能 1 亿~1.5 亿吨。李克强总理于 2016 年 3 月 5 日在十二届全国人大四次会议上做的政府工作报告中，再次强调要加快推进产业结构优化升级，实施一批技术水平高、带动能力强的重大工程。到 2020 年，使先进制造业、现代服务业、战略性新兴产业比重大幅提升。而俄罗斯在产业结构调整中对工业结构的调整，主要目标是逐步减少能源工业的占比，着力发展新兴产业，以摆脱资源依赖型经济发展模式。在经济转轨初期，俄罗斯经济发展的能源化、原材料化趋势明显，能源工业在工业总产值中的占比接近一半。自 2000 年以来，俄罗斯有意识控制传统能源部门的增长，能源和原材料部门的增速及对国内生产总值的影响力正在逐渐下降，而加工工业和高新技术产业发展迅速，对经济增长的贡献率逐步上升。这反映出俄罗斯资源依赖型经济发展模式和产业结构正在发生一定的改变。

在工业结构调整的同时，中俄两国都将新兴产业发展作为产业结构升级的主要目标。如上所述，中国早在 2010 年就明确提出今后要重点培育和发展节能环保、新一代信息技术、生物、高端装备制造、新能源、新材料、新能源汽车七大战略性新兴产业，使其达到世界先进水平。2012 年 7 月国务院印发的《"十二五"国家战略性新兴产业发展规划》，又明确提出将上述七大战略性新兴产业作为今后重点发展的方向。其中，节能环保、新一代信息技术、生物、高端装备制造产业要成为国民经济支柱产业；新能源、新材料、新能源汽车产业成为国民经济先导产业。2013 年 7 月习近平总书记提出，要努力使海洋产业也成为国民经济的支柱产业。而俄罗斯则提出要摒弃资源导向型的经济发展模式并实现经济的现代化，提高高新技术产业对国内生产总值的贡献率。从传统制造业向高端装备制造业升级，成为俄罗斯产业结构调整与升级的重要任务和目标。俄罗斯制定的新兴产业或科技优先发展方向包括了信息通信电子技术、高端装备制造业、新材料与化学工艺技术、生命系统技术、节能技术、航空与航天技术等九大领域。可见，中国与俄罗斯确定的新兴产业发展方向在许多领域是相一致或相近的，这也顺应了全球新兴产业发展的基本趋势。

7.2 中俄注重创新型国家建设以推动产业结构调整

长期以来，中国的科技创新能力不够强大。因此，在全面建成小康社会步入关键阶段，中国提出要把科技进步和创新作为经济社会发展的首要推动力量，把提高自主创新能力作为调整经济结构、转变增长方式、提高国家竞争力的中心环节，把建设创新型国家作为面向未来的重大战略。建设创新型国家，核心就是把增强自主创新能力作为发展科学技术的战略基点，推动科学技术的跨越式发展；就是把增强自主创新能力作为调整产业结构、转变增长方式的中心环节，建设资源节约型、环境友好型社会，推动国民经济又快又好发展。创新型国家应具备四个主要特征：一是创新投入高，国家的研发投入支出占国内生产总值的比例一般在 2%以上；二是科技进步贡献率达 70%以上；三是自主创新能力强，国家的对外技术依存度指标通常在 30%以下；四是创新产出高，创新型国家的创新综合指数明显高于其他国家。中国提出，必须牢牢把握新的科技革命和产业变革的机遇、世界科技创新格局调整的机遇、经济发展水平不断提高和市场不断扩大的机遇，立足自主创新，加快创新型国家建设，确保国家创新能力大幅提升。

　　俄罗斯十分重视国家创新能力提升和创新型国家建设，几乎每隔 2~3 年就要正式出台与发展创新型经济和国家创新能力相关的政策措施、法规和战略构想，为创新型经济发展和国家创新能力的提升提供有力的制度保障和政策支持，使创新战略真正上升为国家发展战略，并以此推动产业结构调整和升级。尤其需要指出的是，作为国家创新能力的两个最重要组成部分，俄罗斯知识创新能力和技术创新能力建设一直在困境中前行。虽然与最发达的典型创新国家相比，俄罗斯在知识创新能力和技术创新能力方面尚有一定差距，但正如《2013 年全球创新指数报告》所显示的，相较于在全球创新能力总排名中的位次，俄罗斯在知识和技术创新能力等单项指标的排名靠前。这说明经过坚持不懈实施创新发展战略，俄罗斯在这两个领域已具有一定的优势。这符合普京在第三次就任总统伊始特别强调的，要发挥俄罗斯在工业和高科技领域的较强竞争优势，大力发展创新型经济，大规模实施创新，推动技术改造升级，实现企业现代化，提高国家总体竞争力，进而实现使俄罗斯重返技术强国之列的总体目标。如前所述，俄罗斯建设创新型国家、提高国家创新能力进而发展创新型经济，与产业结构调整是一种相辅相成和相互促进的关系。因为发展创新型经济要求俄罗斯必须调整和优化产业结构，特别是发挥技术创新对产业升级和结构转换的核心作用。另外，产业结构的调整与优化又能推动创新型经济的发展，进而促进创新型国家建设。

　　综上所述，中俄两国作为重要的经济转轨国家和新兴经济体，都处在创新型国家建设的重要时期，都力求以创新型国家建设和国家创新能力的提升来促进创新型经济发展尤其是产业结构的调整升级。虽然中俄两国为此还须付出艰苦的努力，但只要在加快创新型国家建设的进程中能够充分发挥出创新潜能，不断提高创新能力；优化创新环境；完善制度环境，并制定有效提高创新能力的政策；不断深化科技创新体制的改革；不断完善创新投入，加大研发经费投入和人力资源投入，就能够使两国确定的产业结构调整目标加快实现。

7.3　中俄重视发挥政府在产业结构调整中的主导作用

对中俄两国产业结构的调整，政府的主导作用毋庸置疑。其中，政府最重要的职能作用，是出台与产业结构调整升级相关的规定与政策措施，为产业结构调整创造良好的政策环境和提供法律保障。从中国的情况看，早在 2006 年，中国政府就颁布了《国家中长期科学和技术发展规划纲要（2006—2020 年）》，明确提出了中国建设创新型国家的战略目标；2009 年，中国出台了《国家重点支持的高新技术领域》，明确规定了国家重点支持的高新技术产业为电子信息技术、生物与新医药技术、航空航天技术、新材料技术、高技术服务业、新能源及节能技术、资源与环境技术，并通过发展高新技术来改造传统产业；2010 年，《国务院关于加快培育和发展战略性新兴产业的决定》提出，今后产业结构调整的重点是发展节能环保、新一代信息技术、生物、高端装备制造、新能源、新材料、新能源汽车七大产业；2011 年国务院下发了《关于印发工业转型升级规划（2011—2015 年）的通知》，规定了进一步调整和优化经济结构、促进工业转型升级的重要举措。提出"十二五"时期推动工业转型升级，要以加快转变经济发展方式为主线，着力提升自主创新能力，推进信息化与工业化深度融合，改造提升传统产业，培育壮大战略性新兴产业，加快发展生产性服务业，调整和优化产业结构，把工业发展建立在创新驱动、集约高效、环境友好、惠及民生、内生增长的基础上；在 2012 年《高新技术产业化及其环境建设"十二五"专项规划》中，提出了大力培育和发展战略性新兴产业，推动传统产业升级，加快发展现代服务业，全面提升高新技术产业竞争力等高新技术产业化及其环境建设的总体目标。而 2012 年国务院印发的《"十二五"国家战略性新兴产业发展规划》，进一步明确提出并设定了七大战略性新兴产业今后的重点发展方向、主要任务和具体目标；2014 年国务院下发《关于加快发展生产性服务业　促进产业结构调整升级的指导意见》，对产业结构调整具有重要意义。2014 年国务院办公厅印发的《2014—2015 年节能减排低碳发展行动方案》，提出要大力推进产业结构调整，积极化解产能严重过剩矛盾，并加快发展低能耗低排放产业，加强节能减排，实现低碳发展；2015 年，国务院印发了《中国制造 2025》，提出通过"三步走"实现制造强国的战略目标，并大力推动以下重点领域取得突破发展：新一代信息技术产业、高档数控机床和机器人、航空航天装备、海洋工程装备及高技术船舶、先进轨道交通装备、节能与新能源汽车、电力装备、农机装备、新材料、生物医药及高性能医疗器械。《中国制造 2025》中确定的这十大产业代表着制造业的未来发展方向，是中国未来一段时期内产业结构尤其是工业结构调整与产业发展的重点目标。

而俄罗斯政府也在产业结构调整和升级中发挥重要作用。近些年来，俄罗斯政府将调整能源依赖型的经济结构，通过发展创新经济转变经济发展方式，作为政府的一贯方针。《俄罗斯联邦 2020 年前创新发展战略（"创新俄罗斯—2020"）》，把调整经济结构特别是产业结构置于前所未有的重要地位，强调俄罗斯的发展模式要由资源依赖型转变为创新驱动型，注重产业结构的优化。国际金融危机后，为进一步调整产业结构，俄罗斯政府出台了一系列促进产业多样化发展的战略规划，如在信息产业领域，2010 年出台了《信息社会规划(2011—2020)》、2012 年发布《2018 年前信息技术产业发展规划》、2013 年出台了《2014—2020 年信息技术产业发展战略和 2025 年远景规划》等。在创新发展领域，2002 年俄罗斯出台了《2002—2005 年俄联邦国家创新政策构想》，2005 年俄罗斯政府批准了《2010 年前俄罗斯联邦创新发展体系基本政策方向》，2006 年俄政府批准了《2015 年前俄联邦科技与创新发展战略》，2008 年俄政府又批准了《2020 年前俄罗斯经济社会长期发展构想》，提出 2012—2020 年开始发展创新型经济。2012 年俄罗斯政府通过了《俄罗斯 2013—2020 年国家科技发展纲要》，将发展重点主要集中在纳米、信息技术、能源以及资源利用等领域。

综上所述，中国政府和俄罗斯政府密集出台与产业结构调整升级相关的战略规划和政策措施，不仅释放出产业结构调整的强烈信号，而且表明了政府调整产业结构的信心和决心。

参 考 文 献

阿巴尔金院士 Л И . 2001. 俄罗斯发展前景预测——2015 年最佳方案. 北京：社会科学文献出版社.

陈桢. 2007. 产业结构与就业结构关系失衡的实证分析. 山西财经大学学报，（10）：32-37.

程伟. 2011. 俄罗斯转型 20 年重大问题. 沈阳：辽宁大学出版社.

崔利波，张明. 2008. 沉没成本与俄罗斯转型时期产业结构调整. 党政干部学刊，（5）：43-51.

刁秀华. 2011. 俄罗斯与东北亚地区的能源合作. 北京：北京师范大学出版社.

冯素杰. 2010. 产业结构调整 30 年：历程与特点. 重庆大学学报（社会科学版），（3）：14-20.

盖莉萍. 2010. 中俄相邻地区农业经济合作发展研究. 哈尔滨：黑龙江大学出版社.

高晓慧. 2005. 俄罗斯经济增长中的结构问题. 俄罗斯中亚东欧研究，（4）：41-46.

葛新蓉. 2010a. 俄罗斯区域经济发展中的创新因素分析. 西伯利亚研究，（12）：10-14.

葛新蓉. 2010b. 俄罗斯区域经济政策与东部地区经济发展的实证研究. 哈尔滨：黑龙江大学出版社.

谷兴荣. 2005. 高新技术产业与发展中地区跨越式发展. 北京：经济科学出版社.

郭力. 2004. 俄罗斯推进与东北亚各国合作的具体措施. 西伯利亚研究，（3）：26-30.

郭连成. 2005a. 俄罗斯对外经济关系研究. 北京：经济科学出版社.

郭连成. 2005b. 资源依赖型经济与俄罗斯经济的增长和发展. 国外社会科学，（6）：24-33.

郭连成. 2006. 普京总统任期内俄罗斯经济增长与经济发展战略评析. 俄罗斯中亚东欧研究，（6）：1-11.

郭连成. 2014. 新兴经济体研究. 北京：中国社会科学出版社.

郭晓琼. 2009. 俄罗斯创新型经济发展及政策述评. 黑龙江社会科学，（2）：49-52.

侯铁建. 2005. 俄罗斯产业结构现状解析. 辽东学院学报，（2）：51-54.

胡仁霞. 2003. 俄罗斯调整经济结构的目标与障碍分析. 东北亚论坛，（2）：46-49.

惠宁. 2012. 产业经济学. 北京：高等教育出版社.

靳茂勤. 2011. 我国战略性新兴产业国际合作模式初探. 亚太经济，（6）:110-115.

孔庆超. 2011. 浅析石油产业与俄罗斯经济. 商业经济，（19）：87-88.

李建民. 2003. 俄罗斯私有化的进展与现状. 俄罗斯中亚东欧研究，（1）：51-59.

李新. 2009. 2000 年以来俄罗斯经济结构的变化及其发展趋势. 俄罗斯研究，（2）：22-34.

利沃夫 D C. 2003. 通向 21 世纪的道路——俄罗斯经济的战略问题与前景. 北京：经济科学出版社.

梁鑫鑫. 2003. 俄罗斯利用外资问题的剖析. 北方经贸，（10）：92.

廖伟经. 2012. 俄罗斯的农业机械化. 农民科技培训，（7）：45.

刘家顺，杨洁，孙玉娟. 2006. 产业经济学. 北京：中国社会科学出版社.

刘伟东. 2000. 俄罗斯的信息产业. 西伯利亚研究，（1）：20-23.

刘燕平. 2007. 俄罗斯国土资源与产业管理. 北京: 地质出版社.

刘颖. 2011. 辽宁省三次产业结构分析. 辽宁经济, (2): 36-37.

陆南泉, 张础, 陈义初, 等. 1988. 苏联国民经济发展七十年. 北京: 机械工业出版社.

罗军. 2009. 试析俄罗斯经济结构的发展趋势. 黑龙江对外经贸, (12): 36-38.

蒙慧, 高新峰. 2007. 俄罗斯产业结构调整现状及前景分析. 西伯利亚研究, (3): 34-38.

孟英丽. 2007. 俄罗斯高等教育改革十五年回顾. 黑龙江高教研究, (2): 43-45.

米纳基尔 Л А. 1997. 地区经济政策与远东地区发展战略. 哈巴罗夫斯克.

莫莉. 2010-09-22. 俄罗斯: 优化结构力促经济多元化. 金融时报.

戚文海. 2000. 转型时期俄罗斯远东地区产业结构——从经济转轨角度的新透视. 东欧中亚研究, (6): 47-55.

戚文海. 2008. 从资源型经济走向创新型经济: 俄罗斯未来经济发展模式的必然选择. 俄罗斯研究, (3): 49-58.

戚文海. 2010a. 俄罗斯关键技术产业的创新发展战略评价. 俄罗斯中亚东欧市场, (4): 8-13.

戚文海. 2010b. 制度变迁, 技术创新, 结构调整与经济增长——以体制变迁中的俄罗斯为例. 国外社会科学, (1): 44-50.

戚文海, 赵传君, 等. 2005. 东北亚经贸合作全方位研究. 北京: 社会科学文献出版社.

曲文轶. 2007. 资源禀赋, 产业结构与俄罗斯经济增长. 俄罗斯研究, (1): 26-33.

沈宏达. 2002. 经济结构三维模式——东北地区经济结构优化与调整战略研究. 北京: 经济管理出版社.

世界经济论坛. 2004. 全球竞争力报告 2013—2014 年.

孙永祥. 2010-10-09. 俄发力新能源 中俄合作现新机遇. 中国经济导报.

孙智君. 2010. 产业经济学. 武汉: 武汉大学出版社.

唐仁华, 杨威. 2009. 俄罗斯农业高层次人才培养模式及启示. 科技管理研究, (4): 248-249.

王洪强. 2008. 高新技术产业与区域经济发展. 武汉: 华中科技大学出版社, 2008.

王利政. 2011-08-08. 我国高技术发展现状与问题. 学习时报.

王道. 2005-11-17. 俄罗斯经济结构的发展趋势. 中国社会科学院院报.

王宪举. 2013. 俄罗斯经济发展模式之争及其影响. 俄罗斯学刊, (6): 52-57.

徐坡岭, 冯舜华. 2002. 普京时期俄罗斯经济走势的制度分析. 东欧中亚研究, (1): 11-17.

徐坡岭, 韩爽. 2008. 梅普组合下俄罗斯经济增长与政策趋势分析. 俄罗斯研究, (3): 34-40.

许源丰, 任钢. 2012. 俄罗斯"创新型经济战略"评析及其对中国的启示. 生产力研究, (8): 179-180.

张丽娟. 2012-03-25. 普京强调发展创新型经济. 科技日报.

张平, 王树华. 2009. 产业结构理论与政策. 武汉: 武汉大学出版社.

张树华, 单超. 2013. 俄罗斯的私有化. 北京: 社会科学文献出版社.

张寅生, 鲍鸥. 2005. 俄罗斯科技创新体系改革进展. 经济社会体制比较, (3): 56-62.

赵传君. 2011. 俄罗斯离创新经济有多远. 俄罗斯中亚东欧市场,（1）.

赵立枝. 2005. 西伯利亚经济发展新战略将为中俄区域经贸科技合作带来新机遇. 俄罗斯中亚东欧市场,（12）: 1-3.

中华人民共和国国务院. 2006-02-09. 国家中长期科学和技术发展规划纲要（2006—2020）.中国政府门户网站, http://www.gov.cn/jrzg/ 2006-02/ 09/ content_183787.htm.

中华人民共和国科学技术部. 2012. 中国科技统计数据库.

周全. 2002. 21 世纪俄罗斯经济发展战略. 北京：中国城市出版社.

邹连敏. 2000. 辽宁省土地资源可持续利用中的问题及对策. 沈阳农业大学学报(社会科学版),（2）: 137-139.

邹秀婷. 2007. 俄罗斯西伯利亚的创新经济. 俄罗斯中亚东欧市场,（2）: 23-27.

左振寰, 吉喆. 2011. 促进辽宁省产业结构优化升级. 辽宁经济,（6）: 25-27.

Амосов А И. 2011.У России Есть Шанс до 2017 Года: Что Дальше—Начало Развития или Конец Цивилизации? М.: Ленанд.

Анисимова Г В. 2009. Проблемы Социально-экономической Дифференциации в Российском Обществе: Экономико-статистический Анализ. М.: Книжный дом «ЛИБРОКОМ».

Баринов Л. 2001. Больше чем криминал: Коррупция в России переросла в угрозу национальным интересам. Независимая Газета.

Башмаков И. 2011г. Будет ли экономический рост в России и в середине XXI века? Вопросы Экономики, №3.

Глазьев С Ю. 2008. Стратегия и Концепция социально-экономического развития России до 2020 года: экономический анализ. Современная Конкуренция. №5.

Голиченко С О. 2010. Модернизация и реформирование инновационной стратегии России: проблемы и решения. Вопросы Экономики, №8.

Государственная программа Российской Федерации "Развитие науки и технологий" на 2013-2020 годы. http://www.bsu.edu.ru/library/_files/scwork/ 1_Programma.pdf.

Губанов С С. 2010. Будущее России-в новой индустриализации. Экономист, №11.

Гумерова Г И, Шаймиева Э Ш. 2012. Анализ управления технологическими ниновациями на промышленных российских предприятиях: источники финансирования, инновационная стратегия. Актуальные Проблемы Экономики и Права, №3.

Заседание Совета по модернизации экономики и инновационному развитию. http: //президент. рф.24 октября 2012 года.

Заусаев В К. 2005. Инновационный потенциал восточных регионов России. Эхо, №10.

Институт экономики и организации промышленного производства Сибирского отделения. 2009. Экономика Сибири: Стратегия и Тактика Модернизации. М: «Анкил».

Каблов Е. 2010. Шестой технологический уклад. Наука и Жизнь, №4.

Кудрин А, Сергиенко О. 2011. Последствия кризиса и перспективы социально-экономического развития России. Вопросы Экономики, №3.

Кулаков А В. 2011. Ветроэнергетика в России: проблемы и перспективы развития. Электронный журнал《Энергосовет》, №5.

Кучуков Р. 2010. Модернизация экономики: проблемы, задачи. Экономист, №1.

Кучуков Р. 2010. Государственный сектор как локомотив модернизации. Экономист, №9.

Левин М, Сатаров Г. 2012. Коррупция в России: классификация и динамика. Вопросы Экономики, №10.

Мальгин В А. 2012. России необходима структурная перестройка инновационной системы. Актуальные Проблемы Экономики и Права, №3.

Маркова Г. 2010. Об Эффективности воспроизводственных процессов в сельском хозяйстве. Экономист, №10.

May В. 2011. Экономическая политика 2010 года: в поисках ниноваций. Вопросы Экономики,№2.

Медведев Д. 2013-04-17. Отчёт Правительства о результатах деятельности за 2012 год. http://government. ru/news/1411.Мысляевая И Н, Кононковая Н П Государственное Регулирование Экономики. Москва.: Издательство Московского университета, 2010.

Никологорский Д. 2010. Модернизация как этап развития. Экономист, №6.

Новая Парадигам Экономического Развития: Научно-рактическая Конференция, 11-13марта 2011г. М.: МАКС Пресс, 2012.

Первая солнечная электростанция заработала в Оренбургской области. 2015-05-22. http://www. energosovet.ru/news.php?zag=1432282796.

Путин В В. 2012-01-30. Нам нужна новая экономика. Ведомости.

Путин В В. 2008-02-09. О стратегии развития России до 2020 года. Выступление на расширенном заседании Государственного совета. HYPERLINK http://www.apn.ru/publications/print19384. htm.

Петриков А. 2010. Задачи развития в аграрном секторе. Экономист, №3.

Российско-Европейский Технологический Центр. Потенциал возобновляемых источников в энергии в России. Существующие технологии. http://www.verdit.ru/doceuments/cat_view/48-.html.

Селиверстов В Е, Самсонова Н Ю, Семыкиной И О. 2012. Исследования Молодых Ученых: Отраслевая и Региональная Экономика, Инновации, Ффинансы и Социология. Новосибирск: ИЭОПП СО РАН.

Селиверстов В Е. 2010. Стратегические Разработки и Стратегическое Планирование в Сибири: Опыт и Проблемы. Новосибирск: ИЭОПП СО РАН.

Сорокин Д. 2010. О стратегии развития России. Ворпосы Экономики, №8.

Стратегия инновационного развития Российской Федерации на период до 2020 года. http：// minsvyaz.ru/common/upload/2227-pril.pdf.

Чубайс А Б. 2011. Инновационная экономика в России：что делфть? Вопросы Экономики, №1.

Шагайда Н，Узун В. 2015. Продовольственная безопасность：проблемы оценки. Вопросы Экономики，№ 5.

Шуйский В П，Алабян С С，Комиссаров А В，et al. Мировые рынки возобновляемых источников энергии и национальные интересы России. http//institutiones.com/general/1800- mirovye-rynki-vozobnovlyaemyx-istochnikov-energii.html.

Ясин Е Г.2009. Модернизация России：Доклады для 10 Конференций. Издательский дом ГУ ВШЭ.